Katharina Adler

# Lebenslandschaft

## Mitteilungen aus dem Allgäu

ELSTER VERLAG

Herausgegeben von Eckart Frahm

und Inka Scherhaufer


757 Bühl-Moos, Engelstraße 6



Satz und Herstellung:
Reinhard Amann, Leutkirch

Druck und Bindung:
Kösel, Kempten

Einbandgestaltung:
Reinhard Amann
unter Verwendung eines Fotos
von Rupert Leser

ISBN 3-89151-019-5

# Vorbemerkung

„Bericht wird genennet", so belehrt uns Zedlers „Großes vollständiges Universal-Lexicon aller Wissenschaften und Künste" aus dem Jahre 1733, „wenn die Unter-Obrigkeiten auf eingewandte Appellationen oder sonst die wahre Beschaffenheit einer Sache an den Landes-Herrn oder das höhere Gericht berichten." Katharina Adlers Mitteilungen über die wahre Beschaffenheit des Allgäus fallen zweifellos in die Kategorie des „oder sonst". In diesem fürwitzigen Anhängsel einer absolutistischen Geheim-Praxis zwischen Unter- und Ober-Obrigkeiten scheint etwas Neues auf: das natürliche Recht jedes Menschen, „seine Gedanken, seine Zweifel, die man sich nicht selbst auflösen kann, öffentlich zur Beurteilung auszustellen, ohne darüber für einen unruhigen und gefährlichen Bürger verschrien zu werden" (Kant).

Aber machen wir uns nichts vor, es ist ein weiter und mühsamer Weg vom „oder sonst" des 18. Jahrhunderts zu dem, was an freundlichem Miteinander einer wirklich aufgeklärten Menschheit noch vor uns liegt. Katharina Adlers Geschichten mit ihrem besonderen Chronik-Ton scheinen mir dafür eine brauchbare Wegzehrung und eine Landkarte, mit deren Hilfe sich nicht nur Urlauber und Politiker selbst vom Kopf auf die Füße stellen können. Diese Geschichten widersprechen den vielen Obrigkeiten, die in uns Lesern als Teil unserer Geschichte stecken. Sie lassen zu Wort kommen, zu eigenem Wort.

Katharina Adlers Mitteilungen aus dem wahren Allgäu habe ich vor 15 Jahren zum ersten Mal gehört. Um die behutsame Beharrlichkeit, mit der sie diesen merk-würdigen Chronik-Ton herstellt, habe ich sie von Anfang an heimlich beneidet, als ich medienwegs ins Allgäu kam und nur die verführerische Schauseite dieser Landschaft sah. Seitdem habe ich immer wieder Adlersche Mitteilungen aufgespürt in Zeitungen und Zeitschriften, in Büchern und Rundfunkmanuskripten und habe sie gesammelt wie Heilkräuter gegen die vielen kleinen Informations-Lügen.

Als der Elster Verlag die Gelegenheit bot, die Adlerschen Berichte und Skizzen herauszugeben, habe ich mich gerne an die Arbeit gemacht, meine Funde mit Hilfe der Autorin zusammenzustellen. Ich hoffe, es geht den geneigten Lesern wie mir: bei der Lektüre entstand unversehens ein poetischer Kosmos jener Lebenslandschaft, die Katharina Adler in ihren Geschichten als ein präzises und beziehungsreiches Geflecht aktueller Geschichte immer wieder beschreibt. Katharina Adlers Mitteilungen einmal so im Zusammenhang lesen zu können, ist wie heimkehren nach langer, mühsamer Wanderung.

Eckart Frahm

Klar gibt es Zäune im Dorf.
überschaubare,
Jeder weiß alles von jedem:
sein Großvater war ein Trinker,
die Mutter hungrig vor Geiz.
Der Daniel hat früh schon gestohlen,
kaum vierzig Jahr sind es her.
Das dort sind steinreiche Leute,
die streiten ums Flaschenpfand.
Und da wohnt der Ochsenreiter,
der betet die Kranken gesund.

# Reden über den Alltag

*Anna S. (58):* Wir haben den Hof jetzt an die beiden Töchter übergeben, damit wir die Rente kriegen. Die beiden Töchter müssen jeden Monat 241 Mark an die Krankenkasse bezahlen. Dauernd wird der Beitrag erhöht, damit die ganzen Abtreibungen davon bezahlt werden können.

*Benedikt H. (72):* Ich persönlich kann die Liste gegen dem Moosbrugger seine Kiesgrube nicht unterschreiben, weil der alte Moosbrugger anno 12, wie wir abgebrannt sind, meinem Vater einen großen Baum als Bauholz geschenkt hat.

*Gebhard S. (40):* Die Gemeindezusammenlegung hat nur den Wert, daß die Beamten in der Regierung bessere Übersicht haben. Die müssen sich dann statt 20 nur noch 4 Ortsnamen merken, und wir können dafür wegen jedem Zettel 9 Kilometer hin und 9 Kilometer zurück fahren.

*Rosa L. (61):* Es tut einem in der Seele weh, was die Stadtleut' alles wegwerfen. Ich hab' einen Eisschrank, den wollten die zum Kehricht in die Schneiter Mulde kippen. Dem Eisschrank fehlt überhaupt nichts, der war denen nur zu klein. Und das Feriendorf, das man von hier aus sieht, hat beheizte Straßen, damit der Schnee gleich schmilzt, wenn er fällt. Das ist eine Verschwendung, wie's noch nie eine geben hat. Und abends zähl' ich da immer 37 Lampen, mehr Straßenlampen, wie Leut' dort wohnen.

*Sophie H. (32):* Mein Schorschi verträgt das nicht, morgens in der Dunkelheit mit dem Schulbus da 'rumzufahren. Für 6jährige ist das einfach zuviel, in ein fremdes Dorf zu fahren, zu fremden Kindern und einem fremden Lehrer. Wenigstens die Erstkläßler sollten hier am Ort in die Schule gehen dürfen.

*Josepha K. (70):* Früher, da hab' ich von meiner Rente wirklich was gehabt. Da bin ich zur Post und Frau Reinacher hat mir das ganze Geld hingezählt und ich hab's noch mal extra gezählt. Dann bin ich zur Sparkasse und hab' das ganze Geld auf den Tisch hingezählt, und Herr Lang hat's genau nachgezählt. Dann hat er's in mein Sparkassenbüchle eingetragen und noch freundlich mit mir geredet. Aber jetzt, wo die das Geld gleich aufs Konto überweisen, hör' und seh' ich nichts mehr davon. Ich hab' gar nichts mehr von meiner Rente.

*Otto G. (45):* Die Schmied' mach' ich jetzt allein, ohne Lehrling. Die Kerle sind mir zu frech. Dem letzten hab' ich immer den Dreck wegräumen müssen, den er gemacht hat.

*Georg P. (50):* Je mehr Frauen die Pille nehmen, je mehr Säle müssen die in L. an der Sonderschule anbauen.

*Wilhelm M. (32):* Mein Bruder muß die Mutter behalten, weil er den Hof übernommen hat. Ich bin Filialleiter bei der Sparkasse und hab' in H. eine Dienstwohnung.

*Dominika T. (62):* Noch keine 15 Jahr' her, daß man mit dem Fett vom Murmeltier, einem Sack voller Holunderblüten und Zinnkraut die meisten Krankheiten selber geheilt hat. Heut' will davon niemand mehr was wissen. Im Gegenteil, man gibt noch nicht mal zu, wenn man mit einem Lehmwickel Nesselfieber heilt, weil es rückständig ist. Wer fortschrittlich sein will, geht zum Arzt, weil man ja auch was haben will für die hohen Krankenkassenbeiträge.

*Martin U. (57):* Wenn ich im Tobel Holz mache, brauch' ich einen Fachmann mit einer Seilwinde, der die Stämme aus der Schlucht holt. Dem muß ich für acht Stunden 350 Mark bezahlen. Für 7000 Mark hab' ich einen Heuladewagen angeschafft, einen Mistspreiter tu ich nicht her, der kostet 5000.

*Agathe L. (70):* Bei uns werden die Sparsamsten am ältesten. Wer zeitlebens von Hafermus lebt und Lauchsuppe und Milch und Quark und Äpfeln, der wird am ehesten 90. Den Reithammer haben sie mit 93 ins Altersheim. Da kam er anderntags die

4 Kilometer zu Fuß zurück, weil er erfahren hatte, daß es dort 600 Mark im Monat kosten soll. „Was soll ich 600 Mark ausgeben für Sachen, die ich gar nicht mag“, hat er gesagt, „daheim hab’ ich mein Hafermus und mein Äpfelmus und brauch’ den ganzen Monat nur 80 Mark.“

*Eusebius H. (50):* Mit 6000 Mark Fremdgeld hab’ ich Gästezimmer eingerichtet für Urlaub auf dem Bauernhof, weil kein Auskommen ist mit neun Kühen. Hab’ Duschen eingebaut und Heizung und jetzt fahren die Kieslaster an meinem Haus vorbei.

*Barbara N. (60):* Der Herr Pfarrer von I. hat sich was zuschulden kommen lassen mit einem jungen Mann, heißt es. Das haben sie davon, wenn sie so hochmütige Gesetze machen für die geistlichen Herren, als wenn’s keine Menschen wären.

*Maria M. (35):* Im Sanatorium für Alkoholiker, das sie hinter dem Sägmühlwald gebaut haben, sind 3 Männer einfach abgehauen, ohne Gepäck, zu Fuß, keine Spur, obwohl es schon 4 Tage her ist.

*Jakob G. (53):* Wir haben die Landwirtschaft aufgegeben, weil’s im Altersheim für uns alle Arbeit gegeben hat. Ich bin Hausmeister, die Frau hat die Wäsche unter sich und die Töchter sind in der Küche.

*Franziska F. (18):* Ich wollt, ich hätt’ in eine Schule gehen können, wo man richtig Englisch lernt. Dann könnt’ ich jetzt den Elvis Presley verstehen, wenn der singt.

*Pius J. (53):* Wenn’s richtig kalt wird, ist der neumodische Rost auf dem Stallboden den Viechern viel zu zugig. Die haben’s viel lieber, wenn man ihnen Farn einstreut.

*Antonie W. (57):* ’s gibt Leut’, die sagen, es wär’ keine Sünd’, wenn’s Kind schon 3 Monate nach der Hochzeit geboren wird. Wenn mir das mal einer erklären könnt’, warum heut’ keine Sünd’ mehr ist, was früher eine Todsünd’ war.

*Markus D. (40):* Eine Zeitungsannonce kostet mich fast hundert Mark. Aber seit ich jetzt ein beheiztes Schwimmbad anbieten kann, melden sich gleich 4mal soviel Feriengäste wie vorher.

*Johann S. (60):* Anno 43, in Narvik, wo ich im Krieg war, da war am 10. April genauso ein Wetter wie heut', über ein Meter feiner Schnee und dazu der Ostwind.

*Benedikt H. (72):* 's wird schon noch einer kommen, der in unseren Hof einheiraten will. Jetzt, wo die Arbeitslosigkeit zunimmt, merkt man, daß ein Hof doch besser ist wie ein Fabrikplatz.

*Engelbert Z. (47):* Wenn die Milch 3,7 Prozent Fett hat, krieg' ich 46 Pfennig für den Liter, mit Mehrwertsteuer 50 Pfennig. Warum sie dann im Laden für weniger fette Milch mehr wie eine Mark bezahlen müssen, versteht unsereiner nicht.

*Dominika T. (62):* Wenn ein Studierter Schafgarbe und Johanniskraut sammelt, dann ist das ein modernes Hobby. Wenn ich das sammle, ist es ein altmodischer Krampf.

*Xaver N. (30):* Jetzt suchen sie einen, der den Sommer über 's Jungvieh auf der Alm hütet. Aber sie finden keinen, der's um 500 Mark im Monat macht.

*Albertine B. (37):* Wir haben den Hof auf Rentenbasis. Wir müssen die zwei 88jährigen miternähren und mitversorgen. Es reicht uns nicht, um die Fenster auf der Ostseite zu erneuern, obwohl sie den Wind nicht mehr verheben.

*Alois K. (39):* Der Skilift ist ein reines Verlustgeschäft. Die fahren halt ein paar Kilometer weiter, da geh'n die Lifte bis auf 1 500 hoch.

*Gertrud H. (22):* Mich dünkt es unrecht, daß meine zwei Brüder studieren und ich hab' nur den Haushalt lernen dürfen. Mein Vater sagt, je mehr die Weibsleut' studieren, je minder wird's hinterher mit ihrer Ehe.

*Heinrich R. (40):* Ich hab' jetzt einen Nebenverdienst. Aus Baumstämmen mach' ich kleine Brunnentrög'. Die nehmen die Urlauber mit und stellen sie auf ihren Balkon.

*Josepha K. (70):* Manche sagen, das Rasenkreuz in Meggen wär' gar kein richtiges Wunder, weil mit dem richtigen Dünger jeder so ein Rasenkreuz machen könnt'. Aber wir glauben halt alles. Was täten denn wir anfangen, wenn wir nichts mehr zum glauben hätten?

*Engelbert Z. (47):* Jetzt haben sie den 18jährigen Kindern die Volljährigkeit geben. Ein Bub mit 18 könnt' jetzt ohne daheim zu fragen eine Föhle mit 16 heiraten. Und hinterher könnt's die ganze Familie ausbaden. Aber so dumm ist bei uns keiner. Außer beim Wählen merkt man von dem Gesetz bei uns nichts.

*Martin U. (57):* Mich hat ein Städter gefragt, ob er nicht bei uns in so einen Hof einheiraten könnt'. Den hab' ich aber aufgeklärt, daß da nur einer rein kommt, der den gleichen Dialekt redet, der's gleiche Essen gewöhnt ist, der wenigstens an Weihnachten und Ostern zur Beichte und Kommunion geht, der die Viehwirtschaft von Kind an gewöhnt ist. Er wär' mit allem zufrieden, hat er gemeint, und ein Städter sei doch immerhin besser wie gar kein Mann. Die Stadtleut' haben halt wirklich gar keine Ahnung, auf was es da ankommt. Und man weiß ja auch nicht, wie man's ihnen klarmachen soll.

# Hohenesch

Geht man von Gschwand nach Hohenesch hinauf, kann man bei klarem Wetter auf der Höhe des Wegkreuzes im Westen den Bodensee erkennen. Geht man weiter, beginnt sich der holprige Fahrweg leicht zu senken. Man sieht auf Hohenesch. Es liegt zwischen zwei tertiären Molassefelsschuppen, eingebettet in einem nacheiszeitlichen Moränenkar, 830 Meter über dem Meer. Hohenesch ist ein zu Gschwand gehörender Weiler mit vier Höfen. Abgesehen von den kleinen Gemüsegärten, die nahe bei den Wohnhäusern liegen, sieht man nur Wiesen, weite Flächen, durch Stacheldrähte unterteilt. Wo die Wiesen enden, beginnt Wald, vorwiegend Fichten und Tannen, am Ostrand auch Buchen und Eschen. Die vier Höfe unterscheiden sich stark voneinander.

Hof 1, der höchstgelegene, steht seit drei Monaten leer. Berthold, der hier aufwuchs, war 29, als er verkaufte. Er ging als Melker auf ein Gut. Er hat mit 15 Jahren die Mutter verloren, mit 22 den Vater. Als das Haus leer war, suchte er nach einer Frau. Er nahm Lena, die mit einem unehelichen Kind eine Bleibe suchte, als Magd zu sich und als sie ein Kind von ihm erwartete, heirateten sie. Bald waren es drei Kinder. Bertholds Frau warf bei der Sonntagsmesse Silbergeld in den Klingelbeutel. Da sie jetzt Bäuerin war und nicht mehr Magd, wollte sie auch leben wie ein Mensch, der nicht jeden Pfennig herumdrehen muß. Sie wollte ein Auto. Aber Berthold kaufte einen gebrauchten Schlepper für 4000 Mark. Er fällte seine besten Bäume, aber es reichte nicht. Obwohl 11 Kühe im Stall standen, wurde die Schuld nur langsam kleiner, sehr langsam. War Bertholds Frau faul? Sie hatte kräftige Arme und ging mit der Heugabel und mit der Mistgabel so geschickt um wie ihr Mann. Aber vom Haushalten verstand sie nichts. Sie wollte essen wie Stadtleute, Butter und Schinken aufs Brot, geschmorte Kalbsleber, Linzer Torte. Berthold wollte sein Mus: geschroteten

Hafer mit Milch aufgekocht und sonntags manchmal einen Braten und ein Stück Streuselkuchen. So hatte er von Kindheit an gelebt, so sollten auch seine Kinder leben. Es gab oft Streit deshalb, Berthold konnte Streit nicht ertragen. Er versuchte, das Wirtschaftsgeld zuzuteilen, aber wenn das Geld verbraucht war, ließ sie anschreiben. Zu Ostern wurden die drei Jungen wie kleine Herren ausstaffiert, mit gleichen Anzügen und Mützen, sogar Krawatten wurden ihnen umgebunden. Sie konnten damit zum Dorf gehen, zur Kirche, zu Verwandten, um sich besichtigen zu lassen; nur das Wichtigste, herumrennen und spielen, konnten sie damit nicht. Sie sahen aus wie traurige, kleine Komiker. Noch bevor sie die Haustür erreicht hatten, begannen sie, ihr Paradezeug auszuziehen, um wieder in die alten Pullover zu schlüpfen.

Das mit dem Auto hatte Lena nicht durchsetzen können, aber einen Fernsehapparat auf Abzahlung, das hatte sie geschafft. Das Fernsehen brachte sie auf hundert Ideen, wie man modernes Leben in das verlassene Moränenkar bringen könnte. Sie ging mit ihren Ideen sehr sorgfältig um. Es war schwer, Berthold zu überzeugen. Berthold wollte den Schlepper bezahlen und dann das Dach neu decken lassen. Es war an vielen Stellen leck. Sie konnte sich leicht ausrechnen, daß nach dem Dach eine neue Güllegrube drankommen würde. Ihre eigenen Pläne mußten immer zurückstehen.

Jetzt dachte sie manchmal an die beiden Herren, die vor drei Jahren am Dreikönigstag da waren und ein Angebot machten: sie wollten den Hof kaufen. Höfe dieser Größe seien auf die Dauer nicht mehr rentabel. Der Fürst wolle aufforsten. Der Bauer könne auf einem Gut als Melker leicht tausend Mark und mehr verdienen. Damals lehnten sie entrüstet ab. Unverschämtheit, sagten alle vier Bauern von Hohenesch.

Aber nun gab Lena ihre vielen Ideen auf zugunsten dieser einen Idee: fort von hier. Berthold wurde zunächst nur sehr indirekt bearbeitet: ob er wisse, daß der Engelbert jetzt als Melker in Thann sei und 1100 Mark verdiene, bei freier Wohnung. Er fahre einen gar nicht so kleinen Wagen. Jeden Tag erzählte sie von den Engelberts: der älteste Junge besuche eine Mittelschule, 30 Minuten Schulweg. Hier müsse man um fünf aufstehen, um zum Sechsuhrbus zum Dorf zu kommen, wenn man auf eine bessere Schule wolle. Berthold war zwar auf eine ruhige Weise gescheit, aber es dauerte lange, bis er Lena begriff. Als er sie begriff, rollten ihre Räder schon so stürmisch, daß sie nicht mehr zu bremsen waren, obwohl sein Widerstand groß war. Einig waren sie sich immerhin in dem einen Punkt, daß der Fürst den Hof nicht bekam.

Der Fürst war bei den Bauern gefürchtet. Vor allem, weil seine Agenten Überredungskünstler waren. Den Heidler Ottmar hatten sie soweit gebracht, daß er seinen Hof verkaufte und mit seiner Frau ins Altersheim zog. Der Heidler hat das nur ein knappes Jahr überlebt. Er konnte vom Altersheim aus seine Wiesen sehen. Fremde Leute bepflanzten seinen Berg mit Fichten, es war nicht auszuhalten.

Nein, der Fürst bekam den Hof von Berthold nicht. Den Hof bekam Seraphine, eine fünfzigjährige Jungfer, die in dem Nachbarhof bei ihrem Bruder Benedikt lebte und arbeitete. Sie tat Ererbtes und Erspartes zusammen und konnte so fast zwei Drittel der Summe aufbringen. Den Rest zahlte der Bruder, dessen vier Kinder als Erben Seraphines eingesetzt wurden. Berthold hatte Angst vor dem Auszug. Der 14. März kam, ein klarer Tag mit schneidendem Ostwind. Berthold arbeitete verbissen. Er wollte so früh fertig sein, daß er losfahren konnte, bevor die Nachbarn zum Verabschieden kamen. Um halb neun war alles aufgeladen, auch Lena und die Kinder. Er setzte sich auf den Traktor und fuhr los. Er fuhr schneller als erlaubt. Die Nachbarn kamen aus den Häusern, riefen und gestikulierten. Winken, schrie Berthold, und gab noch mehr Gas. Lena und die Kinder winkten mit Halstüchern und Mützen. Berthold hielt sich am Steuer fest und hielt sich fest an den langen Worten, die er in der Heimatkunde auswendig gelernt hatte: Kapfjochflühburgwall, achthundertfünfundsiebzig Meter über dem Meeres-

spiegel, tertiäre Molassefelsschuppen, Eiszeitmoräne aus der Rißeiszeit.
Noch nie hatte er diese Worte so gut brauchen können. Sie deckten alles ringsum zu: die Krokusse auf Benedikts Wiese und die Schneereste vom Winter. Nur sein Zorn, sein Zorn war nicht zu besänftigen: die Kleinen läßt man verrecken, dachte er, verrekken, damit die Großen noch besser leben können, Grüner Plan, alles nur für die Großen. Aber ich hätte es geschafft, mit einer anderen Frau hätt' ich es geschafft. Mit einer, die Brot in die Milch brockt, statt beim Frühstück schon Wurst zu schmieren. Mit einer, die Zwetschgenmus kocht, statt beim Fernsehen auf neue Kochrezepte zu lauern. Modern! Was die unter modern versteht! Krawatten muß ich mir umbinden. Krampfig, daß ausgewachsene Mannsbilder sich farbige Schlipse um den Hals hängen. Mein Vater hatte zwei von diesen Dingern, eins für Hochzeiten und eins für Beerdigungen, das war genug. Mir hat sie schon mindestens sechs aus der Stadt mitgebracht. Ich wollte sie hängen lassen am oberen Kleiderrechen, aber sie hat sie doch noch eingepackt und giftig auf mir rumgehackt. Was Besseres ist ihr nicht eingefallen für die letzten Minuten im eigenen Haus.
Die Kinder winkten immer noch in das grün-weiße Hochtal hinein. Jetzt kam die Biegung, das Wegkreuz. Berthold bekreuzigte sich, sein Haus war nicht mehr zu sehen. Am Horizont sah er jetzt den Bodensee aufleuchten. Diese Aussicht hatte er besonders gern. Der Blick auf den See, das war ihm immer wie ein Blick in die weite Welt. Gschwand umfuhr er, nahm schlechte Wege in Kauf, rostroter Farn, vom Schnee zerdrückt, klebte an den Böschungen. Es war kalt.
Nun gehörten Bertholds Wiesen zu Benedikts Wiesen, darauf lief es hinaus. Das Haus blieb unbewohnt. Nur sonntags ging Seraphine hinüber und machte ein Feuer im Kachelofen und preßte ihren Rücken an die warmen Kacheln und las in den Büchern, die Berthold zurückgelassen hatte. Lenas illustrierte Zeitungen verbrannte sie alle schon am ersten Tag. Was sie aus

diesen Blättern über das Strandleben erfuhr, über „oben ohne", über Antibabypillen und Ehescheidungen empörte sie. Wild zerriß sie die Hefte und stopfte sie in den Schlund des Ofens. Mit heftigen Stoßgebeten begleitete sie das wachsende Feuer: mein Jesus Barmherzigkeit, heilige Erzengel, Cherubim und Seraphim steht uns bei. Was war das für eine Welt, in der man so etwas drucken konnte? In der man Kindern von früh an im Elternhaus und in der Schule beibrachte, was Sünde ist, und eines Tages sahen sie in den Zeitungen, daß gerade Mode ist, was man ihnen verboten hatte. Leute, die sich drei- und viermal scheiden ließen, wurden verehrt wie man früher die Heiligen verehrte. Sodom und Gomorrha hatten auch so gelebt, bevor der Schwefelregen über sie kam. Seit Jahren schon hatte Seraphine präzise Voraussagen: so wie man im Dritten Reich das fünfte Gebot mit Füßen trat und Millionen Menschen tötete, so wird heute das sechste Gebot mit Füßen getreten. Und diese Mißachtung des sechsten Gebotes, sagte sie, führt genau so zu Größenwahn und Katastrophe wie vorher die Mißachtung des fünften Gebotes.

Benedikt, seine Frau Maria und die vier Töchter glaubten ihr. Zu Komplikationen kam es erst, als sich die Älteste die ersten Perlonstrümpfe kaufte. Beine solle man nicht auf diese Weise ausstellen, sagte Seraphine, und dabei blieb's. Die Älteste und bald auch die Zweitälteste wechselten, wenn sie sonntags zum Dorf gingen, im Wald ihre Strümpfe. Einen neuen Streitpunkt gab es, als die Älteste an ihrem einundzwanzigsten Geburtstag von ihrem selbstersparten Geld einen Fernsehapparat kaufen wollte. Seraphine prophezeite: keins der Mädchen wird den Hof übernehmen, wenn man ihnen jeden Tag im Fernsehen Stadtleben vorgaukelt. Benedikt und Maria kamen in Bedrängnis. Bis jetzt war es Benedikt grade recht, daß Seraphine das Zepter schwang! Er wollte nicht kommandieren. Schon im Krieg, als er von Narvik bis vor Stalingrad gejagt wurde, hatte er sich geschworen, daß er nie kommandieren würde. Aber die Kinder, das sah er dann, waren doch nicht so leicht an der Kandare zu halten. Und da Maria auch zu den Sanften gehörte, paßte Seraphines Strenge recht gut ins Haus. Das mit dem Fernsehen konnte er nicht entscheiden. Maria ging zum Herrn Kaplan. Der Herr Kaplan gehörte nicht zur Gemeinde. Er lebte als halbkranker Mann in einem nahen Altersheim, wo er die Alten und Pflegebedürftigen betreute. Der Herr Kaplan war der Vertraute der Familie. Zu ihm ging man, wenn Streit im Haus war, wenn eine Seuche die Kühe bedrohte, wenn ein Waldnachbar die Grenzpfähle versetzte. Der Herr Kaplan war ein Beter, und für Benedikt und seine Familie gab es nichts Realeres als das Gebet vom Herrn Kaplan. Als die Älteste den Führerschein machte, wurde die Jüngste noch vor der Schule zum Herrn Kaplan geschickt. Sie wollte sagen, daß er um elf für die Fahrprüfung beten möchte. Er war der einzige, der wußte, daß Benedikt dem armen Brasilianerjungen Anselmo Bonito das Theologiestudium bezahlte. Was der Herr Kaplan sagte, galt, und im Streit um den Fernsehapparat entschied er gegen Seraphine. Er sagte: es hat keinen Sinn, den Kopf in den Sand zu stecken. Man muß die Gefahren unserer Zeit kennen, um sie zu bestehen. Seraphine ging selbst den schmalen, abschüssigen Weg zum Altersheim hinunter und sagte, wenn er schon von Gefahr rede, dann müsse sie ihm doch sagen: wer sich in Gefahr begibt, kommt darin um. Er war kein Prediger. Für Diskussionen reichte seine schwache Lunge nicht aus. Er sagte: „Gottvertrauen, Seraphine, Gottvertrauen."

Das Fernsehgerät stand in der Stube wie ein Telefonhäuschen im Urwald. Die Stube war alt, sehr alt. Sie bestand aus einer Bank, die rings um die Wände reichte, in der einen Ecke ein Tisch mit ein paar harten Stühlen, in der anderen Ecke ein braunglänzender Kachelofen. Benedikt hatte zwar in seinem Hof Maschinen jeder Art, aber wenn ihm die Töchter Bilder moderner Möbel und tiefer Sessel zeigten, lachte er nur. Er fand zum Lachen, was die Leute da alles um sich aufbauten. Auf diese Weise war die Stube stilrein wie in einem Heimatmuseum, und hierher hatte man das Gerät gestellt. Wohin? Es mußte auf

die Bank. Denn die Bank lief ringsum. Es gab sonst keinen Platz. Zum Glück war die Bank breit.
Beinahe hätte Seraphine recht behalten. Der Apparat pflügte die Familie um. Die beiden ältesten Töchter waren, als der Winter einzog, nicht mehr zu halten. Sie wollten für ein paar Monate in die Stadt. Der Herr Kaplan konnte einen guten Platz ausfindig machen. Sie kamen als Helferinnen in ein Krankenhaus, unter die Aufsicht von Nonnen. Beim Weihnachtsbesuch wollte die Jüngere nicht verschweigen, daß sie einen Freund hatte, gelernter Elektriker. In Gottes Namen, wenn nur die Älteste nicht vergaß, daß es darauf ankam, einen tüchtigen Bauern heimzubringen. Der Hof brauchte einen jungen Mann. Benedikt wurde bald 60. Er traute sich nicht mehr, mit dem Traktor ins Dorf zu fahren. Der Weg war ihm zu steil. Jeden Morgen wurde um dreiviertel sieben das Roß eingespannt und die Milch zur Sennerei gefahren. Er konnte sich ausrechnen, daß er das nicht mehr lange schaffen würde. Die Älteste durfte nicht auch mit einem Städter nach Hause kommen.
Als in der Weihnachtszeit Marias Bruder den alljährlichen Patenbesuch machte, sprachen sie mit ihm darüber. Er wußte nur, was jeder wußte: es gab so gut wie keine jungen Bauern, die Einheirat suchten. Maria gab heimlich eine Zeitungsannonce auf, aber es meldete sich niemand. Anfang Februar, am Lichtmeßtag, kam der Bruder wieder und hatte eine Nachricht: der Zweite vom Moosbruggerhof auf der Salmaaser Höhe, drei Wegstunden von hier, suche Einheirat.
Als die Älteste Ende Februar zum Wochenende heimkam, wurde von Benedikt und Maria der junge Moosbrugger erwartet. Sie wagten nicht, ihrer Tochter etwas davon zu sagen. Sie hatte oft genug verkündet, daß sie sich selbst ihren Mann aussuchen würde. Er müsse groß sein und – was Benedikt besonders erschreckte – schön müsse er sein. Maria beobachtete von der oberen Diele aus den Weg. Sie mußte dem Besuch entgegengehen, ihn zumindest vor dem Haus empfangen, um ihm zu sagen, daß die Älteste nichts merken dürfe. Er müsse sozusagen

zufällig vorbeikommen. Auch Benedikt hatte sich auf Wachtposten begeben. Er übersah vom Roßstall aus den Weg und freute sich, als er erkannte, daß die sich nähernde Gestalt groß war. Hauptsache groß, dachte er. Schön? Wer war von den Leuten im Dorf schön? Zu jedem fiel ihm etwas ein: der Bodenmüller war ein erstklassiger Züchter, prämiiertes Vieh, Musterbetrieb. Der Kemper schon zweimal haarscharf am Bankrott vorbei, saß beim Skat und ließ die Frauen allein arbeiten. Der Waldner ein Schnapstrinker, schon zwei Autounfälle. Der Reiter fleißig, aber tyrannisch. Der Henk, dem und seiner Familie hatte man zu verdanken, daß es im Dorf vier NPD-Wähler gab. Er war Hitlerjugendführer gewesen und nie konnte Benedikt vergessen, was Henk bei einem Wintersonnenwendfeuer in die Nacht schrie:

Ein Jahr geht zu Ende
Vorwärts zum Neuen!
Nicht Stunden, nicht Tage:
Das Leben dem Führer!

Dabei war er geblieben, der Henk. Er hatte nichts dazugelernt. Was hatte sich das Kind da nur in den Kopf gesetzt: groß und schön! Als ob es unzählige junge Bauern gäbe. Es gab überhaupt keine, die nach Hohenesch wollten. Hohenesch lag eine halbe Stunde vom Dorf entfernt. Steil ging's hoch, für fünf Monate des Jahres ein Schneeloch. Groß und schön! Wer nicht Hoferbe wurde, war froh, einen anderen Beruf erlernen zu dürfen. Im Dorf wollte keiner irgendwo einheiraten.
Sie wollten Autoschlosser werden, Werkzeugmacher, Fliesenleger, Graphiker. Er konnte keinem eine Vierzigstundenwoche bieten. Hier mußte man auch sonntags viertel nach fünf aufstehen. Die Milch mußte pünktlich abgeliefert werden. Und jetzt kam da einer vom Moosbruggerhof, einer, der freiwillig auf die Vierzigstundenwoche verzichtete. Benedikt hatte von seinem Vater die Gewohnheit geerbt, vor wichtigen Ereignissen zu

beten. Er stand vor der Wohnstubentür und betete: Heiliger Judas Thaddäus, Helfer in allen Nöten, steh uns bei!
Als er die Tür öffnete, sah er zuerst die Brille, und er sah, wie die Älteste Kaffee einschenkte. Sie lachte. Die Brille schien also nicht schlimm zu sein. Aber Benedikt wollte es genau wissen. Er fand seine Frau in der Küche und fragte: „Ist er schön?" Maria nickte. Sie lachten beide. Die Frage war zum Lachen. Vielleicht war aber auch zum Lachen, daß die erste Hürde so gut genommen war. Jetzt mußte man weiter sehen: würde der junge Moosbrugger wiederkommen? Er kam wieder. Im Oktober war die Hochzeit.
Wie üblich, lud das Brautpaar mit einer Zeitungsannonce alle Freunde und Bekannten zur Hochzeit ein. Die Kirche war beinahe voll. Ins Bräuhaus, wo getanzt wurde, kamen 97 Gäste. Aber Benedikt mußte, wie jeder Brautvater, nur für die engste Familie zahlen. Wer hier zur Hochzeit ging, zahlte seine Zeche selbst. Am Eingang des Bräuhauses stand die Schneiderin des Brautkleides und steckte jedem Gast ein Sträußchen an. Dafür gab man ein Trinkgeld. Früher waren es 20, 30 Pfennige, heute gab man eine oder zwei Mark. Seit das Trinkgeld so gestiegen war, wurde meist eine Schwester der Braut zum Sträußchenstecken aufgestellt, damit der Betrag dem jungen Paar zugute kam. Aber von solchen Neuerungen wollte Benedikt nichts wissen. Die Schneiderin bekam ihr Sträußchengeld. Es war das erste Mal seit sieben Jahren, daß sie wieder selbst Sträußchen stecken durfte. Sie versprach der Braut, die Hälfte davon dem Herrn Kaplan für seine Armen zu geben. Auch Benedikt und Maria machten am Sonntag nach der Hochzeit einen Besuch beim Herrn Kaplan. Sie bestellten eine Dankesmesse mit Magnifikat, und für die Hungernden in Indien überließen sie ihm einen großen Schein. Der Hof schien gerettet. Ein junger Mann mit Führerschein und Liebe zum Beruf war eingezogen. Die bohrende Angst, daß eine Tochter nach der anderen einen Städter heiraten würde, war überstanden. Die jungen Leute zogen in Bertholds Haus, das Seraphine gern zur Verfügung stellte.

Bis jetzt gab es nur einen Punkt, in dem Benedikt mit dem jungen Bauern nicht übereinstimmte. Moosbrugger schaffte als erstes von dem Geld, das er mit in die Ehe brachte, einen neuen Traktor an. Alle waren von dem Traktor begeistert. Das Milchfahren war plötzlich kein Problem mehr, kein stundenlanger Kampf mit Eis und Schnee oder Sturm und Regen, in einer halben Stunde war es erledigt. Für das Dorf hätte sich der junge Bauer keinen besseren Start ausdenken können. Der neue Traktor war jetzt die Visitenkarte des Benedikthofes. Das Roß ist übrig, sagte der junge Bauer, und das war der Punkt, an dem Benedikt nicht mit ihm übereinstimmte. Benedikt hatte jetzt besonders viel an unwegsamen Punkten seines Waldes zu tun. Auf dem Kapfgipfel sah man ihn mit dem Pferdewagen Hagpfähle holen. Und er fand es ärgerlich, als er plötzlich den Traktor steil über die Wiesen zu sich hochkommen sah. Es mußte doch Punkte geben, die für den Traktor nicht erreichbar waren. Natürlich hätte er sich das Pferd auch einfach so halten können, aber das widersprach seiner Art.

Er war mit seinen fünf Geschwistern bescheiden aufgewachsen. Zwar herrschte nie Not auf dem großen Hof, aber es herrschte eine Anspruchslosigkeit, die dem frommsten Bettelorden als Vorbild hätte dienen können. Als Benedikt als kleines Kind von seinem Großvater zum ersten Mal die Leidensgeschichte Christi hörte, holte der Großvater das Kruzifix von der Wand und sagte: „Schau, er hat die Füß übereinander getan, so haben sie nur einen Nagel gebraucht."

Dieses Detail aus der Kreuzigung war für Benedikt ein über Generationen vererbtes Kernstück der Religion. Man hatte mit wenigstem auszukommen. Selbst wenn Maria an den hohen Festtagen Fleisch kaufte, nahm er nichts davon. Warum Wurst oder Fleisch essen, wenn man auch von Kartoffeln und Gemüse gut satt wurde? Warum Wein oder Bier trinken, wo die Quelle Tag und Nacht ihr gutes Wasser gab? Warum Zucker streuen, wo die Milch von Natur aus schon so süß schmeckte und warum neue Kleider kaufen, solange man die alten noch flicken konnte? Nie hätte Benedikt die neue Mode mitgemacht, eine Ölheizung ins Haus zu bauen. Aus dem Grünen Plan gab es Geld dafür, und deshalb wurden in vielen Höfen die alten Kachelöfen abgerissen und Ölheizungen eingebaut, obwohl jeder Bauer genügend Wald hatte. Das Astholz, ja ganze Baumkronen blieben jetzt oft im Wald liegen. An solchen Holzplätzen sah man an trockenen Wintertagen manchmal Benedikt und Seraphine hantieren. Nicht weil sie Holz brauchten, einfach, weil sie nicht zusehen konnten, wie etwas ungenutzt zugrunde ging.

So sehr Benedikt von Pfennigen leben konnte, in die Technisierung seines Betriebes steckte er Tausende. Das war ein Bereich, in dem er keinem ererbten Zwang unterlag. Als sein Vater vor 20 Jahren starb, gab es noch keine Maschinen auf dem Hof, jetzt gab es viele. Auch eine weißgekachelte Kammer mit Melkmaschinen lag neben dem Stall. Das allerdings war die einzige Investition, die sich bis jetzt nicht lohnte. Es war eine Riesenarbeit, die vielen langen Schläuche steril zu halten, und außerdem war es den Kühen lieber, von Hand gemolken zu werden. Solange Benedikt genügend Melker in der Familie hatte, wollte er die Anlage nicht benutzen.

Der Ärger mit den Melkapparaten lag weit zurück. Benedikt machte sich Sorgen um das Pferd. Würde er es halten können? Seit er lebte, ging er mit Pferden um. Früher waren es zwei, seit der Schlepper die schweren Wagen zog, nur noch eins. Er arbeitete täglich mit dem Pferd. Er redete mit ihm, und zweimal im Jahr machte Benedikt einen Ausflug: er nahm mit seinem Pferd am Wendelinsritt in Dreiheiligen und am Martinsritt im Nachbardorf teil.

Die Liebe zu Pferden war in der Gegend verbreitet. Viele Kirchen waren St. Martin geweiht, nur damit man einen Grund hatte, auf das Altarbild ein großes Pferd zu malen.

Es war nicht verwunderlich, daß Benedikt bald nur noch an das Pferd dachte. Maria entschloß sich, mit dem Schwiegersohn zu reden. „Der Vater braucht das Roß“, sagte sie, „du mußt ihm

sagen, daß es unentbehrlich ist für das Holz in der Tobelschlucht und für den Schlitten im Winter". Der Moosbrugger war nicht schwer von Begriff. Er sagte beim Vespern, in der Werkstatt habe man ihm erklärt, es sei nicht gut, wenn er mit dem Traktor so steil die Wände hoch ging, dafür sei allemal das Roß da.
Bei diesem Vesper schmeckte Benedikt sein Quarkbrot sehr gut. Er beschloß, am Abend zur Bauernversammlung ins Dorf zu gehen. Er ging nicht gern zu solchen Verammlungen. Es wurde zu viel geschimpft. Immer dasselbe: immer zählten sie ihre Arbeitsstunden auf und verglichen dann das Bauerneinkommen mit dem Lohn in der Industrie. Sie steigerten sich gegenseitig in Unzufriedenheit hinein. Ein einziges Mal hatte Benedikt den Mund aufgemacht und gefragt: „Warum sagt keiner, daß es uns Bauern noch nie so gut gegangen ist?" Die Frage war nicht laut gestellt, trotzdem hatte sie Stille beschworen, für eine Sekunde, aber dann winkte der Versammlungsleiter ab. Die Frage blieb unbeantwortet, obwohl Benedikt von der Schulzeit her als bester Schüler seines Jahrgangs bekannt war. Er hatte das Thema verfehlt.
Heute machte sich Benedikt auf allerhand gefaßt. Seit Monaten wurde von der Wirtschaftskrise geredet, von Kürzungen des Grünen Plans, Kürzungen des Milchpfennigs. Es würde bestimmt hoch hergehen. Aber es wurde nicht schlimm. Ein Landwirtschaftsrat sprach über die neue Investitionshilfe. Es war uninteressant, weil er noch nicht einmal Zinssätze nennen konnte. Der Bürgermeister fing die ersten Proteste geschickt ab. Er riet zur Vernunft. Angesichts der Bergleute im Ruhrgebiet und angesichts der vielen Arbeitslosen sei es nicht am Platze, zu schimpfen. Das Dorf müsse zur Selbsthilfe greifen. Man wolle den Fremdenverkehr ausbauen. 105 Fremdenbetten habe das Dorf schon. Es könnten leicht nochmal so viel werden, wenn jedes Bauernhaus zwei Stuben herrichten würde.
Ein Fremdenbett könne unter Umständen mehr einbringen als eine Kuh. Für Benedikt kam das nicht in Frage. Er hatte einmal

auf besonderes Drängen hin Stadtleute aufgenommen. Aber deren Lebensgewohnheiten waren zu fremd: das Brot war ihnen nicht weiß genug, die Bettdecken zu schwer, die Stube, obwohl es Sommer war, zu kalt, und wenn die Sonne schien, legten sie sich fast nackt auf die Wiese. Seraphine hatte gesagt: „Nie wieder!“ Als Benedikt die Versammlung verließ, wurde er vom Lehrer ein Stück begleitet. Wie es mit der Theresia sei, ob sie nicht zur Oberschule dürfe. Sie sei sehr geeignet dafür, fünf Einser im Zeugnis, die Beste der Klasse.

Bei der Ältesten war er auch gefragt worden, ob sie nicht Lehrerin werden dürfe. Aber sie sollte den Hof übernehmen, das stand damals schon fest. Und die Jüngste wollte nichts von höheren Schulen wissen. Sie hatten schon darüber geredet. Sie hatte Angst, in der Stadtschule ausgelacht zu werden. Aber das verschwieg Benedikt. Er sagte: „Und im Winter, wenn's Kindslumpen schneit, soll die Kleine um halb sechs da oben runter?“ „Es gibt Internate,“ sagte der Lehrer, „sogar Klosterinternate, in denen Landkinder gut aufgehoben sind.“ Wo's denn das gäbe, fragte Benedikt. In Ravensburg, sagte der Lehrer. Ravensburg war weit. Er wolle nochmal drüber reden, sagte Benedikt, aber die Theres würde am liebsten mal eine Hühnerfarm aufmachen, oben auf dem Gansbühl. Das sei Verschwendung von geistiger Begabung, sagte der Lehrer, und der bayerische Staat würde große Zuschüsse zur Ausbildung geben. Aber Ravensburg liege doch im Württembergischen, sagte Benedikt. Dann müsse man halt ein Internat hier im Bayerischen finden, sagte der Lehrer, er wolle sich erkundigen. Das sei nicht nötig, sagte Benedikt, die Theres sei ein zartes Kind mit Heimweh, man könne sie nicht so weit weg tun. Für die Bildung müsse man Opfer bringen, sagte der Lehrer, er würde bald mal raufkommen.

Zwar stimmten die Gründe, die Benedikt da vorbrachte, aber er hatte noch einen viel tiefer sitzenden Grund, nur daß man darüber mit dem Lehrer nicht redete: er mißtraute der Bildung. Von seinen Schulkameraden durfte einer studieren, wurde

Richter. Der hat schon mit 18 nicht mehr an Gott geglaubt. Er hat es Benedikt selbst erzählt damals und von Darwin und der Lehre, daß alles Leben aus dem Schlamm kommt. Für Benedikt gab es gar keine Möglichkeit, die Welt ohne Gott zu denken. Die Nachricht vom Schlamm war für ihn nur eine Bestätigung der Bibel. Da stand es doch, daß der Mensch aus Lehm gemacht war und daß die Schöpfung sich über Jahrmillionen hinzog, hatten sie doch schon in der Schule gelernt. Aber der Schulkamerad kam sich gelehrt vor, dem ganzen Dorf überlegen. Später wurde er Kriegsrichter. 1946 kam er betteln. Benedikt gab ihm Butter und Käse und dachte, man könne auch miteinander reden. Aber der andere hatte nur vorgeformte Satzteile: der Erde dienen und tragisches, deutsches Lebensgefühl und solche Sachen. Nein, wenn einer studierte, mußte man mit allem rechnen, vor allem aber damit, daß er nicht mehr an Gott glaubte. Benedikt hatte das auch schon dem Herrn Kaplan gesagt, weil der auch wegen der Oberschule gefragt hatte. Der Herr Kaplan sagte, es gäbe viele Leute, die nicht studierten und trotzdem nicht an Gott glaubten. Benedikt war in diesem Punkt nicht zu überzeugen. Der Lehrer hatte auch von Verschwendung von geistiger Begabung geredet. Als ob die Landwirtschaft für die Dummen da wäre. Wo sich doch immer mehr zeigte, daß ein Bauer heute intelligent sein mußte. Ideen mußte er haben, planen mußte er können. Nein, das Theresl sollte nicht zu fremden Leuten in die Stadt. Auf dem Hof war Platz für alle.

Benedikt hatte die Versammlung zu früh verlassen. Erst nach dem offiziellen Teil wurde es wirklich interessant, als nämlich bekannt wurde, daß der Grunert Josef aufgibt. Er wollte verpachten. Dem Grunert Josef gehörte der dritte Hof in Hohenesch. Ein schöner Besitz. Er kassierte fast zweitausend Mark Milchgeld im Monat. Aber im vergangenen Jahr hat es ihn schwer getroffen. Im März heiratete die Tochter in die Stadt, und im Juni hatte der 20jährige Sohn einen Autounfall, lag vier Monate im Krankenhaus und kam mit einem Bein zurück.

Plötzlich mußte Grunert mit seiner Frau die Arbeit für vier schaffen. Hilfe war nicht zu bekommen. Und der Sohn war entschlossen, ins Bankfach überzuwechseln, in der Landwirtschaft brauche man zwei Beine.

Daß kleinere Bauern, wie der Berthold zum Beispiel, aufgaben, war nicht so verwunderlich. Jedes Jahr gaben allein in Bayern 7000 Bauern auf, und die Landwirtschaftsexperten nannten das eine gesunde Entwicklung. Sie hatten sogar ein bestimmtes Wort dafür: Gesundschrumpfung. Weniger, aber größere Höfe war das Ziel dieser Entwicklung. Dem Grunert hätte man in diesem Prozeß die größten Überlebenschancen gegeben. Er war ein guter Züchter. Seine Kuh Lerche kam bis nach München zur landwirtschaftlichen Ausstellung. Außerdem war er ein Zuschußmathematiker. Keine Grüne-Plan-Möglichkeit ließ er ungenutzt. Aber im vergangenen Jahr, als der Sohn verunglückte, wurde er plötzlich alt, obwohl er erst 55 war. Zuerst der Schreck, dann das Übermaß an Arbeit, dann kam der Junge heim und mußte einen anderen Beruf erlernen. Wozu diese Anstrengung, wenn es keinen Erben mehr gab für den Hof?

Und dann die Frau, seine Anna, sie bekam abends Zustände. Sie weinte vor Erschöpfung. Sie schimpfte auf die Ärzte, die das Bein nicht retten konnten. Hätte man den Jungen ihr gelassen, jammerte sie, wäre das Bein dran geblieben. Sie hatte eine große Begabung, Kranke zu heilen. Die Grunerts gingen nie zum Arzt. Aber jetzt versuchte ihr jeder klarzumachen, daß ein schwerer Autounfall etwas anderes ist als eine Krankheit. Röntgen, Brüche schienen, Wunden nähen, das könne sie doch alles nicht. Ich bin gleich hingefahren, sagte sie dann jedesmal, am gleichen Tag war ich noch bei ihm im Krankenhaus. Ich hab eine Flasche Arnikatinktur mitgenommen, weil ich mir dachte, bei Unfällen gibt es Prellungen und Verstauchungen. Es stimmte auch, er hatte dicke, blaue Beulen.

Ich machte ihm Arnikaumschläge, und obwohl er fast nicht reden konnte, sagte er: wie gut. Aber sie haben mich rausgeschickt. Ich durfte keine Umschläge mehr machen. Ich habe

den Arzt gefragt, ob er schon Prellungen mit Arnika behandelt habe. Er hat den Kopf so geschüttelt, daß jeder merkte, wie wenig ihn Arnika interessierte. Dabei ist es das Beste. Es gibt nichts Besseres bei Prellungen und Verstauchungen. Was hat der Junge für Medizinen schlucken müssen! Schlecht ist ihm geworden davon und geholfen hat es nichts.
Wenn man Anna anhörte, konnte man glauben, bei dem Unfall hätte es sich um Prellungen und Verstauchungen gehandelt. Das andere, das Schlimme, klammerte sie aus, weil sie nichts dagegen ausrichten konnte. Dauerhaftes Entsetzen packte sie davor. Auch jetzt konnte sie sich an den Anblick nicht gewöhnen. Ihr mußte das passieren, wo sie die schwersten Rippenfellentzündungen mit Bockshornklee und Quarkauflagen, mit Haferstroh und Essigwasser heilen konnte, ganz zu schweigen von all den anderen Krankheiten, denen sie mit ihren 27 Kräutersorten zu Leibe ging.
Seit alle Bauern der Krankenkasse beigetreten waren, sammelte niemand mehr Kräuter. Alle gingen gleich zum Arzt, sogar mit einem entzündeten Auge ging man schon zum Arzt, obwohl auf allen Wiesen der Augentrost wuchs und drei Umschläge davon jedes Auge heilten. Auch die Grunerts waren der Krankenkasse beigetreten. Der Bauer wollte es so. Es galt als fortschrittlich. Aber als er dann zum ersten Mal zum Arzt ging, nützte die ganze Behandlung nichts. Er hatte mitten in der Ernte ein schlimmes Nesselfieber bekommen, Ausschläge und Juckreiz am ganzen Körper. Anna sagte sofort: Lehmpackung. Aber der Grunert wollte auch mal den Doktor ausprobieren und hoffte auf eine schnell wirkende Medizin. Die Spritzen halfen ihm nicht. Anna ging in den Wald, grub tief gelagerten Lehm, rührte ihn mit Wasser an, tränkte ein langes Nachthemd in dem Lehmbrei und zog es ihrem Mann über. Er wurde wie eine Mumie eingewickelt und fürs Schwitzbad zugedeckt. Nach einer Stunde wurde er abgewaschen. Die Ausschläge waren verschwunden. So sehr Grunert von dieser Heilweise überzeugt war, er wollte nicht, daß seine Frau anderen Leuten

solche Ratschläge gab. Sie machen sich darüber lustig, sagte er, es kommt ihnen rückständig vor. Deshalb sollte Anna nicht davon reden, mit niemand. Sie sollte lieber aufschreiben, was sie über die Kräuter wußte, damit die Kinder später nachlesen könnten, wenn sie's nötig hätten.

Aber aufschreiben war nicht Annas Fall. Wo sollte man da überhaupt anfangen? Grunert kaufte ihr ein Büchlein mit alphabetischem Register. Er schlug eine doppelte Eintragung vor. Zum Beispiel unter B schrieb man Blasenweh: Zinnkrauttee, Bärentraubenblättertee, heißen Heublumensack auflegen, bei Besserung kalte Waschungen. Und gleichzeitig schrieb man unter Z: Zinnkraut: Bei Blasen- und Nierenweh als Tee und Badezusatz, schlecht heilende Wunden damit waschen, bei Wassersucht und schwacher Lunge als Tee. Anna fand das sehr mangelhaft. Sie schrieb nur selten in das Büchlein. Manchmal schrieb Grunert selbst hinein, wenn ihm ein Kraut als besonders wirksam aufgefallen war. Aber Anna hatte recht; wer sollte das Büchlein je benutzen? Die Tochter war in der Stadt mit einem Ingenieur verheiratet, und jetzt würde auch der Junge in die Stadt ziehen. Woher sollten sie Johanniskraut und Frauenmantel nehmen? Den Kräutern aus der Apotheke mißtraute Anna. Wer garantierte, daß sie frisch waren? Wer garantierte, daß sie dort gepflückt waren, wo kein Kunstdünger und kein Benzindunst hinkamen?

Anna hatte ohnehin jetzt andere Sorgen. Ein Pächter war schon gefunden, und Grunert trug sich mit dem Gedanken, das Bräuhaus zu übernehmen. Der Wirt war vor einem Jahr gestorben, und die Wirtin konnte es nicht allein weiterführen. Anna wollte nicht. Mitten ins Dorf ziehen und täglich bis in die Nacht in dem Pfeifen- und Zigarrenrauch sitzen, das gefiel ihr nicht. Grunert versprach, die Abende allein zu bestreiten. Sie könne um 9 ins Bett gehen. Sie übernahmen das Gasthaus. Es hatte den Vorteil, daß der Sohn zunächst noch zu Hause wohnen konnte, weil vor dem Haus der Omnibus hielt, der ihn jeden Tag zur Bank in die Stadt brachte.

Der neue Pächter von Grunerts Hof hatte eine Frau und drei halberwachsene Kinder, Arbeitskräfte genug. Aber er hatte kein Glück bei seinem Nachbarn. Der Nachbar war der Nußbaumer Anton, mütterlicherseits ein Hagspiel. Darauf legte der Nußbaumer großen Wert, denn die Familie Hagspiel hatte es zu einigem Ansehen gebracht. Sie stellte den Bürgermeister und hatte einen Konsul und einen Regierungsrat hervorgebracht. Von der Mutter hatte der Nußbaumer auch die alten Schränke und die Truhen geerbt. Sogar ein Spinett hatte er mit eingelegten Hölzern. Einmal kamen Kunstverständige und boten ihm viel Geld für seine Möbel, aber die wußten nicht, was ein Hagspiel ist. Ein Hagspiel gibt nichts Ererbtes her, nicht für Millionen. Und ein Hagspiel ist auch noch ein Hagspiel, wenn er eigentlich Nußbaumer heißt und nur die Mutter eine geborene Hagspiel war. Das Bewußtsein, das die Familie in Generationen gezüchtet hatte, nannte man in der Gegend den Hagspielgeist.
Das konnte freilich der neue Pächter des Grunerthofes nicht wissen. Er wollte auch nur „Grüß Gott" sagen mit seiner Frau und den Kindern. Aber er merkte gleich, daß die Nußbaumers zurückhaltend waren. Sie kamen mit ihren beiden Kindern vor das Haus zur Begrüßung, statt zu sagen: Kommt doch mal rein, trinkt ein Glas Most. Und dann war die Haustür offen, und man konnte in die Diele sehen. Da war ein weißgescheuerter Tannenboden und Teppichläufer. Das wollten sie natürlich nicht mit fünf Paar dreckigen Schuhen bevölkert haben, das war klar. Wer weißgescheuerte Tannendielen so dicht hinter der Haustür hatte, der war wählerisch mit seinen Besuchern. Das war fürs erste gut beobachtet, Nußbaumers waren wählerisch. Man sah es gleich, wenn man die Türschwelle überschritt.
Die Diele war groß, weiße Wände, ein flaches, breites Naturholztreppenhaus führte nach oben. Da, wo der Teppichläufer endete, stand ein Schrank wie ein Dom. Mächtig, in Braun- und Goldtönen feierlich bemalt, mit der Jahreszahl 1747 und mit dem Namen Creszentia Hagspiel. Auf diesen Schrank hatten es die Kunstverständigen damals besonders abgesehen. Und dieser

Schrank war eines Morgens verschwunden. Als Anton Nußbaumers Frau Franziska am Gründonnerstag 1966, morgens um halb sechs Uhr die Treppe zur Diele hinunterstieg, sah sie die Haustür ausgehängt, und im gleichen Augenblick sah sie den Platz, wo der Schrank gestanden hatte, leer. Nun hatte Nußbaumer, als man ihm vor 3 Jahren 5000 Mark für den Schrank bot, eine Reihe Fotografien von dem Stück gemacht, weil er Experten befragen wollte. Diese Fotografien mitsamt dem Expertenurteil, das den Schrank sogar auf 8000 schätzte, übergab der Nußbaumer am frühen Gründonnerstagmorgen der Polizei.
Drei Wochen später wurde der Schrank in einem Antiquitätenladen in Heidelberg wiedergefunden. Wer ihn so geräuschlos aus dem nacheiszeitlichen Moränenkar entfernt hatte, war nicht herauszubringen.
An jenem Karfreitag, der dem Diebestag folgte, weigerte sich Nußbaumer, in der Kirche den Kantor zu machen. Er sang seit 10 Jahren den Chronisten in der Johannespassion. Er machte das sehr gut, instrumental, wie die Kenner sagten. Aber Nußbaumer behauptete, der Schreck habe ihm die Stimme verschlagen. Der Herr Pfarrer redete lange auf ihn ein. Es gäbe schlimmere Sachen, sagte er, obwohl er wußte, daß es für einen Hagspiel nichts Schlimmeres gab als einen Hagspielschrank zu verlieren. Aber Nußbaumer sang dann doch, schöner als je.
Nußbaumer war nicht fromm, aber man mußte die Kirche im Dorf lassen. Er hatte sogar einen privilegierten Platz in der Kirche. Jedes Jahr am Stefanstag kamen die Wohlhabendsten des Dorfes zusammen und ersteigerten einen Platz auf der Empore. Seinen Platz in der ersten Reihe hatte er für 110 Mark ersteigert. Das Geld wurde für Wohltätigkeitszwecke verwendet. Dumm war nur, daß der Pfarrer sofort sah, wenn der Platz mal leer war.
Nußbaumer gab sich flott. Er trug zum Arbeiten Lederbundhosen, manchmal sogar Blue jeans. Bei der Ernte, wenn es heiß war, sah man ihn oft mit einem weißen Tuch um die Stirn. Sein Beruf gefiel ihm. Was er entbehrte, war nur die Möglichkeit, hin

und wieder zu verreisen. Er ging auf die 40 zu. Er hätte gern in großen Städten erprobt, wie Mädchen auf ihn reagieren. Er massierte sich jeden Abend den Kopf mit Birkenwasser. Die Haare durften nicht ausgehen. Den Onkel Konsul befragte er manchmal nach dem Großstadtleben. Aber für den bestand Stadtleben nur aus Benzingestank und überflüssigen Einladungen. Nachtlokale? Ja, die gäb's, aber da säßen nur Leute aus der Provinz, die Angst hatten, zu kurz zu kommen. Nußbaumer mißtraute diesen Auskünften. Irgendwo mußte das Leben doch stattfinden, von dem die Zeitungen dauernd berichteten. Quartalsweise bekam er Wutausbrüche. Er kam sich wie ein Gefangener vor, während draußen irgendwo Möglichkeiten, die auf ihn warteten, ungenutzt verwelkten. Dann schikanierte er die Familie mit seinen Nörgeleien. Nur Franziska wußte, was in ihm vorging. Sie zitterte, wenn es wieder einmal soweit war, weil sie nicht fassen konnte, daß er noch mehr wollte als ihm zugeteilt war. Wer noch mehr will, zieht's Unglück an, sagte sie. Er wußte, daß sie recht hatte.

Sie hatte immer recht. Es war ärgerlich, wie sehr sie immer recht hatte. In ihrem Garten wuchsen die saftigsten Rettiche, der zarteste Spinat und die dicksten Karotten. Sie säte und pflanzte nur nach Mondstellungen. Es gab eigens einen Kalender, der die Tage mit untergehendem und übergehendem Mond verzeichnete. Nach diesem Kalender richteten sich auch die anderen Bauern der Gegend. So fortschrittlich sie mit ihren Heilmethoden geworden waren, was den Mond und seinen Einfluß auf die Erde betraf, blieben sie eisern. An Quellen und Brunnenstuben durfte nur bei bestimmten Mondstellungen gearbeitet werden. Holz durfte nur bei bestimmten Mondstellungen gefällt werden, ja, es durfte nur bei bestimmten Mondstellungen im Schuppen oder Haus geschichtet werden. Der Pfarrer nannte es einen heidnischen Aberglauben, aber die Bauern lachten: davon verstand der Herr Pfarrer nichts. Sie konnten Beispiele aufzählen von Quellen, die versiegt waren, weil man sie zur Unzeit behandelte. Quellen durfte man nur zur Zeit des übergehenden

Mondes fassen, weil der Mond in diesem Stadium das Wasser aus der Erde zog. Darüber gab es gar keine Diskussionen. Jeder richtete sich danach.
Genau so wie man sich im Frühjahr, wenn die Kühe zum ersten Mal auf die Weide getrieben wurden, nach allerhand Regeln zu richten hatte. Diese Regeln waren freilich nicht so deutlich faßbar. Dagegen war die Sache mit dem Mond fast exakte Naturwissenschaft. Vor dem Austreiben wurde oft der Ochsenreiter befragt, ein alter Mann im übernächsten Dorf, der über allerhand Kräfte verfügte. Mit Sicherheit konnte er Warzen wegbeten, und mit ziemlicher Sicherheit konnte er Leute von alten, verstockten Haßgefühlen befreien. Zu ihm ging man mit dem Stalltagebuch, den genauen Daten der Kühe, wann geboren, wann gekalbt. Alles sah sich der Ochsenreiter genau an, und dann sagte er: am Dienstag um Mittag, oder er sagte: am Mittwoch um 10. – Ob das horoskopische Auskünfte waren oder was sonst, konnte niemand erfahren. Bekannt war nur: wer sich nach Ochsenreiters Ratschlägen richtete, hatte beim Vieh keine Koliken und keine Durchfälle zu befürchten. Das Austreiben war ein Fest. Keins mit Essen und Trinken, aber eins mit Vorbereitungen, Besorgnissen und Hochgefühlen.
Die Wiesen standen saftig im Gras, hie und da blühte ein Löwenzahn. Es war Frühling. Das Lederzeug wurde gefettet, die Glocken blank geputzt. Jede Kuh mußte ihre Glocke vom vergangenen Sommer wieder bekommen. Verwechslungen hatten schlimme Folgen, weil jede Kuh den Klang ihrer alten Glocke kannte. Sie gab keine Ruhe, bis sie ihre eigene Glocke wieder bekam.
Nußbaumer hatte, wie sich das für einen Hagspiel gehörte, einen Knecht. Er hieß Kaspar und war taubstumm. Er war schon auf dem Hof, als Nußbaumer geboren wurde. Niemand wußte, wie der Betrieb je ohne Kaspar laufen sollte. Kaspar war 59. Er hatte das verbriefte Recht, bis zu seinem Tod auf diesem Hof zu bleiben. Wenn er nicht mehr arbeiten kann, sagte Nußbaumer, stell ich zur Hälfte auf Mastvieh um. Das ist rentabler

und macht weniger Arbeit. Nußbaumer hatte einen guten Rückhalt, weil er viel mehr Wald besaß als die übrigen Bauern des Dorfes. Aber in diesem Jahr begann der Wald ihm Sorgen zu machen. 22 Stämme hatte der Sturm gefällt, und keiner wollte sie ihm abnehmen.

Ein Eisen hatte Nußbaumer noch im Feuer, aber daran dachte er nicht gern. Mit ein paar tausend Mark war er an dem Skilift beteiligt, den das Dorf im vergangenen Jahr baute. Im Nachbardorf stand schon seit sechs Jahren ein Lift. Die Nachricht war durchgesickert, daß er in guten Wintern eine Goldgrube sei. Da hatte Nußbaumer, selbst ein passabler Skiläufer, die Initiative ergriffen und im Dorf zehn Geldgeber mobilisiert. Das Beste an der Sache waren die ersten Besprechungen. Als noch geplant wurde, da waren alle trunken von dem eigenen Unternehmungsgeist und von dem Erfolg, der ihnen winkte. Als dann gebaut wurde, nahm die Begeisterung schnell ab. Die zehn Männer bauten den Lift selbst. Auf der Abfahrtspiste mußte ein Waldstück gefällt werden. Als die Bäume beseitigt waren, begann sich der Berg zu bewegen. Immer wieder sackte die Erde ab, Klüfte bildeten sich, eine Quelle entwickelte sich zum Sturzbach. Die Männer arbeiteten schwer. Es wurde geschaufelt, gegraben, gestampft, aber es war eine Sisyphusarbeit. Schließlich mußten zwei riesige, erdbewegende Maschinen eingesetzt werden, um den Schaden zu beheben. Im Dorf erzählte man sich flüsternd von den gigantischen Stundenlöhnen dieser Maschinen, die wochenlang ihren Lärm verbreiteten. Vor dem einbrechenden Winter wurde das Arbeitstempo noch hektischer. Zuletzt mußte Tag und Nacht gearbeitet werden. Im Scheinwerferlicht wurden nachts im Schneesturm die Seile gespleißt. Zu Weihnachten war es dann so weit. Da aber am unteren Ende der Piste nicht genügend Schnee lag, fuhren die zehn Männer am 24. Dezember mit ihren Schleppern Schnee herbei.

Der Lift war elf Tage in Betrieb. Da brach im Dorf die Maul- und Klauenseuche aus. Der Lift mußte eingestellt werden.

Zuerst ließ sich Nußbaumer nicht mehr gern im Dorf sehen. Der Zorn der übrigen Geldgeber richtete sich vorwiegend gegen ihn, da er als Initiator galt. Und der Zorn war groß, da der Lift doppelt so teuer wurde wie geplant. Doppelt so teuer und nun auch noch für den ganzen Winter stillgelegt. Die Seuche blieb auf einen Hof beschränkt. Sie war nur für kurze Zeit Hauptthema des Dorfes. Bald rückte der Skilift wieder an die erste Stelle. Obwohl Nußbaumer von der Sache genug hatte, verbreitete er geschickt kleine Parolen über große Skilift-Erfolge in der Umgebung, so daß im Laufe des Sommers die Hoffnung wieder wuchs. Schlimm war allerdings, als im Herbst die Zeitung meldete, in den Nachbarorten würden neue Skilifte entstehen, und die Parole laute: jedem Dorf seinen eigenen Lift.
Zum Glück fiel im November schon Schnee und machte den Streitereien um die Rentabilität ein Ende. Lingenhöhl, der von seinem Haus aus den Skilift sehen konnte, mußte, wenn sich ein Auto oder ein Mensch mit Skiern näherte, sofort rennen und den Lift in Betrieb setzen. Auf diese Weise sollte sich herumsprechen, daß der Lift immer lief. Er lief, aber besetzt war er nur an Samstagen und Sonntagen, und man konnte sich bald ausrechnen, daß der Gewinn noch ein paar Jahre auf sich warten ließ. Der einzige Mensch, mit dem Nußbaumer über den Skilift reden konnte, war Franziska. Sie fand die Umsatzangst und die Geldpanik völlig überflüssig.
Wir müßten uns schämen, sagte sie, wenn der Gewinn wirklich gleich so hoch gewesen wäre. Ein Skilift ist ein Skilift und kein Ausbeutergeschäft. Und dann fügte sie noch hinzu: wir haben es doch ohnehin nur als eine Art Altersversicherung betrachtet. Aber Worte wie Altersversicherung konnte Nußbaumer nicht leiden. Er schnallte den Ledergurt seiner Blue jeans enger und ging vors Haus, wo er mit großer Kraft einen dicken Baumstamm weiter aushöhlte, denn der alte Brunnentrog war leck.

# Das Bauernhaus

Bei den alten Bauernhäusern liegt hinter der Haustür gleich die Küche. Von dieser Gangküche aus führt auf der einen Seite eine Tür zur Stube und zur Schlafstube, auf der anderen Seite geht's direkt in den Stall. Wer dabei an Geruchsbelästigung denkt, irrt sich. Kühe verbreiten keinen Gestank, eher eine wohlige Wärme, der Heuduft dominiert.

Bei den Modernisierungen der letzten Jahre wurde die Gangküche häufig in einen Flur verwandelt. Aber die zwischen Stall und Stuben gelegene Küche hatte den Vorteil, den heftigen Winterstürmen nicht ausgesetzt zu sein. Von der Gangküche aus wurde der Kachelofen in der Stube geheizt. Die Öffnung dieser Heizstelle ist bei alten Kachelöfen so groß, daß man mühelos einen ganzen Reisigbuschel einschieben kann. Die Öfen sind so konstruiert, daß der Reisigbuschel nur sehr langsam verglüht und dabei viel Wärme abgibt. Für die Buschelbereitung gibt es eigens ein Gerät, den Buschelbock. Es gibt Höfe, auf denen auch heute noch gebuschelt wird. Die alten Allgäuer behaupten, nichts gehe über ein Buschelfeuer. Von der Gangküche aus führt ein geschlossenes Treppenhaus nach oben, wo man wieder auf einen geräumigen Gang kommt, dessen Türen auf der einen Seite zu den Schlafstuben führen, auf der anderen Seite zur Tenne.

Es gibt Höfe, die den riesigen Dachboden ausgebaut haben, um 10 Urlauber aufnehmen zu können, bei anderen ist der gleiche Dachboden wie zu Urzeiten mit trocknenden Kräutern behängt.

# Der Schlitten

Wo der Schnee fünf Monate liegt, spielt der Schlitten eine große Rolle. Es gibt Berghöfe, von denen man heute noch mit dem Rodelschlitten ins Dorf fährt. Für die 64jährige Bäuerin vom Riedhof ist das ganz selbstverständlich. So fuhren sie und ihre Kinder schon zur Schule. Man kann sie sogar im Sonntagsstaat, mit dem Fuchspelz um den Hals, zur Kirche rodeln sehen.
Auch der Hörnerschlitten ist noch ständig in Gebrauch, sogar im Sommer. Von den Höhen, wo kein Wagen hinkommt, wird die Streue mit dem Hörnerschlitten talwärts geholt. Ein Hörnerschlitten ist 2,20 Meter lang und 90 Zentimeter breit. Die Kufen sind aus Ahorn, die Seitenteile aus Esche und die Querverstrebungen aus Buche.
Es gibt Holzstadel, in denen ein ganzes Schlittenarsenal einer Auferstehung entgegenharrt: Der Rennschlitten, der Pelzschlitten, der Heuschlitten, der Milchschlitten. „Wenns Öl immer weniger wird," sagt der Riedbauer, „holen wir die Schlitten wieder raus."

# Aus dem Lebenslauf der Kreszenz G.

Sie ist 78. Sie bedauert, daß man sich als Bäuerin nicht aussuchen kann, bei welchem Kind man das Alter verbringen will. Man gehört einfach zum Hof. Frau G. ist seit 20 Jahren verwitwet. Sie hat sechs Kinder. Hubert, der den Elternhof übernommen hat, ist der unzufriedenste. Er kommt nicht darüber hinweg, daß zwei seiner jüngeren Brüder die Meisterprüfung gemacht haben und jetzt als reiche Geschäftsleute in der Stadt wohnen. Von diesen Brüdern redet er nur als von den Herren. Daß er den Hof hat übernehmen müssen, steht als Vorwurf ständig zwischen ihm und der Mutter. Der Hof liegt auf der Sonnenseite eines flach auslaufenden Berges, 17 Kühe stehen auf der Weide. Die Mutter arbeitet noch täglich mit. Die Arbeit wird ihr nicht zuviel, aber manchmal wird ihr die Streiterei zuviel. Dann geht sie eine halbe Stunde bergauf, da betreibt ihr jüngster Sohn einen Hof, den er auf Rentenbasis übernommen hat. Er muß zwei 86jährige mitversorgen, dabei kann der Hof nur 12 Kühe ernähren.

Aber der Jüngste hat eine gute Natur, er kommt mit seiner Frau und den vier Kindern zurecht, und da er im Winterhalbjahr beim Skilift mitarbeitet, findet er sich versorgt. Bei ihm würde Frau G. gern wohnen. Aber daran darf sie keinen Gedanken verschwenden, weil es einfach unmöglich ist, daß eine alte Bäuerin ihren angestammten Hof verläßt.

Frau G. weicht beim Erzählen immer wieder in die Vergangenheit aus. Am liebsten erzählt sie aus ihrer Kindheit und Jugendzeit:

„Anno 14, im Herbst, ist ein Telegramm gekommen, die Mutter sollte schnell mit einem Kind nach München fahren zum Vater ins Lazarett. Das war das einzige Mal, daß ich in München war. Aber wir sind zu spät gekommen, der Vater war schon tot. Die Mutter hat dann wieder geheiratet, das hätte sie nicht tun sollen, sie hätte die Kriegerwitwenrente gehabt, aber sie war halt noch jung und sechs Kinder waren da, und es war nur ein klei-

nes ‚Heimatle'. Wir Kinder haben alle müssen zum Dienen 'naus. Mit 11 Jahren war ich schon im größeren Nachbarhof. Als Kindsmagd, hat's geheißen, aber die Kinder hat der Großvater gehütet. Ich habe Geschirr gespült, Kartoffeln geschält und die schweren Wassereimer zur Wäschebleiche getragen. Der Lohn war das Essen und ein Kleid im Jahr. An meinem Weißen Sonntag hat die Bäuerin einen Gugelhupf für mich gebakken.
Das war was, bei uns hat's Kuchen nie gegeben. Die Mutter hat immer Kostkinder angenommen, von ledigen Mägden die Kinder, da hat sie ein paar Mark Kostgeld eingenommen. Auch ins Feld hat sie immer ein Kind im ‚Ziehwägele' hinterhergezogen, den Rechen und die Heugabel über die Schulter. In der Heuzeit hat mein Vater im Dunkeln zum Mähen raus müssen, bis um fünf hat er müssen fertig sein, weil dann sein Tag als Holzfäller angefangen hat. Manchmal hat er sich eine Laterne umgebunden, damit er gesehen hat, wo er mäht.
Der zweite Vater war ja ein guter Mensch. Wenn eins von uns krank war, hat er die Nacht lang bei uns gesessen und Wickel gemacht. Aber wenn sein Holzzahltag war, hat er getrunken. Wenn er ganz voll war, war's ja gut, aber wenn's nur ein halber Rausch war, ist er so auf die Mutter und auf uns los, da haben wir oft gezittert. Da hab ich mir gedacht, wenn das so ist, heirate ich nie. Wie die Mutter dann ‚verkranket' ist, hat er sie so gut versorgt. Ich weiß noch, wie ich der Mutter das Bett frisch gemacht habe, da hat sie gsagt, der Vater machts viel zarter. Vom Sterbebett ist er Tag und Nacht nimmer weg, fünf Monate später war er dann selber tot. Er war noch jung, Anfang 40.
Er wollte jedem von uns Kindern was schenken, aber er hat ja nichts gehabt außer der Uhr. Von den Buben hat einer die Uhr gekriegt und der andere die Uhrkette, und wir Mädle haben die vier Taler von der Kette gekriegt. Meiner war ein Maria-Theresia-Taler. Aber den hat man mir schon ein Jahr später im Heinzenhof, wo ich gedient habe, unterm Kopfkissen weggestohlen. Am meisten freut mich, daß ich der Mutter von meinem erspar-

ten Geld ein Kleid und Schuhe gekauft habe. Die Mutter hat viele Schuhe vertreten, weil sie immer an den steilen Bergen das Gras gemäht hat und an den Wegböschungen, da war's umsonst. Als Dienstbote hab ich viel mitgemacht. Ganz jung hab ich schon Männerarbeit machen müssen, und die Bäuerin war so geizig, daß es immer nur Milch und eingebrocktes Brot gegeben hat, höchstens mal geschmälztes Hafermus. Die hat sich selber nichts gegönnt, ist lumpig rumgelaufen, so ‚a kähls Drumm' war das. Wie ich dann auf den Hof hier geheiratet habe, hat sie überall rumerzählt, ich sei doch keine Partie für den Jakob, ich sei ein armes Luder. Aber der Jakob hat gesagt, lieber arm und schaffig wie reich und faul.

# Die Kühe (1)

Die Allgäuer Kühe sind braun. Sie sind behender, Kenner sagen: sie sind eleganter als ihre schwarz-weißen und rot-weißen Schwestern. Die ursprünglich dachsfarbenen Allgäuer Kühe wurden mit den Schweizer und Tiroler Bergkühen gekreuzt. „Allgäuer Braunvieh“ heißt das Ergebnis, das auch in Amerika Interessenten fand. Dort wurde durch Einkreuzung ein noch feinerer, höherer Milch-Typ gezüchtet, der jetzt via Samenbank wieder ins Allgäu zurückkehrt. Aber man will den amerikanischen Anteil nicht zu hoch steigen lassen, weil die amerikanischen Braunen zu fleischarm sind. Die Allgäuer Kühe sollen beides produzieren: Milch und Fleisch.

Eine Kuh braucht pro Tag 60 Kilogramm Gras und 60 Liter Wasser. Dafür gibt sie bis zu 22 Liter Milch. Die tüchtigsten werden mit Gold- und Silberplaketten ausgezeichnet und samt Stammbaum in der Zeitung vorgestellt. Eine Jahresbilanz sieht so aus: Die Kuh Gerlinde, Vater Gaute (aus dem Hof Sutter Xaver) 8255 kg Milch.

Die Kuh Helene, eine Deladmann-Tochter (aus dem Hof Zinth Herbert), 7944 kg Milch.

Die Amos-Tochter Stilla (aus dem Hof Frommknecht Armin), 7353 kg Milch.

Wenn der erste Schnee fällt und die Kühe nicht mehr auf die Weide können, muß in der Scheune für 180 – 200 Tage Heu aufgeschichtet sein.

Im Allgäu tragen die Kühe im Sommer Glocken, damit man sie noch hört, wenn sie sich in einen Tobel verirrt haben. Die älteste Kuh trägt die größte Glocke. Aus Urzeiten stammt der Hirtenruf, mit dem die Kühe von der Weide heimgeholt werden: hooo, ho ho ho ho.

# Die Kühe (2)

Neidisch könnte man werden, wenn man die alten Völker betrachtet. Ich meine jene, die etwas von Kühen verstanden. Nicht von Milchwirtschaft, wohlgemerkt, einfach so: von Kühen. Wer bei uns nachschlägt, um Genaueres über Kühe zu erfahren, liest, daß ein Rind nach dem ersten Kalben Kuh genannt wird. Über Rinderrassen kann man eine Menge nachlesen, nichts aber darüber, daß es Millionen von Menschen gibt, denen die Kuh ein heiliges Tier ist. Bald werden auch die humanistischen Großmütter ausgestorben sein, die ihren Enkeln noch erzählen können, daß der Gott Apollon als Kuhhirte des Laomedon tätig war und daß die alten Griechen ihre hohe olympische Göttin Hera mit dem Attribut kuhäugig auszeichneten. Diese Leute hatten noch eine Ahnung vom Kuhwesen, denn wer Kühe beobachtet, ist betroffen von der Schönheit und Würde eines Kuhblicks. Man kann sich vorstellen, welche Sorte Frauen die Griechen kuhäugig nannten: Es waren diese langsamen Intensiven, denen Hast und Geschwätzigkeit fern liegen, die Hoffnung und Trauer zugleich im Blick haben, die Bescheid wissen und trotzdem nicht auftrumpfen, Frauen, in deren Umkreis Katastrophen und Hektik nicht gedeihen, weil sie noch etwas von der Radaranlage in sich haben, die man bei Tieren Instinkt nennt.

Welch dürftiges Anfängerstadium wir in der Kulturskala einnehmen, zeigt sich am deutlichsten in unserem Verhältnis zur Kuh. Sie ist uns ein Milch-, Fleisch- und Lederlieferant. Freilich: Gesellschaftliche Bezüge sind primär ökonomisch bedingt. Wie aber kommt es, daß die Kuh für eines unserer gröbsten Schimpfwörter herhalten muß? Dumme Kuh, das meint blöden, plumpen Unverstand. Kuhkennern ist dies Schimpfwort ein Dorn im Auge. Obwohl die Allgäuer Bauern wirklich kein mythisches Verhältnis zu ihren Kühen haben, das Schimpfwort „dumme Kuh“ hört man hier kaum. Es gibt eine kleine freundliche Variante. Bisch a Küehle. Das hat etwas mit

der liebenswürdigen Unorientiertheit des neugeborenen Kälbchens zu tun und ist eher eine Zärtlichkeit als ein Schimpfwort.
Das Wort „schön" ist im Allgäuer Sprachgebrauch fast ausschließlich den Kühen vorbehalten. Von Menschen behauptet niemand, sie seien schön. Ein schönes Mädchen wird als lieb bezeichnet. Am schönsten sind den Allgäuern die fahlen Kühe. Wo der braune Ton der Gebirgskühe fast sandfarben ausgebleicht ist, da bleibt man stehen und sagt immer wieder: Sind des scheene Küeh!
Für die Intelligenz der Kühe gibt es drastische Beispiele. Wie weise sie in der Erziehung der Kälbchen Antiautoritäres mit Autoritärem mischen, zeigt sich am deutlichsten im Frühling. Die im Winter geborenen Kälbchen sehen dann zum erstenmal eine Weide. Während die Rinder zielstrebig den Weideberg erklimmen, bleiben die Kälbchen unten bei den Zäunen und spielen da herum. Unauffällig blicken sich die bergsteigenden Kühe manchmal um. Mit zunehmendem Abstand von der Herde fühlen sich die Kälbchen verlassen. Sie spielen nicht mehr, sondern rennen schreiend am Zaun hin und her. Da ertönt vom Berg oben ein wegweisendes Muhen der Kühe. Die Kälbchen horchen auf und muhen jammernd zurück. Die Herde steigt weiter, die Kälbchen jammern weiter. Wenn die Distanz schon unüberbrückbar scheint, galoppiert plötzlich eine Kuh den Berg herunter, schart die Kälbchen um sich und stupst sie vor sich her den Berg hinauf. Diese eine Lektion genügt den Kälbchen. Schon am nächsten Tag gehen sie gleich in der Gruppe bergauf. Sie haben gelernt, was es heißt, sich abzusondern.
Wo die Herden noch Glocken haben, kommt es beim ersten Austreiben oft zu richtigen Kämpfen. Die Glocken nämlich sind hierarchisch verteilt, die älteste Kuh hat die dickste Glocke. Für die nachwachsenden Kälber und Rinder gibt es von Jahr zu Jahr eine größere Glocke. Da die Kuh aber den Klang ihres Geläuts vom Vorjahr noch genau in Erinnerung hat, jagt sie zunächst immer der Kuh nach, die ihre alte Glocke trägt.

Manche Kühe betreiben das so hartnäckig, bis die Glocken wieder ausgetauscht werden. Friedlichere Rinder, mit weniger Identitätsschwierigkeiten, gesellen sich zu ihren Glockenpartnern und versuchen durch Ablecken des Gesichts Freundschaft zu schließen. Kühe sind überaus zärtlich. Nicht nur die Kälbchen werden häufig abgeleckt, auch die Kühe erweisen einander diesen Liebesdienst.
Es gibt Tiere, die stinken. Kühe duften. Wer ein Allgäuer Bauernhaus betritt, spürt schon im Flur einen Duftkosmos, der zum Tiefatmen anregt. Es ist die dunkle Geruchsskala, die mit Wärme und Vertrauen assoziiert wird – nicht die herbe Frische der unerotischen Putzteufel, eher eine wohlige Schwere, ein Hauch von Kuh. Das berühmte Moschusparfüm ist denn auch nichts anderes als das Sekret des Moschusochsen, das früher auch zur Belebung der Herztätigkeit verwendet wurde. Dem Moschus müßte man freilich erst alle Süße nehmen und dann etwas Moos- und Heu- und Backstubendampf beimischen, bis es in die Nähe des Allgäuer Kuhduftes käme.
Seien Sie vorsichtig mit dem Schimpfwort „dumme Kuh". Es zeigt, daß Sie wenig Ahnung haben von den Zusammenhängen der Welt. Nehmen Sie bald das Wort „kuhäugig" in den Wortschatz Ihrer Zärtlichkeit auf. Sie können sich auf Homer berufen.

# Der Hag

Im Allgäu heißt nicht nur der Zaun aus lebendem Gesträuch Hag. Hag ist auch der Stacheldraht, der eine Wiese von der anderen trennt. Da den Kühen nur jeweils ein Teil der Weide angeboten wird, gibt es sogar innerhalb eines Hofes zahlreiche Hage. Im Winter ist eine der Hauptbeschäftigungen, Hagpfähle zu schälen und zu spitzen. Wenn der Schnee geschmolzen ist, wird gehagt. Hagpfähle werden ausgewechselt und Drähte neu gespannt. Wenn dann die Kühe ausgetrieben werden, zeigt sich, ob der Hag etwas taugt, denn Kälber und Schumpen versuchen, immer wieder auszubrechen. Von einem guten Bauern wird erwartet, daß sein Hag hält. Mit strengen Rückschlüssen vom Hag auf den Hof ist man schnell bei der Hand.

Am schönsten ist der gewachsene Hag, wo Hecken, Sträucher und Bäume eine natürliche Einfriedung bilden. Nichts ist vielfältiger als solch ein Hag, wo alles wachsen darf, wie es will: Da stehen die wilden Vogelkirschbäume neben Weidenbüschen und Hagedornen, allen voran der Weißdorn, dessen herzstärkende Blüte noch immer gesammelt wird. Da wachsen die scharfzähnigen Berberitzen, die Brombeeren und wilden Stachelbeeren, die Schlehen und Kratzdisteln. Im Herbst leuchten die Hagebutten aus dem Dickicht, an deren Größe sich die Strenge des Winters ablesen läßt. Und gleich nach dem ersten Frost kommt Alois, ein 70jähriger Holzschnitzer, um Hagebutten zu pflücken. Sie brauchen den ersten Frost, nur mit ihm können sie ihr Aroma entfalten.

Im Hag nisten viele Vögel, und Schmetterlinge finden hier noch ihre Flora.

# Alter auf dem Dorf

Unser Pfarrer ist 75. Seit 40 Jahren wirkt er in unserem Dorf. Er scheut auch bei Schneestürmen keinen Weg, wenn er zur letzten Ölung in einen Einödhof gerufen wird. Auch hat er guten Rat für zähe Streitfälle. Als die Bäuerin vom Hörnerhof nicht mehr aus noch ein wußte – ihre Nachbarin fügte ihr täglich die denkbar grobste Beleidigung zu: Sie schloß die Stalltür, wenn die Hörnerbäuerin sich näherte, denn das Vieh sollte vor dem bösen Blick geschützt werden – als nun die Hörnerbäuerin an nichts anderes mehr denken konnte, vertraute sie sich dem Herrn Pfarrer an. Er sagte: „Wenn Sie der Nachbarin begegnen, sagen Sie laut zu deren Schutzengel: Grüß Gott! Der wird Ihnen helfen." Und in der Tat, die Nachbarin war über den lang entbehrten Gruß so perplex, daß sich das Verhältnis normalisierte.

Der Herr Pfarrer ahnt nicht, daß er sich mit diesem Rat auf dem Gipfel der psychologischen Erkenntnisse befindet, er hat noch nie etwas von Watzlawicks „Lösungen" gehört. Er versucht einfach, die absurde Weisheit der Bergpredigt für seine Leute praktikabel zu machen.

Die Neuerungen des Konzils haben ihm viel zu schaffen gemacht, es hat sehr lange gedauert, bis er sich beim Messelesen der Gemeinde zuwandte. Diese Hilfsmittel, Volksverbundenheit zu demonstrieren, braucht er nicht. Er stammt selbst von einem kleinen Bauernhof, Feierlichkeit und Pathos sind ihm fremd, auch Theorien sind ihm fremd. Vor zwei Jahren hat er den Religionsunterricht an der Schule aufgegeben. Nun sieht er mit Sorge, daß die nachwachsenden Schüler noch nicht mal wissen, was eine Beichte ist.

Bei der Osterbeichte der Schüler kommen sie in den Beichtstuhl, aber statt die Sünden zu bekennen, lesen sie dem Pfarrer den Beichtspiegel vor: Habe ich die täglichen Gebete verrichtet? War ich ungehorsam, grob, lieblos gegen meine Eltern? Habe ich anderen geschadet? „Wo kommen wir denn hin", sagt

der Pfarrer nach der Sonntagsmesse, „wenn die Kinder nicht mehr lernen, was eine Beichte ist. Wer seine Sünden nicht bereuen kann, ist ein unglücklicher Mensch. Wenn die Kinder das im Religionsunterricht nicht mehr lernen, müßt Ihr, liebe Eltern, einspringen."
Jeder weiß, wenn der Pfarrer eines Tages stirbt, wird die Pfarrstelle nicht mehr besetzt, von irgendwoher wird sonntags ein Fremder kommen und eine Messe lesen. Für ältere Dorfbewohner ist das ein sehr spannendes Gesprächsthema: Können wir uns das gefallen lassen, wenn einer kommt und die Handkommunion einführt? Dürfen wir es uns gefallen lassen, wenn einer kommt und statt der Beichte die Bußandacht einführt?
Bekanntlich hat das Konzil auch die lateinische Liturgie abgeschafft.[1] Aber an 3, 4 unauffälligen Sonntagen des Jahres gibt es bei uns eine volltönende lateinische Messe. Bis in die letzte Ecke wird das Pater noster, qui es in coelis geschmettert, aber keiner kommt auf die Idee, das eine Lefebvre-Kundgebung zu nennen, denn zum Glück nimmt niemand von außen davon Notiz. Sollte doch mal ein Urlauber eine Frage stellen, sagt der Pfarrer schmunzelnd: „Unser Herrgott versteht lateinisch."

*

Wenn Frau K. von ihrem Mann spricht, sagt sie: „Der Luis kann alles." Das Ehepaar K. ist 70 Jahre alt. Vor 33 Jahren kamen sie mit 4 Kindern ins Dorf, Flüchtlinge von der Moldau. Längst sind die Kinder aus dem Haus. Bis vor 10 Jahren hat man die Hoffnung genährt, eines Tages an die Moldau zurückzukönnen. Aber nun hat man doch ein paar Wurzeln geschlagen, mit einem eigenen Häuschen, einem Garten, 3 Bienenhäusern und einem Schuppen als Werkstatt. Herr K. kann wirklich alles, er baut konkave Steinmauern, Gewächshäuser, Bienenhäuser, Gartenzäune. Vor allem aber kann er Holzbilder schnitzen, Reliefs mit Gemsen und Raubvögeln, für die es viele Interessenten gibt.

[1] wurde 1980 wieder rückgängig gemacht.

Einen Winter lang hat Herr K. für einen Andenkenladen in Oberstdorf Holzbilder geschnitzt, in Heimarbeit, aber das macht er nie wieder. „Heimarbeit", sagt Herr K., „das heißt, daß man keinen Feierabend und keinen Sonntag hat, daß man gedrängt wird und praktisch nichts verdient. Jetzt verkauf ich meine Bilder an die Urlauber, die sich bei uns Honig holen. Zehnmal soviel bringt mir das ein, als wenn ich für den Andenkenladen schnitze." Frau K. ist dagegen, daß die schönen Bilder an fremde Leute verkauft werden. „Wozu denn?" sagt sie, „wir haben unser Auskommen, das Honiggeld wird eh gespart. Da ist es doch besser, wir behalten die Bilder, damit später mal jedes Kind und jedes Enkelkind ein Andenken vom Luis hat."

*

Johanna F. ist die Witwe eines Schuhmachers. Sie hat bis zum Herbst in der alten Sennerei zur Miete gewohnt. Sie ist allein, ihre beiden Söhne sind im Krieg gefallen. Als sie 87 wurde, zog sie in ein Altersheim im Nachbardorf. Das Altersheim wird von Nonnen geführt. Wenn man Frau F. zuhört, könnte man denken, sie befinde sich in einer Vorhalle des Himmels. Sie genießt alles: Das warme Zimmer, das gute Essen, die schöne Aussicht, die Hauskapelle, die Geselligkeit und die Badewanne. Gegen die Badewanne war sie zuerst mißtrauisch, mit bald 90 wollte sie nicht noch so eine neue Mode anfangen. Aber Schwester Notburga richtet das Bad, hilft beim Ein- und Aussteigen, wäscht die Haare, seift den Rücken ab. „Da denkt die sich gar nichts dabei", sagt Frau F. „ab und zu singt sie sogar."
Am besten gefällt Frau F., daß die Nonnen nicht nur freundlich, sondern manche sogar lustig sind. „Die Schwester Oberin", sagt sie, „weiß meistens was zum Lachen." Frau F. bleibt nicht in ihrem Zimmer sitzen. Sie macht alles mit: die Morgenmesse, den Spaziergang, die Vorlesestunde, die Handarbeitsstunde und den Rosenkranz. Die Puppen, Ketten und Kissen, die in der Handarbeitsstunde entstehen, werden verkauft. Von dem

Erlös bezahlt man das Jahr über die frischen Blumen für die Kapelle.
Frau F. zahlt im Monat 570 Mark. Sie hätte auch in das Tobelheim gehen können, da kostet es nur 370 Mark, aber dort gibt es keine Einzelzimmer. „Dem alten Käser Leonhard", sagt Frau F. „gefällt es gut im Tobel. Der will nicht allein in der Stube sein. Er sagt, im Grab wär er lang genug allein."

*

Anton S. hat in diesem Winter seine Frau verloren. Er ist im 80. Jahr. Jeden Tag geht er zum Friedhof, schaufelt einen kleinen Pfad durch den Schnee, damit er am Grab ein Vaterunser beten kann für die Julia.
„Ich muß viel lernen", sagt er, „auf meine alten Tag muß ich noch das Kochen lernen, die Julia hat mich verwöhnt, sie hat immer alles allein gemacht. Aber jetzt hab ich schon mein Programm, sonntags koch ich Rindfleischsuppe mit viel Brätknödel, montags Hafermus, dienstags frische Weißwürste, mittwochs Kässpätzle, donnerstags Sauerkraut mit Ripple, freitags Kartoffeln mit Hering und samstags Bratkartoffeln mit Quark. Seit ich den Plan hab, geht es besser, jeden Tag das Überlegen, was koch ich heut, das nimmt mir den halben Tag weg. Ich muß ja auch das Haus putzen, sauber muß sein, da bin ich heikel. Die Kinder sagen, ich soll zu ihnen ziehen. Aber was soll ich in Sonthofen in so einem feinen Bungalow. Da paß ich doch überhaupt nicht hin und bin dazu noch fremd. Hier kenn ich jeden und kann das Grab versorgen. Und im Sommer mach ich ja auch noch die Kontrollgänge durchs Naturschutzgebiet, wo ich die Papierkörbe leere und für die Wegweiser sorge. Wenn ich krank werde, muß ich natürlich ins Krankenhaus. Am liebsten wär mir, mir täts gehn wie der Sophie, meiner Schwester. Die hat im Sägetobel mit der Sense gemäht, weil man mit dem Traktor nicht runter kommt. Gemerkt hat man es erst am nächsten Morgen: Wo ist denn die Mutter? Das Bett war unbenutzt. Da

hat man sie im Sägetobel gefunden, tot, Herzschlag, mitten in der Natur und niemand zur Last gefallen. Bis ins 83. Jahr hat sie geschafft."

*

Das Ehepaar A. geht auf die achtzig zu. Die Tochter hat auf einen größeren Hof geheiratet, der Sohn ist Lehrer in der Stadt. Seit neun Jahren sind die Wiesen verpachtet, der Stall steht leer. Das große, alte Bauernhaus ist den beiden eine Last, jeder Winter reißt Löcher ins Dach und das tägliche Schneeschaufeln geht ins Kreuz. Mit Putzen wird man bei den 27 Fenstern nie fertig. Auf dem Nachbargrundstück wurde ein Haus mit vier Eigentumswohnungen gebaut. Theresia A. möchte ihr Haus gern verkaufen und in eine der Wohnungen ziehen. Gebhard A. sagt: 59 Quadratmeter, da wird man doch dösig, keine Scheune mehr, in der man rumwirtschaften kann, drei Schritt hin und drei Schritt her, schon rennt man an die Wand, so was muß man doch von klein an gewohnt sein. Theresia A. sagt: Denk an den Balkon, auf dem Balkon können wir in der Sonne sitzen, niemand sieht uns. Wir hätten's so schön wie die Stadtleut, nicht von früh bis spät kitten und sägen und streichen und ausbessern.
Es hat lange gedauert, bis alle Bedenken hin und hergewälzt waren. Gebhard A. hat sich ausbedungen, daß er den Holzschuppen behalten darf. Da kann er Holz hacken und sägen und für die Tochter Zaunpfähle schälen. Und vor allem: Im Holzschuppen ist viel Platz. Er ist beinah so groß wie die neue Wohnung. In die hellste Ecke hat sich der alte Bauer schon Tisch und Bank gestellt, falls es drüben zu eng wird.

# Die letzte Woche

Mein Mann war ja ein gelernter Schneider. Aber seit man alles fertig kauft, hat er nur noch geändert. Und dazu war er zu gründlich. Er hat acht Stunden gebraucht, um ein Sakko enger zu machen, konnte aber höchstens 15 Mark dafür verlangen, da hat er es dann mit Korbflechten versucht, das ging ihm besser von der Hand. Und weil ich im Ochsen in der Küche helfe, hat es uns gereicht. Nur daß die Wohnung so eng ist und die Treppe so steil. Als es dann bei meinem Mann mit dem Schnaufen immer minder wurde, bekam er vorzeitig die Rente. Weil er die steile Treppe nicht mehr steigen konnte, hab ich sein Bett hier unten in der Stube aufgeschlagen. Zwei Betten konnte ich ja nicht aufschlagen, weil es so schon zu eng war. Als er dann nachts nimmer allein bleiben wollte, hab ich mich neben ihn gelegt. Die letzten zwei Nächte hat er gar nimmer gemerkt, daß ich mich neben ihn legte.
Zur Arbeit mußte ich ja trotzdem, weil Saison war, aber nur von 10 bis um 3 Uhr Nachmittag. Aber grad in der Zeit ist es dann passiert, wie ich am Donnerstag heimkomm, liegt er da mit aufgerissenem Mund. Ich hab gleich eine geweihte Kerze angezündet und die Fenster aufgemacht, damit die arme Seele raus konnte. Wenn nicht Saison gewesen wär, hätt ich ja immer bei ihm sitzen bleiben können. Aber reden konnt er die letzten zwei Tage sowieso nicht mehr. Er war erst im dreiundsechzigsten Jahr.
Er hat oft gesagt, der Tod ist ein Gesetz, dem kommt keiner aus. Ob er jetzt direkt gewußt hat, daß er stirbt? Noch acht Tage vorher hat er gesagt, daß er die Letzte Ölung erst kurz vorm Sterben will. Nicht, wie's heut oft gesagt wird, daß man sie den Kranken auch ohne Lebensgefahr schon geben soll. Das wollte er nicht. Er wollte alles haben, wie es früher war. Unter seinen Papieren hab ich die Todesanzeige von seinem Vater suchen müssen, weil er den gleichen Text haben wollte: Heimgeholt in das Land der Verheißung hat der Herr seinen Diener Emeran

Weitner. Das hat mich gewundert, daß er dafür Geld ausgeben wollte, aber er hat gesagt, es gehört sich so. Direkt geredet haben wir nicht übers Sterben. Nur einmal hab ich gesagt, so schlimm kann's nicht sein, sonst hätt man dich ins Krankenhaus. Da hat er gesagt: Für mich rentiert sich das Krankenhaus nicht mehr. – Wenn ich vom Ochsen heim kommen bin, hab ich mich immer gleich zu ihm gesetzt, hab ihm was Gutes gefüttert, aber's Essen war ihm nimmer so wichtig, viel wichtiger war ihm 's miteinander Schwätzen. Ganz alte Sachen hat er ausgekramt, von seiner Mutter; wie die Großmutter, die recht streng war, mit der Mutter geschimpft hat, weil sie im Sitzen Wäsche gebügelt hat. Im Sitzen schaffen, hab die Großmutter gesagt, sei so gut wie gefaulenzt. Solche Sachen aus seiner Kinderzeit hat er mir viel erzählt.

Wie ich dann am Dienstag gemerkt hab, daß er keinen ganzen Satz mehr rausbringt, hab ich den Herrn Pfarrer zur Letzten Ölung geholt. Ich hab ein Kreuz und zwei Kerzen auf den weiß gedeckten Tisch gestellt, einen Teller mit Watte, ein Gefäß mit Weihwasser und ein reines Handtuch. Der Herr Pfarrer hat zuerst Weihwasser verteilt, dann hat er gebetet, dann hat er mit eigens am Gründonnerstag geweihtem Krankenöl die Augen, die Ohren, die Nase, den geschlossenen Mund und die Hände meines Mannes gesalbt. Ich hab dem Emeran vorgesagt, was er beten soll: Jesus, Dir leb ich, Jesus, Dir sterb ich... aber er konnte nur noch den Mund bewegen, die Stimme war schon weg. Aber das macht nichts, die Letzte Ölung war trotzdem gültig, sie ist sogar gültig, wenn einer schon ohnmächtig ist. Das wichtigste bei der Letzten Ölung ist die Vergebung der Sünden, deshalb läßt auch keiner die Letzte Ölung aus. Sogar der Wagenseil, den man jahrweis nie mehr in der Kirche gesehen hat, die Letzte Ölung hat er trotzdem wollen.

An dem Donnerstag bin ich sofort zum Herrn Pfarrer und hab den Sterbefall gemeldet, aber er sagte, die Totenglocke kann erst geläutet werden, wenn der Arzt den Totenschein ausgestellt hat. Er hat dann mit dem Doktor telefoniert, der war gleich da, um

Viertel vor vier hat dann schon die Totenglocke geläutet. Während dem Läuten hab ich mit den Nachbarinnen, der Klara und der Vroni, am Totenbett die Scheidung gebetet: Fünf Vaterunser und fünf Gegrüßet seist Du Maria und dazu die Stellen aus dem Schmerzhaften Rosenkranz.

Die Klara hat gemeint, man sollte bei der Firma Kleinschmitt anrufen, das steht jetzt ganz dick im Telefonbuch: Bei Trauerfällen erledigt alles Firma Kleinschmitt, sogar das Einkleiden übernehmen die. Aber das hätt sich die Klara ja gleich denken können, daß ich keine wildfremden Leut daherruf, um dem Emeran das Totengewand anzuziehen. Wenn die Totenglocke läutet, weiß zehn Minuten später jeder im Dorf, wer gestorben ist. Gleich nach dem Läuten kam Schmieds Agathe an, weil sie sich dachte, daß man sie braucht, sie hilft nämlich seit 30 Jahren schon beim Waschen und Gewanden. Sie sagte: Wir müssen schnell machen, wenn er steif ist, kriegen wir das Jackett nicht mehr über die Arme. Aber er war schon zu steif, wir haben das Jackett hinten ganz aufgeschnitten, so konnte man's noch überziehen. Es war schwer, die gespreizten Finger zu falten, am schwersten war es, den Mund zusammenzubringen. Wir müssen den Unterkiefer hochbinden, sagte Agathe.

Zuletzt legte ich wieder die weiße Decke auf den Tisch und bereitete mit Kruzifix, Kerzen und Blumen einen Altar, auf dem das Weihwasser mit einem Thujazweig stand, denn die Beileidsbesuche wollen alle dem Toten Weihwasser geben. Kinder haben wir keine, auf der Post hat man mir telefoniert, damit die auswärtigen Verwandten Bescheid wußten, auch die Todesanzeige hat man mir an die Zeitung durchgegeben. Abends sind die zwei Schwestern von Emeran vom Ried runtergekommen, und als wir grade mit der Sterbelitanei fertig waren, haben Gebhards den Sarg gebracht. Gemeinsam haben wir Emeran in den Sarg gelegt und gleich noch das Bett abgeschlagen, weil die Stube zu eng war.

Am nächsten Morgen waren viele Leute in der Kirche, weil's grade ein Herz-Jesu-Freitag war. Die Trauerbank, an der die

Beerdigungsfahne befestigt war, war eigens für mich und die nächsten Verwandten freigehalten. Nach der Messe verkündete der Herr Pfarrer, daß am nächsten Tag um 10 Uhr die Beerdigung von Emeran stattfindet. Alle blieben noch da und beteten gemeinsam die Scheidung für Emeran. Tagsüber kamen viele Beileidsbesucher, die am offenen Sarg Weihwasser versprengten und dazu sagten: Herr gib ihm die ewige Ruhe! Ich hab dann geantwortet: Und das ewige Licht leuchte ihm, Amen.
Zum Glück war Emeran beim Kriegerverein, ich hab mich deshalb gar nicht kümmern müssen, wer bei der Beerdigung den Sarg trägt, weil das die Kriegskameraden übernehmen. Heutzutage ist das nämlich schwer, Sargträger zu finden. Obwohl die Sargträger nach der Beerdigung mit den Verwandten zusammen zum „Opfer" eingeladen werden, wo sie essen und trinken können soviel sie wollen. Und dann gibt es da auch noch eine Vorschrift aus der alten Zeit, wo es heißt, daß keiner, der daheim eine Bäckerei oder Metzgerei oder Käserei oder sonst einen Lebensmittelladen hat, Sargträger sein darf.
Bei der Beerdigung waren über hundert Leut. Dreistimmig hat der Kirchenchor gesungen: Wenn ich einmal soll scheiden, so scheide nicht von mir, wenn ich den Tod soll leiden, so tritt du dann herfür. Das schlimmste ist, wenn sie den Sarg nab lassen, da haben sie dann gleichzeitig auf dem Eichkobel die Ehrensalve abgeschossen. Als das Grab eingesegnet und alles soweit fertig war, wurde ein gemeinsames Vaterunser gebetet für den Nächststerbenden aus unserer Gemeinde. Dann ist jeder ans offene Grab getreten und hat den Sarg mit Weihwasser benetzt. Fast alle gaben mir die Hand und sagten: Herzliches Beileid. Anschließend haben wir in der Kirche das Requiem gefeiert. Da kam auch der Lebenslauf von Emeran, daß es daheim neun Geschwister waren und drei Brüder im Krieg geblieben sind. Sieben Kränze, neun Blumenschalen und viele Sträuße bedeckten das Grab.
Beim Opfer waren wir zwanzig Leut. Das Nebenzimmer vom Ochsen war voll. Zuerst gab's Brätknödelsuppe und danach

Bratwurst mit Sauerkraut, zu trinken hat sich jeder was aussuchen können. s'Opfer wars teuerste an der ganzen Beerdigung, es hat 200 Mark gekostet, für den Sarg hab ich 128 Mark bezahlt. Dann kam noch die Todesanzeige dazu. Die Sterbebildchen sind grad rechtzeitig gekommen, ich hab sie noch im Ochsen an die Verwandten verteilen können. Auf der Vorderseite ist das Bild von der schmerzhaften Mutter Gottes und auf der Rückseite steht: Zur frommen Erinnerung im heiligen Gebet an meinen unvergeßlichen Mann, den ehrengeachteten Emeran Weitner. Und dann noch das schöne Gedicht: Ruhe sanft, o ruh in Frieden.

# Die Wallfahrt

Die Allgäuer sind Wallfahrer. Für die alte Bäuerin vom Sägetobelhof gibt es kein Elend, das sich nicht „verbeten" läßt. Aber das Gebet in der stillen Kammer reicht nicht aus. Man muß aufbrechen: nach Maria Steinbach, nach Maria Einsiedeln, nach Wigratsbad, nach Maria Schnee, nach Maria Hilf, zum Gebhardsberg und nach Altötting.

# Der Frauendreißiger

Der Zeitabschnitt vom 15. August bis zum 15. September heißt im Allgäu „der Frauendreißiger". Dieser Zeitraum gilt als besonders segensreich. Nicht nur die Heilpflanzen entfalten in dieser Zeit die meiste Kraft, auch die Hühnereier, die „Dreißigsteneier", werden als die besten und haltbarsten des Jahres gerühmt. Der „Dreißigst-Anfang" fällt auf Maria Himmelfahrt, der hier „der groaß Frauatag" genannt wird. Der kleine Frauentag ist das Fest Maria Geburt am 8. September, am 12. September folgt Maria Namen, und das „Dreißigst-Ende" ist der Tag der sieben Schmerzen Mariä.

Die Volkskunde weiß, daß schon den Germanen dieser Zeitraum der Erntefeste als heilig galt.

# Genaueres über unseren Hof

Unser Hof liegt fast 900 Meter hoch. Im Stall stehen 15 Milchkühe, sieben Stück Jungvieh, vier Schweine, ein Pferd, zehn Hühner scharren im Gras. Die letzte Milchgeldabrechnung zeigt, daß wir im Monat 4823 Liter Milch abliefern. Für den Liter bekommen wir 39,84 Pfennig. Dazu kommt ein Qualitätszuschlag, weil unsere Milch besonders gut ist. Und da mein Vater die Milch mit dem Pferdefuhrwerk selbst zur Sennerei fährt, bekommt er pro Liter noch einen Pfennig Fuhrlohn, das macht 48,23 Mark im Monat. Für 48,23 Mark spannt mein Vater jeden Morgen, auch bei Sturm und Eis und Schnee, das Roß an und fährt eine halbe Stunde ins Dorf hinunter, liefert die Milch ab und braucht dann gut dreiviertel Stunden für den Rückweg, weil es bergauf geht. Er fährt um sieben Uhr weg und kommt um halb neun wieder. Für diese eineinhalb Stunden Arbeit bekommt er samt Roß und Fuhrwerk 1,60 Mark. Wenn man alles zusammenrechnet, bekamen wir für die 4823 Liter Milch 2153,32 Mark. Davon muß dann das Kraftfutter bezahlt werden und die Raten für den neuen Traktor und den Heuauflader. Meine Eltern sind nicht unzufrieden mit diesen Einnahmen. Aber was sie einfach nicht begreifen können, ist der Milchpreis in den Städten. In der Zeitung steht, daß man in manchen Geschäften schon eine Mark für einen Liter Milch bezahlt. „Ja gibt es denn da niemand, der für Gerechtigkeit sorgt", ruft meine Mutter aus, wenn sie so etwas liest, „die Stadtleut' meinen, wir stecken das alles ein".

Wir sind zu sechst, die Eltern und vier Töchter. Ich bin die Jüngste. Meine älteste Schwester ist sechsundzwanzig. Sie arbeitet in einem Sanatorium und ist nur an ihren freien Tagen daheim. Die beiden mittleren schaffen mit den Eltern zusammen den Hof. Ich durfte auf die Oberschule und studiere jetzt seit einem Jahr Pädagogik. Daß ich studieren darf, habe ich nur dem Anselm zu verdanken. Auch meine Schwestern hatten gute Zeugnisse. Auch bei ihnen kam der Lehrer und fragte, ob sie nicht in die

Oberschule dürften. Mein Vater hat das immer abgelehnt und mit unserem abgelegenen Hof begründet: Im Winter zum 6-Uhr-Bus ins Dorf rennen, das wollte er seinen Kindern nicht zumuten. Aber das war nur ein Vorwand. Die eigentlichen Gründe sitzen viel tiefer. Er will uns einfach nicht in die Stadt entlassen, denn was ihm durch die Zeitung und das Fernsehen als Stadt offeriert wird, kommt ihm wie ein schreckliches Ungeheuer vor. Er selbst war nur einmal in seinem Leben von daheim fort, das war im Krieg. Jetzt nimmt er zwar jedes Jahr am Martinsritt teil, aber das spielt sich immer im Umkreis von 12 Kilometern ab. „Auf dem Hof haben alle Platz", ist einer seiner liebsten Sätze. Und dann ist da noch etwas: Mein Vater ist mißtrauisch gegenüber der Bildung. Das kommt vor allem vom Hölzler, der mit ihm in die Grundschule ging, der Sohn aus der Brauerei. Der Hölzler hat Chemie studiert. Ich habe ihn ja nie reden hören, aber nach dem, was bei meinem Vater hängenblieb, muß das ein richtiger Nietzsche-Anhänger gewesen sein. Die Sätze, die meinem Vater in Erinnerung blieben, heißen: Gott ist tot. Und: Wer denkt, denkt ohne Gott, nur wer nicht denkt, denkt mit Gott. Daß einer studieren muß, um dann solch einen Unsinn zu reden, machte meinen Vater zu einem Skeptiker der Studiererei gegenüber.

Leider gab's dann immer wieder Vorfälle, die seine Meinung noch erhärteten. Vor drei Jahren zum Beispiel, als bei einem Spaziergang zufällig mein Lateinlehrer an unserem Hof vorbeikam. Wir trieben gerade das Jungvieh ein, weil die Sonne zu heiß und stechend wurde. Mein Lateinlehrer begann über die Landschaft zu reden. Er gebrauchte Worte wie: sattes Grün, herrliche Aussicht, glasklare Quelle, wunderbare Luft (und das, obwohl es nach Jauche stank). Ich genierte mich schon richtig, weil ich wußte, wie meinem Vater solches Gerede auf die Nerven geht, da sagte mein Lateinlehrer auch noch: prästabilierte Harmonie. Mein Vater sagte: Ja, ja, viel Arbeit. Er sagte das nicht, weil er eine Vorliebe für absurde Dialoge hat, sondern einfach, weil er Geschwafel nicht mag. Aber selbst, wenn mein

Lateinlehrer die Unterhaltung auf die sachliche Frage beschränkt hätte: Haben Sie viel Ostwind hier? – eine Frage, die naheliegt, weil unser Moränenkar nach Osten hin völlig offen ist, eine Frage, die mein Vater mit einer in Jahrhunderten gewachsenen Erfahrung hätte beantworten können – selbst dann wäre die Unterhaltung komisch gewesen, herablassend, nicht normal. Ich weiß nicht, woran das liegt: Wenn einer zu den sogenannten Gebildeten gehört, fehlt ihm einfach irgendwas Entscheidendes. Es kann doch nicht sein, daß bloß weil einer das Wort heterogen versteht, oder weil er übersetzen kann, was Tacitus über die alten Germanen schrieb, oder weil er weiß, was eine Hypotenuse ist (was mein Vater übrigens auch weiß), oder weil er Hamlet kennt, daß nur deshalb etwas in ihm verkümmert, total verkümmert: Die Fähigkeit, sich normal mit Leuten zu unterhalten, die Hamlet nicht kennen und die das Wort heterogen nicht verwenden. Ich meine nicht verständnisvoll, nicht bemüht oder herablassend, sondern wirklich normal. Selbst vernünftige Leute schaffen das kaum.

Ich kenne nur einen, der es von Natur aus kann, das ist Anselm. Ich sagte schon, ihm habe ich es zu verdanken, daß ich studieren darf. Anselm ist ein vierzigjähriger Kaplan, der eine halbe Stunde überm Berg ein Altersheim betreut. Da er nur eine Lunge hat, reicht sein Atem für eine ganze Gemeinde nicht aus. Zu ihm gehen meine Eltern, wenn's Probleme gibt, wenn schwierige Entscheidungen zu fällen sind, oder auch, wenn es Streit zu schlichten gilt. Er hat darauf bestanden, daß wenigstens die Jüngste einen „richtigen Beruf" erlernen muß, wo er es schon bei den drei andern nicht geschafft hatte. Er beschwor meine Eltern, er sagte genau voraus wie sich die Landwirtschaft entwickeln würde, weil die Technik diese Entwicklung fordert. Er ist auch heute der einzige, der meinen Eltern ins Gesicht sagt, daß eines Tages statt der drei Höfe hier oben nur noch einer existieren wird. Das ist natürlich ein Schwert in meines Vaters Brust, denn wie soll unser Hof überleben, wenn kein Jungbauer bei uns einheiraten möchte.

Jeder weiß, daß Bauernsöhne, die den eigenen Hof nicht übernehmen, froh sind, einen anderen Beruf erlernen zu können, sie gehen ins Bankfach, werden Techniker und Fliesenleger. Daß sie Einheirat in einem andern Bauernhof suchen, passiert so gut wie nicht mehr. Bei uns kommt noch erschwerend hinzu, daß die Wiesen steiler sind als unten im Tal – und dann die Abgelegenheit. Für einen, der nicht da oben geboren ist, eine wirkliche Zumutung. Ein Realist kann sich die Möglichkeiten, die er da oben hat, leicht ausrechnen. Besonders grotesk wird die Rechnerei, wenn man weiß, wie viele Jungbauern nach Mädchen suchen. In Gebrazhofen sind es 30,3 Prozent, in Friesenhofen 33,3, in Ratzenried 35,1, in Herlazhofen 40,2, in Beuren 42,1, und Christazhofen 53,5. Lauter Hofbesitzer unter 40 Jahren. Die Höfe, die Jungbäurinnen suchen, und die Höfe, die Jungbauern suchen, sind nicht zusammenzubringen. Es sei denn, sie lägen nebeneinander. Das Problem meiner Eltern, den Hof zu erhalten, wird nicht dadurch gelöst, daß meine Schwestern in andere Höfe einheiraten. Im Gegenteil: Je mehr Mädchen auf einem Hof sind, um so größer scheint die Chance, vielleicht doch einen zu finden, der sich für den Hof entscheidet.
Seit dem Abitur weiß ich, daß ich als Bäuerin nicht mehr in Frage komme. Ich möchte Lehrerin werden. Aber vorerst würde ich mich nicht trauen, das laut zu sagen. Es wird ohnehin überhaupt nicht über das Problem des Hofes gesprochen. Es ist nur latent da als Angst und ein bißchen auch als Hoffnung, die mit zunehmenden Statistiken abnimmt.
So ein Hof ist halt etwas anderes als ein Milchladen, den man einfach zumachen kann, wenn sich kein Nachfolger findet. „Blut und Boden“ würden die progressiven Typen an unserer Hochschule sagen. Aber das ist ein Schlagwort, mit dem Bauern überhaupt nichts anfangen können. Höchstens die reichen, die stolz auf Ahnenkette und Zinngeschirr zurückblicken. Das gibt's bei uns nicht. Unsere Wohnstube ist so hart wie der Wartesaal in einem Dorfbahnhof. Ich hätte das ja längst ändern können, denn ich habe während meiner Schulzeit viele schöne Woh-

nungen gesehen, auch solche feinen Bauernstuben. Aber wenn wir Kinder Bilder zeigen, wie man alles einrichten könnte, schauen die Eltern so traurig, als ob wir sie vom Hof vertreiben wollten. Sie würden lieber in der Küche hocken bleiben, ehe sie sich an eine verfremdete Stube gewöhnen würden. Im Haus darf sich nichts ändern. Draußen bei den Maschinen, da gibt es von allem das Neueste. Das will etwas heißen. – In den letzten zehn Jahren wurden allein zum Heuaufladen schon drei sich ablösende Modelle herausgebracht. Was die Maschinen betrifft, da unterliegen meine Eltern keinen ererbten Zwängen, aber sonst sind sie von einer Anspruchslosigkeit, die von geübten Verbrauchern wahrscheinlich als katastrophal bezeichnet würde. Wenn's kalt wird, zieht mein Vater heute noch den Militärmantel an, den er in Narvik trug. Er ist zwar reichlich geflickt, aber „er tut es noch gut". Natürlich hat mein Vater außerdem zwei warme Lodenmäntel. Aber der bessere ist nur für Sonntag bestimmt, und der andere wird nur zu Besorgungen angezogen. Mit Geiz hat das nichts zu tun. Wenn ein Hof im Dorf gebrannt hat, ist mein Vater der erste, der einen unserer besten Bäume fällt, um dem Geschädigten beizustehen. Dafür könnte er sich den teuersten Mantel kaufen, aber das wäre in seinen Augen etwas Überflüssiges. Blut und Boden? Ich fragte meinen Vater, was das sei. Im Dritten Reich, sagte er, hat man das aufgebracht, man sollte im Krieg bis zum Blut den Boden verteidigen. Meine Mutter sagte dazu: Blut, das waren ihre arischen Gesetze, und auf den Boden sollte man stolz sein. Im Dorf haben das nur Sennwalds und Hagners mitgemacht. Die haben sich Trachten angeschafft, wie's der Hitler wollte.

Was meine Eltern bewegt, so hartnäckig an ihrem Hof festzuhalten, hat nichts mit Blut und Boden oder Ideologien von einer heilen Welt zu tun, es ist damit zu erklären, daß sie außerhalb dieses Hofes einfach nicht existieren können. Und so, wie ihnen durch ihre Zeitungen die Welt draußen vorgeführt wird, müssen sie annehmen, daß es tausendmal besser ist, den Hof für die Kinder zu erhalten, als diese Kinder in ein Chaos von Rausch-

gift und Verbrechen zu entlassen. Hat je einer der Heile-Welt-Verächter versucht, eine Zeitung für Bauern zu machen? Hat je einer versucht, in einer Sprache, die ihnen verständlich wäre, über politische Zusammenhänge zu schreiben? Hat ihnen je einer erklärt, was Sozialismus wirklich ist?
Wer weiß, wie gründlich in einem abgelegenen Hof am Sonntagnachmittag die Zeitung gelesen wird, der weiß auch, welche Macht solch ein Blatt hat. Die Zeitung, die meine Eltern so ausführlich lesen müssen, haben sie noch nicht einmal bestellt. Sie müssen sie auch nicht bezahlen; sie können sie auch nicht abbestellen. Es ist die Zeitung, die eine Partei jeden Samstag frei Haus liefert. Ich sage lesen müssen, weil so weit die Freiheit sparsamer Bergbauern natürlich nicht geht, eine dicke, neue Zeitung ungelesen zu lassen. Diese Zeitung hat Schreiber, die etwas von Bauernängsten verstehen. Da sind Verhaltensforscher am Werk, die ganz gezielt nach neuesten psychologischen Erkenntnissen arbeiten. Einer meiner Lehrer sagte bei einer Diskussion über Pressefreiheit: Jeder kann lesen, was er will. Dieser Satz stimmt nicht, denn jeder kann nur lesen, was er versteht. Aber ganz und gar nicht stimmt er, wenn ich an die daheim denke. Oft stehe ich, bevor ich am Wochenende nach Hause fahre, vor einem großen Zeitungskiosk und schaue, was ich meinen Eltern zum Lesen mitbringen könnte. Da ist nichts, was ihnen helfen könnte. Sie werden wirklich allein gelassen. Allein gelassen auch mit den ganzen Umstrukturierungsprospekten, die ihnen ins Haus flattern.
Was sollen sie anfangen mit dem Wort „Kooperative"? Natürlich wäre das eine Lösung. Aber das Wort hat mit der Realität unseres Weilers so viel zu tun wie der Firn auf der Silvretta mit der Jauchepfütze vor unserem Stall. Wie sollen drei Höfe, die seit Jahrhunderten nebeneinander existieren mit allem, was an Neid und Ungerechtigkeit zum Alltag gehört, wie sollen die plötzlich eine Kooperative bilden? Eher kann Franz Josef Strauß mit Fidel Castro paktieren, bevor drei Allgäuer Höfe eine Kooperative bilden. Ja, wenn man ihnen Hilfestellung und

Initiativen von außen geben würde, dann wäre einiges möglich. Aber es ist einfacher, die Entwicklung sich selber zu überlassen. In einem Nachbardorf wollen von 24 Absolventen der Volksschule noch ein Junge und ein Mädchen in der Landwirtschaft bleiben. In Christazhofen wollen jetzt vier der Jungbauern, die keine Frauen finden, ihren Hof verkaufen und in die Industrie gehen. Die wirklich Leidtragenden dieses Prozesses, den Experten „Gesundschrumpfung“ nennen, sind Leute wie meine Eltern, die nicht begreifen können, daß ein Hof, der Generationen lang große Familien ernährte, nicht mehr rentabel sein soll. Nur weil es einfacher ist, an einem 8-Stunden-Tag in einer Fabrik Unmengen zerreißfreudiger Strümpfe zu produzieren? Für Bergbauern, die keine Verbraucherbegabung haben, eine harte Sache.

## Viehauftrieb und Viehscheid

Im Juni wird das Vieh, vor allem das Jungvieh, zur „Älpung“ oder „Sömmerung“ auf eine hochgelegene Bergwiese getrieben, wo es den Sommer über bleibt. Diese Bergwiese samt Sennhütte heißt im Allgäu Alpe. (Wer das oberbayerische Wort Alm verwendet, zeigt, daß er kein Allgäuer ist).

Früher waren die Alpen streng eingeteilt in Sennalpen, wo nur Milchkühe grasten und Galtalpen, wo nur Jungvieh weidete. Heute sind nur noch 20 % der älpenden Rinder Milchkühe. Die Käsereien auf den Bergen sind selten geworden. Über viele Generationen gab es genaue Vorschriften, wieviel Kühe auf einer Alpe zugelassen waren. Für die Morgenlauchalpe und Abendlauchalpe, zusammen 479 Tagwerk, galt, daß 100 Kühe an 83 Weidetagen darauf Nahrung finden. Auf der Vogelsberger Alpe und Prellenbergalpe mit 165 Tagwerk durften 40 Kühe 124 Tage lang weiden. Heute hält man sich nicht mehr an dieses Maß. Die Zahl der hochwandernden Tiere hat sich verdrei- und vervierfacht. Da das Futter nicht mehr ausreicht, wird mit Kunstdünger nachgeholfen. Die Intensivlandwirtschaft hat die Berggipfel erreicht. Das heißt, daß auch die hochgelegenen Bergwiesen nicht mehr so blühen dürfen, wie sie wollen: Der Kunstdünger fördert ein paar Pflanzen und läßt unzählige andere aussterben. Mehr noch: Der Kunstdünger dringt, wenn er über den Quellhorizonten gestreut wird, in das Trinkwasser ein. Es gibt genug Mahner, auch unter den Landwirtschaftsexperten, die der Entwicklung Einhalt gebieten.
Zum Glück hat sich an den schönen Alpnamen nichts geändert. Noch immer gibt es die Glutschwandenalpe, die Untergelchenwangalpe, die obere Hochwiesalpe, die Hornbachalpe, die Ochsenschwandalpe, die Unterbergmoosalpe, die Einegundalpe, die Hohenfluhalpe, die Simasgundalpe.
Im Herbst, wenn das Vieh in einem langen Zug von den Alpen heimwärts zieht, wird Viehscheid gefeiert. Die Leittiere sind mit Blumen geschmückt, die Kuhglocken tönen weithin, in den Dörfern bilden sich Spaliere von Zuschauern, denn alle wollen dabei sein, wenn die Kühe von ihrer Alpe heimkehren. Es gibt Dörfer, in denen sich eine Viehscheid-Tradition entwickelt hat. In Maierhöfen zieht die Blasmusik mit den Kühen ins Dorf ein. In einem Festzelt wird bis in die Nacht hinein getanzt und gefeiert.

# In München in Stellung

Am Allerseelentag 1917 kam Antonie M. von Kalzhofen im Allgäu nach München, um im Haushalt des Hoflieferanten T. in der Maximilianstraße eine Stelle anzunehmen. Antonie M. war 17 Jahre alt. Sie bezog eine Kammer neben der Küche, wo sie Bett und Schrank für sich allein hatte. Das war neu, denn daheim in Kalzhofen hatten immer zwei zusammen ein Bett, sechs Betten für 12 Personen. Der Vater arbeitete in einer Gerberei, er bekam 20 Mark in der Woche und zum Lohn gehörten auch die Kuhschwänze und Ochsenköpfe, mit denen die Gerberei nichts anfangen konnte. Es gab fast täglich Schwanz- oder Kopfsuppe, und obwohl der Hunger groß war, bekam man dieses stark riechende Mahl bald über. Unter den Geschwistern entstand häufig Streit darüber, wer mittags zur Mutter gehen durfte. Die Mutter war als Waschfrau jeden Werktag in einem anderen Haus tätig und teilte ihr Mittagessen gern mit einem der Kinder, das zur Mittagszeit in der Waschküche auftauchte. Als Antonie M. erfuhr, daß die 5-Zimmer-Wohnung in der Maximilianstraße 170 Mark Miete kostete, bekam sie einen Eindruck vom Reichtum ihrer Herrschaft. Aber ihre Schwester Josepha, die gleich drei Häuser weiter bei einem Arzt in Stellung war, sagte, das sei noch gar nichts, bei ihnen koste die Miete 250 Mark.

Bei Antonie M. läutete um sechs der Wecker. In der kalten Jahreszeit trug sie als erstes zwei Eimer Kohlen vom Keller in den dritten Stock und heizte das Jagdzimmer. Dann kaufte sie Brötchen ein und bereitete das Frühstück, das Herr und Frau T. mit dem siebenjährigen Sohn im Jagdzimmer einnahmen. Obwohl das große Wohnzimmer nur an Sonntagen, oder wenn Besuch kam, geheizt wurde, mußte es doch, wie die übrige Wohnung, täglich geputzt werden. Zwar gab es einen Bohner, aber den fand Frau T. zu hart. Er durfte nur für Küche und Flur verwendet werden. Das Parkett der übrigen Räume wurde von Antonie kniend glänzend gerieben. War die Wohnung in Ordnung,

begann die Kocherei. Gekocht wurde nach einem Wochenplan, den Frau T. jeden Samstag an die Küchentür hängte. Kurz vor dem Anrichten erschien Frau T. in der Küche und würzte die Speisen.
Antonie aß erst, wenn die Herrschaft gegessen hatte. Kartoffeln und Gemüse sind immer genug übrig geblieben. „Aber wenn Herr T. von der Jagd einen Fasan mitbrachte“ sagte Antonie, „da blieb nie etwas übrig. Fasane sind ja so kleine Vögel.“
Die Nachmittage waren voll ausgefüllt mit Waschen, Bügeln und Flicken und wenn mal eine Stunde Zeit blieb, lagen immer Handarbeiten bereit, denn im Jagdzimmer mußten alle Decken und Kissen mit Jagdmotiven bestickt werden. Erst abends, nach dem Geschirrspülen, durfte Antonie etwas für sich arbeiten, eigene Strümpfe stopfen oder einen Brief nach Hause schreiben. Ausgang gab es am Sonntagnachmittag von zwei bis halb sieben. „Eigentlich“, sagte Antonie, „muß man auch die Stunde am Sonntagmorgen zur Freizeit rechnen, denn da ging ich immer in die Sankt-Anna-Kirche oder in die Kapuziner-Kloster-Kirche. Manchmal hab ich sogar im Kirchenchor mitgesungen. Zur Probe durfte ich nicht, aber wenn's was Bekannteres war, haben sie mich mitsingen lassen.“
Die Sonntagnachmittage verbrachte Antonie mit ihrer Schwester Josepha im Dienstmädchenverein. Da gab es zuerst eine Andacht, dann wurde erzählt und gesungen. Manchmal kam auch eine Schneiderin, die Näh- und Flickunterricht erteilte. Am schönsten waren die Nachmittage, an denen Theater gespielt wurde. Mit 19 wurde Antonie aufgefordert, eine Hauptrolle zu spielen. Sie erinnerte sich bis ins hohe Alter, daß sie ein Mädchen namens Klara spielen sollte. Aber gelernt hat sie dafür nur eine halbe Stunde. Gleich am ersten Abend, als sie das Rollenheft bekommen hatte, vertiefte sie sich in den Text. Aber Frau T. fand, daß es unnütz sei, für so etwas Licht brennen zu lassen, und überhaupt müsse Antonie nicht überall ihren Kopf vorn dran haben. Obwohl Antonie 21 Jahre in dieser Stellung blieb, hat sie nie wieder gewagt zu fragen, ob sie nicht doch

einmal eine Rolle lernen dürfe. Aber kleine Nebenrollen, zu denen man nicht eigens einen Text lernen mußte, hat sie doch heimlich übernommen. Ihre schönste Rolle war, als sie mit offenem Haar und ganz bewegungslos dem Hirtenmädchen Bernadette als Mutter Gottes erscheinen durfte.

Zu den schönsten Beschäftigungen am Werktag gehörte der Gang zum Viktualienmarkt. Ein- oder zweimal jede Woche kaufte Antonie dort ein. Besonders schön war es, wenn sie gerade ihren Monatslohn von neun Mark bekommen hatte, dann leistete sie sich für fünf Pfennige eine Makrone. Sie verzehrte das Gebäck im nächsten Hausflur, weil sie Angst hatte, gesehen zu werden, Frau T. durfte davon nichts erfahren.

Jeden Abend um sechs ging Antonie auf den kleinen Küchenbalkon und lauerte, ob der Trillerpfiff ihrer Schwester Josepha zu hören war. War er zu hören, bedeutete das, daß die Schwester abends um neun schnell ins Treppenhaus kommen würde, um etwas Wichtiges zu erzählen, oder um einen Rest Kuchen mitzubringen. Josepha hatte zwar auch einen langen Arbeitstag, aber sie bekam viel besseres Essen als Antonie.

Einmal brachte die Schwester eine besonders wichtige Neuigkeit: Der Bruder Gebhard war in München und wollte am nächsten Tag eine oder zwei Stunden mit den Schwestern ausgehen. Der Bruder Gebhard war der Stolz der Familie, er hatte die Buchdruckerprüfung mit „sehr gut“ bestanden, ging bis nach Berlin auf die Walz und kam auf dem Rückweg über München. Aber Antonie bekam nicht frei. Der Bruder durfte sie nachmittags besuchen. Er wunderte sich, daß die Schwester in einer ungeheizten Küche saß, es war ein kalter Dezembertag. Aber daran hatte sich Antonie schon gewöhnt. Da mit Gas gekocht wurde, fand Frau T. ein extra Feuer im Herd überflüssig. Nur bei ganz extremer Kälte, wenn die Wasserleitung zu gefrieren drohte, wurde etwas Feuer gemacht. Gebhard fand das ungerecht. Ungerecht war überhaupt sein Lieblingswort. Er hatte in den fremden Städten viele Menschen kennengelernt und wollte nun daheim in Kalzhofen einiges verändern. Gleich bei der

Ankunft würde er zu Vater und Mutter nicht mehr „Ihr", sondern „Du" sagen. Antonie war sehr gespannt, wie das ausgehen würde. Später erfuhr sie, daß die Mutter sagte: Sowas kann's gar nicht geben, daß einer zu seinem Vater Du sagt. Im ganzen gesehen war Gebhards Besuch eine Enttäuschung für Antonie. Sie hatte gehofft, daß Frau T. merken würde, daß Gebhard einer war, der nicht nur Bücher druckte, sondern auch Bücher las, aber Frau T. nahm gar keine Notiz von dem Besuch. Und Gebhard, weil ihm die kalte Küche nicht paßte, stellte dauernd Verhöre an. Und selbst als sie ihm sagte, daß sie an Weihnachten, bei der Bescherung, eine halbe Stunde ins Wohnzimmer dürfe, hatte er nur ein hartes Lachen.

Schließlich wollte der Bruder sogar mit Frau T. reden, weil er es ungerecht fand, daß Antonie nur einmal im Jahr für acht Tage heim fahren durfte. Nur mit Tränen konnte sie ihn von dem Gespräch zurückhalten und weil sie beteuerte, daß sie im Urlaub doch immer mit an den Starnberger See fahren dürfe. Daß dieser Urlaub für sie die schlimmste Zeit des Jahres war, verschwieg sie, denn wie hätte der Bruder erst geschimpft, wenn er gewußt hätte, daß sie jedes Jahr mit geschwollenen, wehen Händen nach München zurück fuhr.

Am Starnberger See hatte Familie T. ein Landhaus, das vollgestellt war mit bemalten Bauernmöbeln, auch die Türen waren alle bemalt und in den Mansarden sogar die Holzwände. Diese Bemalungen gefielen aber Herrn und Frau T. nicht, Antonie mußte die Ölfarben im Lauf der Jahre reihum ablaugen. „Einmal muß es ja zu Ende sein", dachte sie jedes Jahr. Aber es war nie zu Ende, denn inzwischen hatten Frau T. und der heranwachsende Sohn das Anmalen von Möbeln zu ihrer Ferienbeschäftigung gemacht. „An den teuren Ölfarben wurde nicht gespart", sagte Antonie, „aber beim Wäschewaschen wurde mir nur immer eine Tasse voll Waschpulver hingerichtet, da konnte ich bürsten so viel ich wollte, so weiß wie Josephas Wäsche wurde unsere nie."

Unvergeßlich war Antonie M., daß sie im Prinzregententhater

ein Stück über die Nibelungen sehen durfte. Frau T. hatte ein Abonnement und als sie einmal unpäßlich war, bekam Antonie die Karte. Und weil das Erlebnis so groß war, verfolgte sie künftig im Theaterplan der Zeitung, wann Frau T. mit dem Abonnement wieder an der Reihe war. Aber das Glück, die Karte noch einmal zu bekommen, wiederholte sich nicht. Als Antonie 18 war, wurde sie von Herrn T. eines Tages zu einem Sonntagsausflug eingeladen. Antonie sagte, da müsse sie erst ihre ältere Schwester fragen und die entschied: „Sowas fangen wir gar nicht erst an, das gibt Streit mit der Frau und Du mußt dann alles ausbaden." Frau T. war ohnehin strikt dagegen, daß Antonie irgend einen Kontakt zu einem Mann hatte, sie verbot nicht nur jeden Ausgang am Abend, sondern bleute dem Mädchen solche Angst vor einem unehelichen Kind ein, daß sie es noch nicht einmal wagte, mit einem Mann zu sprechen. Wie wichtig es Familie T. war, daß Antonie ohne „Schatz" auskam, geht auch aus einem Gedicht hervor, das die Siebenundzwanzigjährige zu ihrem zehnjährigen Dienstjubiläum überreicht bekam:

Das Leben, ja, es ist nicht leicht,
Es fängt schon an am Morgen.
Der Wecker schon auf sechs Uhr schleicht,
Er wird im Bett geborgen.

Die Frau gar manchmal grantig ist,
Der Bub zur Schul brav rennt.
Dem Herrn, dem schmeckt der Kaffee nicht,
Der Ofen gar nicht brennt.

Doch hält sie treu zu ihrem Haus,
Ist fleißig stets am Platz.
Ist ehrlich brav, wie sichs gehört
Und wirklich ohne Schatz.

Mit Sicherheit hätte Antonie ihr ganzes Leben „ohne Schatz" auskommen müssen, wenn sie nicht achtunddreißigjährig aus ihrer Stellung entlassen worden wäre. Herr T. machte plötzlich bankrott, die Familie konnte sich kein Dienstmädchen mehr leisten. Antonie kehrte ins Allgäu zurück, wo sie bald einen verwitweten Schreiner heiratete.

Am Kriegsende, als der Hunger wuchs, kam eines Tages Frau T. angereist und ließ sich von Antonie ihre leeren Körbe füllen. Stolz führte Antonie das Haus, den Garten, die Obstwiese vor. Nur ihr Mann ließ sich nicht überreden, zur Begrüßung herbei zu kommen. Er schalt Antonie dumm, sie solle nicht vergessen, daß man heute noch ihre Frostbeulen aus der Münchner Zeit sehen könne.

Aber Antonie vergaß alles. Sie war einfach glücklich, Frau T. zeigen zu können, wozu sie es gebracht hatte. Sie füllte die Körbe mit ihren Lieblingsäpfeln, mit Berner Rose, mit Goldparmänen, mit Boskop. Sogar von der „guten Luise" legte sie ein paar Früchte obenauf, obwohl der Birnbaum in diesem Jahr nur wenig getragen hatte.

# Die Sparsamkeit

Die sprichwörtliche Sparsamkeit der Allgäuer Bauern ist auf die Notzeit im 19. Jahrhundert zurückzuführen. Bis 1800 lebte die Landwirtschaft hier vom Flachsanbau. Bis zur fertigen, gebleichten Leinwand wurde der Flachs in den Bauernhäusern verarbeitet und an Leinenhändler verkauft. Als der maschinelle Webstuhl erfunden wurde, konnte das handgemachte Allgäuer Leinen nicht mehr abgesetzt werden. Die Leinenhändler liehen den verarmten Bauern solange Geld, bis sie den Hof kassieren konnten. Viele Bauern mußten damals von ihrem Heimathof gehen. Die Händler wurden „Zertrümmerer" genannt, weil sie Haus- und Hofinventar verkauften und das Land zerstückelt an Interessenten abgaben. Langsam verwandelten sich die blauen Flachsfelder in grüne Wiesen, aber die Milch fand keine Abnehmer. Erst als 1827 der Schweizer Käser Johann Althaus den Allgäuern zeigte, wie man die großen Laibe Emmentaler Käse bereitet, begann sich die Not langsam zu wenden. Zwar waren immer noch die Hofzertrümmerer am Werk, zu groß waren Armut und Verschuldung.

In dieser bargeldlosen Zeit entwickelte sich eine Sparsamkeit, die unter den ältesten Allgäuern heute noch zu finden ist. Für sie ist Sparsamkeit im Lauf der Generationen zu einem Teil der Religion geworden.

# Die Rente

Als Anna Bergtold 59 war, starb ihr Mann. Sie bekam 363 Mark Hinterbliebenenrente. Soviel Geld auf einmal hatte sie in ihrem arbeitsreichen Leben noch nie eingenommen. Sie holte das Geld jeden Monat von der Post ab, zählte es sorgfältig nach und trug es gleich fünf Häuser weiter zur Sparkasse. Dort legte sie das Geld übersichtlich in gleiche Scheine geordnet auf den Tisch. Herr Lang zählte es nach, trug es in ihr Sparbuch ein und erkundigte sich nach dem Stand der Obstbäume. Anna Bergtold hatte 12 Obstbäume rings ums Haus. Die Apfelbäume, Berner Rose, Boskop, Luzerner Schafsäpfel, trugen meist so reichlich, daß sie im September noch Äpfel vom Vorjahr im Keller hatte, obwohl sie fast täglich frisches Apfelmus kochte und den Hunger zwischen den Mahlzeiten mit einem Apfel stillte. Sie biß nie in einen unversehrten Apfel, weil es zu ihrer Vorstellung von Ordnung gehörte, zuerst die angefaulten Äpfel zu verwerten. Die Obstbäume waren der eigentliche Reichtum von Anna Bergtold. Da ihr das Obst niemand abkaufen wollte, die Sorten waren nicht mehr gefragt seit Granny Smith und Jonathan den Markt beherrschten, durfte sie alles selber essen. In der Eisheiligenzeit ging sie mit jeder Flurprozession um für das Gedeihen der Früchte zu beten und wenn sonntags die Kerze für den Wettersegen in der Kirche angesteckt wurde, erhob sie ihre Stimme, um vor Blitz, Hagel und Unwetter bewahrt zu bleiben. Jahre, in denen ein harter Frost über die Blüten gekommen war, kannte Anna Bergtold auswendig. Es waren arme Jahre, denn weder sie noch ihr Mann hätten jemals für etwas so Überflüssiges wie Obst Geld ausgegeben. Geld gab man aus für Brot, für Hafermehl, für Kartoffeln, für Milch, für Butter, für Zucker und gelegentlich auch für Fleisch. Das änderte sich auch nicht, als durch die Rente plötzlich Geld ins Haus kam, viel Geld, denn zu der Hinterbliebenenrente kam vier Jahre später die eigene Rente, was zusammen fast 800 Mark ergab. Für Anna Bergtold ein schwindelerregender Betrag, denn als Dienstmädchen hatte sie es nur bis zu einem Monatslohn von 31 Mark gebracht. Auch als sie mit 44 Jahren den Witwer Bergtold heiratete, blieb das Geld knapp. Die kleine, veraltete Schreinerwerkstatt war nur noch gefragt, wenn es einen Sarg zu machen oder ein Fenster zu reparieren galt.

Geldausgeben, das war ein Pensum, das Anna Bergtold nie gelernt hatte. So blieb es denn dabei, daß sie jeden Monat an dem Zahltag, auf den sie zulebte, ihr gutes Gewand anzog und die Rente von der Post zur Sparkasse trug. Mit Herzklopfen freute sie sich auf die Gespräche am Postschalter und am Bankschalter. Es war deshalb eine schlimme Nachricht für sie, als eines Tages verfügt wurde, daß die Renten nicht mehr am Postschalter ausgezahlt, sondern gleich auf die Sparkasse überwiesen würden. Das bedeutete buchstäblich, daß sie ihr Geld nicht mehr zu sehen bekam. Sie konnte es weder zählen, noch konnte sie es in ihrem vergilbten Safiantäschchen von der Post zur Bank hinüber tragen. Ihr blieb nur der winzige Eintrag im Sparbuch.

Das einzige Geld, das sie zu sehen bekam, waren die paar Mark, die sie sich mittwochs und freitags als Putzfrau verdiente. Von diesem Geld lebte sie, es reichte sogar für den Kranz, den sie an Allerheiligen auf das Grab legte. Die Rente blieb unangetastet.

Die Rente, das war für Anna Bergtold so etwas wie der Regenbogen, der nach der Not der Sintflut als Zeichen der Versöhnung am Himmel erschien. Wenn sie freitags bei Hagspiels die Fenster putzte und dabei leise vor sich hin sagte: siebenundsechzigtausenddreihundertsiebenunddreißig Mark und zweiundneunzig Pfennig, stellte sie sich dabei einen riesigen Regenbogen vor, der eigens als Schutz über ihr gewachsen war.

Im Dorf gab es Leute, die sagten, Frau Bergtold sei geizig. Aber die wußten nicht, aus welcher Armut sie kam. Es gab da ein paar Geschichten, die Frau Bergtold jedes Jahr, wenn der Schnee recht hoch lag, auskramte. Als Anna 7 war, bekam sie eine Mark, um Brot zu kaufen. Sie lief zum Bäcker und verlor die Mark im tiefen Schnee. Daheim warteten die Eltern und die 9 Geschwister auf das Brot. Anna traute sich nicht heim. Sie

suchte im Schnee nach dem Geldstück. Sie war blau gefroren als die Mutter sie fand. Die Mark blieb verschwunden, obwohl die ganze Familie sich auf die Suche machte.
Der Vater ging als Gerber auf Wanderschaft, weil er in seinem Dorf nichts verdienen konnte. Aber er schickte nur selten einen Zwanzigmarkschein heim. Wenn vom Vater ein Brief ankam, war der rückwärts mit einer Marke verschlossen. Zwei dieser Briefumschläge hatte sich Frau Bergtold aufbewahrt wegen dem Text, der auf den Marken stand: „Väter, Mütter und Lehrer des Volkes", hieß es da, „schützt euch, schützt das Volk der Gegenwart und Zukunft vor dem Feinde des Körpers, des Geistes und der Menschenwürde, flößt den Kindern einen unüberwindlichen Abscheu vor jedem Tropfen eines geistigen Getränkes ein!" Unter dem Text stand: Arbeiterabstinentenbund.
Daß der Vater trank, erfuhren die Kinder erst, als er Weihnachten heim kam. Am heiligen Abend beim Mittagsleuten kam er auf Josef Thannheimers Holzwagen von Isny her an. Die Kinder, die ihren Vater so lange nicht gesehen hatten, waren außer sich vor Freude. Aber als um 6 Uhr abends das Bäumchen mit den vier Kerzen auf dem Küchentisch stand, war der Vater verschwunden. Es roch nach Lebkuchen. Für jeden hatte die Mutter einen Lebkuchen gebacken. Mit dem Anzünden der Kerzen wartete man auf den Vater, mit ihm zusammen wollte man „Stille Nacht" singen. Um 8 schickte die Mutter den Jakob zum Ochsen, den Vater holen. Beim gemeinsamen Singen liefen dem Vater Tränen runter. Die Mutter lebte nur noch 4 Jahre.
Nein, geizig hätte man Frau Bergtold lieber nicht nennen sollen. Sie kam einfach von der Armut ihrer Kindheit nicht los. Herr Breuner gehörte zu den Leuten, die das wußten. An einem frühen Montagnachmittag ging er durch Frau Bergtolds Obstwiese, blieb lange an ihrem Gemüsegarten stehen und klopfte dann entschlossen an ihre Haustür. Frau Bergtold band sich schnell eine frische Schürze um, bevor sie öffnete. Sie führte Herrn Breuner in die gute Stube. Sie kannte Herrn Breuner gut. Jeder im Ort kannte Herrn Breuner. Er war ein geachteter

Mann. Es dauerte deshalb nicht länger als 7 Minuten, bis Frau Bergtold ihren Mantel überzog und mit Herrn Breuner zur Sparkasse ging. Denn Herr Breuner brauchte Geld. Erst am Schalter stellte sich dann heraus, daß Herr Breuner alles Geld brauchte. Er baute ein Haus und da er vier Kinder hatte, mußte es ein großes Haus werden.
Eine Sekunde lang hoffte Frau Bergtold, daß sie auf diese Weise all ihr Geld zu sehen bekäme, ein Berg großer Geldscheine würde sich vor ihr auftürmen. Aber sie bekam nichts zu sehen als die kleine Eintragung im Sparbuch. 74 Mark und 13 Pfennige waren ihr geblieben. Außerdem bekam sie einen Zettel, so groß wie der vierte Teil eines Briefbogens, auf dem quittierte Herr Breuner die Summe. So bald wie möglich, sagte Herr Breuner, würde er mit der Rückzahlung beginnen. Anna Bergtold fühlte sich nicht unbehaglich, wenn sie an ihr Geld dachte. Dazu war Herr Breuner viel zu geachtet. Ungemütlich wurde es erst als Herr Breuner nach 5 Wochen wieder kam, weil er mit Frau Bergtold zu deren Schwester in den Nachbarort fahren wollte. Auch die Schwester hatte ein Leben lang gespart, war unverheiratet und mit 75 immer noch als Haushälterin tätig. Aber der Schwester wollte Frau Bergtold nicht zumuten, ihr Geld an Herrn Breuner zu verleihen. „Die Schwester", sagte sie mutig, „verteilt ihr Geld meist an die Nichten und Neffen." Herr Breuner ließ nicht locker, bis er auch das Geld der Schwester hatte. Als Herr Breuner in sein neues Haus zog, bekam Frau Bergtold die alten Töpfe und Vorhänge, die nicht mehr gebraucht wurden. Regelmäßig bezahlte Herr Breuner 4 ½ % Zinsen, auch in den Zeiten, da die Sparkasse 11 % bezahlte. Von Rückzahlung war nicht die Rede. Statt dessen kam Herr Breuner nach fast zwei Jahren, um die Tausender, die sich nun wieder angesammelt hatten, abzuholen.
Frau Bergtold saß grade an ihrem Küchentisch und schnitt Äpfel aus für das tägliche Apfelmus. Herr Breuner sagte: „Ich will Sie abholen, wir fahren nach Kempten zum Notar, damit alles seine Ordnung hat." Frau Bergtold verstand das nicht.

Wieso brauchte man dazu einen Notar? „Es muß schnell gehen", sagte Herr Breuner, „wir müssen gleich fahren." Frau Bergtold hatte ihr ältestes Werktagskleid an, verstopfte Strümpfe und vertretene Schuhe. So wollte sie unmöglich nach Kempten fahren. Nach Kempten fahren, das war etwas, wovon sie immer mal geträumt hatte. Sie bestand darauf, sich umzuziehen. Aber Herr Breuner holte ihren Mantel vom Kleiderrechen und wiederholte: „Wir müssen sofort fahren." Sie griff sich im Hinausgehen noch ein Paar Schuhe, um wenigstens im Auto die Schuhe zu wechseln. Aber sie konnte sich im Auto nicht bükken. Ihr war schlecht von der Aufregung. So minder angezogen wäre sie noch nicht einmal ins Dorf gegangen und so mußte sie jetzt in die Stadt fahren. Von dem, was ihr beim Notar vorgelesen wurde, verstand sie nur: „Die Rückzahlung beginnt in 30 Jahren in Hundertmarkraten." Dieser Satz tat ihr richtig weh und obwohl sich ihr die Kehle hart zuschnürte, konnte sie hörbar sagen: „Des verleb i nimmer." Herr Breuner schob ihr sanft den Vertrag zur Unterschrift hin. „Durch den Notar", sagte er, „hat alles seine Ordnung." Schon im Auto mußte Frau Bergtold weinen, aber sie putzte die Tränen nicht ab, Herr Breuner sollte nichts davon merken. Daheim konnte sie es allein nicht aushalten, zum ersten Mal war ihr das eigene Haus unheimlich. Die Rückzahlung beginnt in 30 Jahren, sie war 74. Sie hatte sich immer vorgestellt, wie die Nichten und Neffen staunen würden, wozu es die Tante Anna gebracht hatte. Sie nahm den Vertrag und ging zu Hagspiels. Frau Hagspiel rief sofort beim Notar an. „Wie können Sie so etwas zulassen?" fragte sie den Notar, „der Vertrag ist unsittlich." Über das Wort unsittlich wunderte sich Frau Bergtold sehr, aber Frau Hagspiel wiederholte das Wort sogar. Sie sagte: „Der Vertrag ist ungültig, weil er unsittlich ist." Frau Bergtold war davon überzeugt, daß die Hagspiels das alles in Ordnung bringen würden, sie konnte sogar schlafen.

Am nächsten Tag kam Herr Breuner und beklagte sich sehr, daß Frau Bergtold das große Vertrauen, das zwischen ihnen herr-

sche, mißbraucht habe. Wozu brauche sie fremde Leute, wo er doch ihr bester Berater sei. Frau Bergtold ließ sich erneut davon überzeugen, daß es eine große Ehre sei, mit Herrn Breuner so vertrauensvoll verbunden zu sein. Sie ging zu Hagspiels und bat sie, nichts zu unternehmen. Hagspiels machten von dem 8seitigen Vertrag eine Ablichtung.
Als Frau Bergtold drei Jahre später starb, wurde Theresia, die älteste Nichte, als Verteilerin der Erbschaft eingesetzt. Sie fand im obersten Schreibtischfach den Vertrag. „Die Rückzahlung beginnt nach 30 Jahren in Hundertmark-Raten", der Satz machte ihr schwer zu schaffen. Sie sollte also bis zu ihrem 76. Jahr auf Tante Annas Geld warten und sich dann mit ihren fünf Geschwistern jeden Monat in die Rückzahlung von hundert Mark teilen. Was hatte sich die arme Tante Anna da aufschwätzen lassen. Theresia kannte Herrn Breuner nur vom Hörensagen. Sie wußte, daß er in Tante Annas Dorf so etwas wie eine Respektsperson war. Als Theresia den Vertrag ihren Geschwistern zeigte, entdeckte der jüngste Bruder eine Bleistiftnotiz. Blaß, in die oberste linke Ecke gedrängt, stand da in Tante Annas Schrift: Bei Hagspiel fragen. Bei Hagspiels erfuhr Theresia die ganze Geschichte. Sie machte sich mit ihrem Bruder Luitpold, der auf seinem Hinterjocher Pachthof das Geld besonders nötig hatte, auf den Weg zu Herrn Breuner. Luitpold hatte sich etwas Mut angetrunken. Er sagte: Es heißt, die Tante Anna sei mit den dreißig Jahren nicht einverstanden gewesen. Es heißt, der Hagspiel hab eine Ablichtung von dem Vertrag." Herr Breuner tat so, als habe er das mit den 30 Jahren nur zum Schutz für Frau Bergtold eingebaut. Das war zwar nicht zu verstehen, aber den Hinterjochern war es recht, daß Herr Breuner dem Vertrag solch neue Auslegungsarten abgewinnen konnte. Recht war ihnen vor allem, daß Herr Breuner ohne zu zögern ein von Theresia vorbereitetes Blatt unterschrieb. Da stand: Die Rückzahlung beginnt sofort und ist bis zum Jahresende abgeschlossen.
Den achtseitigen Vertrag bewahrt Luitpold in seiner Dokumen-

tenschublade auf. Als erstes hat er ihn seinen Kindern vorgelesen, damit die rechtzeitig eine Ahnung davon bekommen, wie man die fleißige Tante Anna beinahe um ihr Erspartes gebracht hätte.

# Vom Essen

Das rauhe Klima hat Weizen und Roggen nie recht gedeihen lassen. Der Hafer war das Getreide, das auch auf den Höhen noch wuchs. Deshalb wurde die Allgäuer Urmahlzeit aus Hafer bereitet:

*Mus,* auch häbernes Mus oder Brenntar. Hafermehl oder Haferschrot wird in der Pfanne gebräunt, auf 100 Gramm Hafer kommt ein halber Liter Wasser, quellen lassen, bis es dick ist, mit Butter schmälzen, mit Salz würzen.
Früher gab es Mus zum täglichen Frühstück oder Abendessen. Unter den alten Allgäuern gibt es heute noch Bauern, die am Mus festhalten, weil es ihnen lieber ist als das neumodische Essen.

*Kässpätzle.* Der Spätzleteig wird aus Mehl, Wasser, Eiern und Salz bereitet. Der Teig darf nicht zu fest sein, damit er sich durch die Löcher der Spätzlepresse drücken läßt. Die Spätzle fallen direkt aus der Presse in kochendes Wasser. Wenn sie oben schwimmen, werden sie herausgeschöpft, in einer Schüssel ausgebreitet, mit geriebenem Käse bestreut. Darauf kommt wieder eine Lage Spätzle usw. Zum Schluß kommen deftig geröstete Zwiebel obendrauf.

*Krautkrapfa.* Sauerkraut wird mit Zwiebeln zusammen in Fett geröstet, auf sehr dünnem Nudelteig ausgebreitet und wie Apfelstrudel aufgerollt. Die Rolle in 5 Zentimeter lange Krapfen aufschneiden, in eine Kasserolle legen in der Fett und Zwiebeln schon erhitzt wurden. Nach dem Anrösten eine Tasse heißes Wasser übergießen und gardämpfen.

*Bluetbodebira.* Die Füllung von zwei Blutwürsten mit Zwiebeln zusammen in Fett anrösten, mit Bratkartoffeln mischen und zusammen weiterrösten lassen.
Kartoffeln heißen im Allgäu Bodebira.

*Holderküchle.* Die voll aufgeblühten Holunderblüten werden in Pfannkuchenteig getaucht und in heißem Fett herausgebakken.

*Holdermus.* Aus den reifen Holunderbeeren wird ein ziemlich dickes Kompott gekocht, das man zusammen mit Griesklößchen ißt.

# Der Käse

Um die Jahrhundertwende kam es zur Gründung von Sennereigenossenschaften. Die Bauern eines Dorfes taten sich zusammen, bauten eine Sennerei, lieferten dort ihre Milch ab, und ein gelernter Käser bereitete daraus die Emmentaler Laibe und die Butterstücke. Meist besorgte ein Händler aus der Stadt den Verkauf.

In den letzten Jahren wurden viele Sennereien geschlossen, weil große Milchwerke entstanden. Aber es gibt auch heute noch alte Dorfsennereien, die wirtschaftlich arbeiten. In Grünenbach zum Beispiel, besteht noch immer die Sennereigenossenschaft aus 17 Bauern, die täglich zweimal ihre Milch im „Lokal" abliefern. Im ganzen Allgäu heißt die Dorfkäserei „das Lokal", ein zentraler Ort, wo täglich die Neuigkeiten ausgetauscht werden.

Früh um halb sieben kommen die ersten Bauern mit der Milch. Der Fettgehalt wird geprüft, das Gewicht auf einer Tafel eingetragen. Wenn der erste Kupferkessel, der 1400 Liter faßt, voll ist, wird die Milch auf 32 Grad erwärmt. Bei dieser Einlabungstemperatur werden Lab und Milchsäurekulturen dazugegeben. Nach 30 Minuten gerinnt die Milch zu puddingartiger Gallerte. Der Käser prüft mit einem Käseschwert, ob die Masse dick genug ist. Dann setzt er seine Milchharfe ein und zerschneidet mit gleichmäßigen, kraftvollen Bewegungen die Gallerte. Acht Minuten lang wird die Milchharfe geschwungen, dann wird der Käsebruch erkennbar. Die Masse teilt sich in maisgroße Käskörner und Molke. Jeder Käser, der noch von Hand arbeitet, schwört auf seine Harfenbewegungen, denn wenn die Harfe zu langsam geschwungen wird, schließt das Käsekorn zu viel Molke ein, das vermindert die Qualität. Dann wäre doch die gleichmäßig arbeitende Maschine das Richtige? „Nein" sagt der Käsemeister, „die Harfe muß mit Gefühl bewegt werden, das kann die Maschine nicht. Nur genaueste Beobachtung sagt mir, ob ich Kraft zusetzen oder wegnehmen muß." In der Tat ist der

Vorgang von imponierender Konzentration, es wird kein Wort gesprochen, rhythmisch wird der zwei Meter breite Kessel mit der Harfe durchkämmt. Und ständig bildet die Harfe neue Strukturen auf der Oberfläche, weil sich die Konsistenz ständig verändert. Wenn sich die Molke strohgelb von dem weißen Käsekorn abhebt, ist der Bruch richtig gelungen. Das Vorkäsen ist beendet. Jetzt wird der Propeller im Kupferkessel eingesetzt. Gleichmäßig wird der Käsebruch durch den Propeller bewegt, bis eine Temperatur von 49 Grad erreicht ist. Während dieser Prozedur, die fast eineinhalb Stunden dauert, werden die Käsekörner härter. „Sie werden nussig", sagt der Käsemeister. Genau bei 49 Grad wird ein riesiges Käsetuch so durch den Kessel gezogen, daß alle Käsekörner erfaßt werden. Das volle Käsetuch kommt in einer viereckigen Holzpresse unter starken Druck, die Molke wird herausgepreßt. Der so gewonnene Käse wird zerteilt und kommt nun in die runden Käseformen, wo er erneut gepreßt wird. Nach 20 Stunden ist die richtige Konsistenz erreicht, der Käse kommt für 2 Tage in ein Salzwasserbad und anschließend in den Reifungskeller, wo er jede Woche 3 mal gewendet und mit einer Salzwasserlösung abgewaschen wird. 4 – 6 Wochen darf gesalzen werden, dann ruht der Käse bis zur völligen Reife noch drei bis vier Monate.
Die meisten der Dorfsennereien, die heute noch in Betrieb sind, stellen Bergkäse her. Das ist eine dem Emmentaler verwandte Käsesorte, die bei kühleren Temperaturen (15 Grad) reift. Durch die Kaltgärung entwickeln sich im Käselaib keine großen Löcher wie beim Emmentaler, sondern kleine Löcher, wie man sie vom Appenzeller Käse kennt. Zur Bereitung von Emmentaler- und Bergkäse darf nur beste Frischmilch verwendet werden, die Kühe dürfen kein Silofutter fressen. Auch Milch von kranken Kühen, die mit Medikamenten behandelt wurden, verhindern den empfindlichen Gärungsprozeß im Käselaib.

# Ein Dorf am Alpenrand

Ein Dorf am Alpenrand, 730 – 900 Meter über dem Meer. Ein wehrhafter Kirchturm mit grün schimmerndem Kupferdach. Um die Kirche ein kleiner Ortskern. Verstreut auf Berge und Täler viele Weiler und Einödhöfe. 797 Einwohner. Von den Wählern gaben 80 % der CSU ihre Stimme, 13 % der SPD und 7 % der FDP. Vor einem Monat wurden 1 700 Kühe gezählt, 481 Schweine, 607 Hühner, 3 Pferde. In diesem Jahr gab es 13 Geburten, 10 Beerdigungen, 7 Hochzeiten und eine Primiz. An Silvester ging, wie jedes Jahr, die Blasmusik des Dorfes von Haus zu Haus und spielte ein Neujahrständchen.

Manchmal, an Sommerabenden, ziehen die Klänge unserer Alphörner über das Dorf. So ein Alphorn ist über drei Meter lang. Sieht aus, wie eine überdimensionale Tabakpfeife. Die Urlauber hören das gern. Und Urlauber haben wir an die 1 100 im Jahr. Eine Berliner Familie kommt schon zum zehnten Mal. Die mögen die Ruhe hier. Aber dies Jahr hat Herr Bartels geschimpft. Schon am dritten Tag legte er los: „So ungemütlich war es hier noch nie. Aufgerissene Wege und so ein Getöse. Wozu braucht denn so'n Dorf, wo's überall von Quellen rauscht, ne Wasserleitung? Was steckt denn da hinter?"

Herr Bartels hat völlig recht. Hier rauscht es von Quellen. Vor vielen Häusern steht noch der Brunnentrog, in dem jahraus, jahrein das frische Wasser plätschert. An manchen Ecken stehen zwei Meter hohe Rohre, aus denen das Wasser wie eine Fontaine hoch stößt, oder es sinkt gleich in großen Wasserschleiern wieder zur Erde. Das ist das sogenannte Überwasser. Im wahrsten Sinn des Wortes der reine Überfluß. Unser Dorf liegt in jener schnee- und regenreichen Landschaft des Allgäus, wo sich die Westwolken an den Alpen stauen und deshalb die größten Niederschläge verursachen. Der Laubenberg, um den sich die Häuser gruppieren, ist ein wahres Wasserreservoir. Ja, er ist so angefüllt mit Wasser, daß zuweilen, bei starkem Regen, der Berg überläuft und ganze Sturzfluten in zehn Meter Breite zu Tal rau-

schen. Jedes Haus ist durch eine unterirdische Leitung mit seiner Quelle verbunden. Das Wasser wird nicht draußen geschöpft, sondern kommt aus Wasserhähnen, ganz wie bei einer üblichen Wasserleitung, nur daß man keine Wasseruhr und kein Wassergeld kennt.
Aber eines Morgens standen sie da, die blauen Bauwagen und die gelben Bagger, um dem Dorf den Anschluß an die allgemeine Wasserversorgung zu bescheren. Gut, daß die türkischen und jugoslawischen Bauarbeiter nicht verstanden, was da auf gut allgäuisch an sie hingeschimpft wurde. Der einzige Deutsche der Baugruppe sagte: Das kennen wir schon. Das war im bayerischen Wald genau so. Herr Bartels sagte: „Bei uns in Berlin würde man extra was zahlen, wenn man so ein frisches Quellwasser bekäme. Überall reißen sich die Leute um Quellwasser und Euch nimmt man's weg. Was ist das überhaupt für ein Wasser, das ihr dann bezahlen müßt? Besser als das jetzige kanns doch gar nicht sein?"
Das neue Wasser kommt aus Heimenkirch. Das ist nicht sehr einleuchtend, denn Heimenkirch liegt nicht so unmittelbar in den Bergen wie unser Dorf. Wie also kommt Heimenkirch zu diesem Wasser? Die Antwort könnte verwirrender nicht sein, denn Heimenkirch bezieht das Wasser aus unserem Laubenberg, genau dem selben, der all unsere Quellen speist. „Unsinn gibts viel auf der Welt", sagt der Bauer Engelbert Wegmann, „aber es sollt doch auch Grenzen geben. Warum soll ich 3000 Mark für den Wasseranschluß zahlen und dann jeden Monat Wassergeld für grad genau dasselbe Wasser, das ich jetzt umsonst habe? Das Wasser kommt aus unserem Laubenberg, fließt zehn Kilometer durch Rohre nach Heimenkirch und dann wieder zehn Kilometer zurück zu uns. In ein paar Jahren, wenn alle Leitungen fertig sind, sollen sie dann Wasser aus Sonthofen bekommen. Aber uns ist doch das Wasser lieber, das direkt aus dem Berg kommt."
So einleuchtend diese Überlegungen sind, Engelbert Wegmann denkt nicht modern. Denn modern denkt, wer sagt: alle

Gemeinden am Alpenrand bekommen jetzt den Anschluß an allgemeine Wasserleitungen und der Staat zahlt Zuschüsse dafür. Sollen diese Zuschüsse einfach ungenutzt verfallen? In einem Dorf bei Immenstadt sagten die Bauern einmütig: Ja, soll der Zuschuß doch verfallen. Wir wollen unsere Quellen, die Tag und Nacht fließen, weiter nutzen. Und als die Wasserleitung trotzdem gebaut wurde, weigerten sie sich, diese Leitung zu benutzen. Bis es dann passierte: Eines nachts wurden einige der Ortsquellen zugeschüttet.

„Früher war das ein Verbrechen, eine Quelle zuschütten, ein Hauptverbrechen", sagt Engelbert Wegmann. „Wer so was macht, möcht ich wissen! Das könnt einem ja im Traum erscheinen, so ein Unrecht. Von den Quellen sollen 4 verschlupft sein, hört man. Mit Quellen ist nicht zu spaßen. Zeitlebens hält man sich an die Regel, daß nur bei übergehendem Mond an Quellen hantiert werden darf, weil das Wasser halt was mit dem Mond zu tun hat, das weiß man ja auch von Ebbe und Flut. Eine Quelle schüttet man nicht zu und wenn die neuen Leitungsrohre noch so dick sind." Herr Bartels sagt: „Das kann doch nicht so schwer sein, rauszukriegen, wer die Quellen zuschüttet. Wer hat an der neuen Wasserleitung Interesse? Das sind doch wahrscheinlich nur die, die neue Häuser bauen? Denen ist es zu mühsam, eine Quelle zu suchen, sie zu fassen und eine Leitung bis ans Haus zu legen. Sie wollen gleich den fertigen Anschluß am Haus. Und dafür müssen dann alle zahlen, weil sich die Leitung für die Neubauten allein nicht lohnt. Das nennt man dann Kommunalverpflichtungen. Nichts gegen Kommunalverpflichtungen, eine Abwasserleitung zum Beispiel, das hätte auch hier einen Sinn. Aber die Staatszuschüsse heißt es, sind an die Wasserleitung gebunden."

„Abwasserleitung, ja, das hätt einen Wert gehabt. Wenn meine Grube voll ist, wird's im Keller immer feucht und so schnell kommt ja keiner zum Grube leeren. Jetzt bin ich die 3000 Mark los. Und wer die Leitung wirklich benutzt, muß auch noch Widerständ einbauen lassen, sonst zerreißt's die Waschma-

schine, weil der Druck zu hoch ist. Meinen Garten haben sie aufgerissen. Wie Berg und Tal siehts da aus und das Gartentor geht nicht mehr zu. Und da, schauns her, meine Hausquelle, wie die läuft! Tag und Nacht." Das sagt Frau Geier, die Witwe vom Glaser. Sie ist 73 und hat ihr Anwesen im Schuß. Die obere Wohnung hat sie vermietet: drei Zimmer und Küche für 50 Mark. Das ist sehr wenig, für Neubauwohnungen mit Bad und Heizung wird auch hier das Fünffache bezahlt. Aber Frau Geier will nichts modernisieren, lieber bleibt sie bei der geringen Miete. Die 50 Mark haben ihr bis jetzt immer über den Monat gereicht. Die Rente und was sie gelegentlich dazu verdiente, wurde gespart. Nicht für jemand bestimmten, Kinder hat sie nicht. Sie spart, weil sie früher 7 Kinder waren daheim und entsetzlich sparen mußten. Sie hat nur gelernt wie man spart, Geld ausgeben hat sie nie gelernt. Wenn ihr jemand den Rat gibt, endlich mal die kaputten Federn am Kanapee reparieren zu lassen, dann sagt sie: „Was soll ich denn Geld ausgeben? Ich hab doch alles, was ich brauch."
Frau Geier ärgert es natürlich ganz besonders, daß sie 3000 Mark ausgeben soll, obwohl sie nie einen Tropfen von dem neuen Wasser nehmen wird. Was sind das für Zeiten, wo man gar nicht mehr gefragt wird, ob man eigenes oder fremdes Wasser trinken will? 3000 Mark, was hat es da noch für einen Sinn, Hagebutten und Hollunderbeeren zu sammeln um die Lebenskosten klein zu halten? Frau Geier kocht und heizt nur mit dem Holz, das sie selbst klein macht. Sie heizt sparsam, in der Stube nur sonntags. Die kleine Küche bleibt von der Kochwärme etwas überschlagen. Wenn starker Frost herrscht, wundert man sich, wieso Frau Geier bei ihren 12 Grad-Temperaturen nicht krank wird. Das Schlafzimmer ist völlig ungeheizt, so daß der Atem sich glitzernd an der Zimmerdecke kristallisiert.
An einem Vormittag der Woche geht Frau Geier zum Putzen zu Finks. Da bekommt sie Frühstück und Mittagessen und 10 Mark und sie nimmt alles mit, was bei Finks grade weggeworfen werden soll: sei es vertrockneter Kuchen, angewelkter Salat

oder ausgediente Strümpfe. Die 10 Mark bringt sie neuerdings nicht mehr zur Sparkasse, sie kommen in eine Extratasse für besondere Ausgaben, zum Beispiel 17 Mark für den Schornsteinfeger, 45 Mark, um die Küche weißeln zu lassen, 25 Mark für den Kranz, der an Allerheiligen auf das Grab gelegt wird. Wenn wohlmeinende Nachbarn sagen, sie solle sich doch mal eine Tasse Kaffee leisten, dann sagt sie nur wieder ihren Satz: „Was soll ich denn Geld ausgeben, ich hab' doch alles, was ich brauch."
Frau Geier ist sehr zufrieden mit ihrem Leben. Aber was sie ehrlich bedauert, ist die neumodische Einrichtung dieser Wasserleitung. Selbst wenn sie nur ihr eigenes Quellwasser benutzt, muß sie in Zukunft Wassergeld bezahlen.
Die Wasserleitung war das Thema Nummer 1, bis eines Morgens, kurz nach 6, ein Verkehr einsetzte, der die Häuser erbeben ließ. Fünf Tage lang fuhren pausenlos Kieslaster durch das Dorf, weil Oberstaufen seine Waldwege mit Kies befestigen wollte. Die Laster verloren Steine und verspritzten Wasser, die Häuser vibrierten und Lenas Sommergäste reisten gleich wieder ab. Schlimmer als in der Stadt, sagten sie, und auf dem Poststempel steht: ein Ort der Ruhe. Die fünf Tage gingen vorbei, aber kurz danach ging in Windeseile ein Gerücht durchs Dorf. Der Guggenmoos macht am Eistobel eine Kiesgrube auf, hieß es, der Gemeinderat hat es schon genehmigt. Der Bauer Wegmann fragt: „Was heißt da genehmigt? Kann ein Gemeinderat genehmigen, daß ein Dorf vor die Hunde geht? Bloß weil der Guggenmoos selber Gemeinderat ist und behauptet, daß seine Kiesgrube das ganze Dorf reich machen wird? Wir sind ein Fremdendorf. In fast jedem Haus sind Gästezimmer eingerichtet worden mit Heizungen und Duschen. Von den zwölf Kühen allein kann ich nicht leben, ich brauch die Gäst. 20 Jahre lang war sich das Dorf einig, daß wir keine Industrie wollen, damit wir ein sauberes Bergdorf bleiben. Jetzt soll alles kaputt gemacht werden. Wir haben's doch gesehen, die Oberstaufener Kieslaster, das war die Generalprobe. Schlimmer wie in der Stadt, sagen die Feriengäst zu so einem Spektakel."

Nicht nur der Wegmann, das ganze Dorf war außer sich. Die Simmerbäuerin fotografierte mit Blitzlicht die Risse in ihrer Stallmauer und schickte das Dokument dem Landrat. Denn nichts konnte besser beweisen, daß der Protest nicht nur gegen den Lärm gerichtet war, sondern auch gegen drohende Einsturzgefahr, da diese Risse erst durch die Kieslaster entstanden waren. Der Kapellenbauer schrieb eine Art Hilferuf. Sein Brief lautete: Mit Fremdgeld, in Klammer 9000 D-Mark, habe ich fünf Gästezimmer mit Duschen und Heizung eingerichtet, weil kein Auskommen ist mit 7 Kühen, wenn man 3 Kinder hat. Soll wegen dem Kies alles umsonst sein?
Hart beklagte sich auch die junge Postmeisterin, die in München eigens eine höher dotierte Stelle aufgegeben hatte und wieder in ihr Heimatdorf zurückgekommen war um ihren Kindern ein gesundes Aufwachsen zu ermöglichen. Da ihr Haus noch nicht einmal durch einen Fußweg von der künftigen Kiesroute getrennt war, blieb nur die Möglichkeit, die Kinder einzusperren. Alle Beschwerden sind umsonst, sagte der Elektromeister, der ein kluger Mann ist. Genehmigt ist genehmigt. Der Gemeinderat geht davon nicht mehr runter. In diesem Stadium tauchte der Name unseres Naturschützers auf. In der Zeitung hatte gestanden, daß der durch das Fernsehen bekannt gewordene Horst Stern in unserem Landkreis lebt und das Amt des Naturschützers übernommen hat. „Der Stern muß uns helfen", sagten die einen „der Stern hilft uns", sagten die andern. Die Postmeisterin sagte: „Ich weiß nicht, ob er uns helfen kann. Ich habe ihm schon vor 8 Tagen alles geschildert und außer mir haben noch zwei andere geschrieben. Mir wird angst und bang, wenn ich dran denke. Alles hab ich getan, daß ich wieder hier wohnen kann. Und jetzt? Kein halber Meter Abstand zwischen dem Haus und den Kieslastern, die sich hier durchzwängen. Wenn bloß einzelne schreiben, das reicht nicht. Alle sollen schreiben, das ganze Dorf muß protestieren."
An diesem Abend suchte manch einer sein sauberstes Briefpapier zusammen und schilderte die Angst des Dorfes. Zwei Tage

später kam der Naturschützer, um alles zu besichtigen. Er wurde gesehen. In einem weißen Auto fuhr er alle Wege ab. Bis zum Eistobel, in dessen Nachbarschaft die Kiesgrube geplant war, ist er gefahren. Und am Abend bekam das Dorf den Rat, eine Bürgerinitiative zu starten. Denn da der Gemeinderat schon alles genehmigt hatte, mußten die Bürger des Dorfes dagegen Stellung nehmen. Die Simmerbäuerin machte sich sofort mit der Unterschriftenliste auf den Weg, in der Post bekam sie außer den Unterschriften noch einen Johannisbeerschnaps, aber schon in den nächsten Häusern war alles wie verhext. Keiner wollte seinen Namen auf die Liste setzen. Das bringt den Unfrieden, sagte einer nach dem andern. Sich so öffentlich gegen den Guggenmoos wenden, sagte Engelbert Wegmann, das bringt den Unfrieden ins Dorf: „Gegen den Guggenmoos haben wir ja gar nix, nur gegen die Kiesgrube. Wenn jetzt der Guggenmoos die Unterschriften sehen tät, das gäb eine Feindschaft, wo noch unsere Kinder dran tragen müßten. Es muß ein andern Weg geben, ohne öffentliche Unterschriften."
Die Simmerbäuerin nannte die heiligen Erzengel als Zeugen, daß der Guggenmoos die Liste nicht zu sehen bekäme. Das sei doch grad das Schöne an der Liste, sagte sie, daß der Guggenmoos sie nie sehen würde, nie. Aber trotz aller Überredungskünste blieb es bei den anfänglichen sieben Unterschriften und die Postmeisterin sagte: „Wenn's ein armer Kerl wär, der nichts zu sagen hätt, wär die Liste schon voll. Aber beim Guggenmoos traut sich keiner, weil er Gemeinderat ist und Dirigent vom Männerchor und Leiter vom Kirchenchor und weils halt ein Guggenmoos ist. Und übel ist er nicht der Guggenmoos, es dreht sich ja bloß um die Kieslaster."
Herr Bartels aus Berlin fand vor lauter Dorfaufregungen keinen mehr, der mit ihm Karten spielte. Er schüttelte den Kopf und sagte: „Bei uns in Berlin in der Drontheimerstraße da kennt auch einer den andern, wir wohnen da schon 34 Jahre. Aber wenn da einer käme, der uns so einen vergleichbaren Schaden

machte wie jetzt hier, da wär die Liste in einer Stunde propenvoll und wenns gegen den Bürgermeister persönlich wär." Städter haben halt absolut keine Ahnung von Dorfverzahnungen, sonst würde Bartels nicht das Beispiel vom Bürgermeister wählen. Als ob man die tägliche Konfrontation mit dem Guggenmoos hier mit der Konfrontation der Berliner mit ihrem Bürgermeister vergleichen könnte. Das hier mit dem Guggenmoos, das ist ein Nahkampf mit Schwert und ohne Visier. Unterschriften in der Stadt dagegen sind fast so anonym wie ein Gang zur Wahlurne. Und 34 Jahre Drontheimerstraße, für eine Stadt mag das viel sein, hier zählt das wenig. Unser Tierarzt ist auch schon 32 Jahre hier, trotzdem würde keinem einfallen, ihn zu den Hiesigen zu rechnen. Erst wenn schon sein Großvater von hier war, hat einer Chancen, zu den Hiesigen gerechnet zu werden. Denn hier kennt man einen erst richtig, wenn man weiß, wie seine Vorfahren gelebt haben. Nicht das Haus, in dem einer gerade wohnt, sondern das Haus, aus dem er kommt, spielt in der soziologischen Einordnung die entscheidende Rolle.

Da kann einer aus dem Dorf mit 29 Jahren Universitätsprofessor werden, primär ist und bleibt er der Dorner Franzl, wobei Dorner der Name des Großvaters ist, obwohl Franzl einen ganz legalen Vater hat. Aber da dieser von auswärts in das Dornerhaus einheiratete, bleibt für die ortsinterne Verständigung der Name des Großvaters dominierend, denn darunter kann sich jeder sofort etwas vorstellen. Die Assoziationen, die solch ein Name auslöst, setzen sich zusammen aus den Erfahrungen von Generationen. Alles, was der Familie je geglückt oder mißlungen ist, das alles ist im Namen aufgehoben: unzählige Einzelheiten, jede freundschaftliche, oder feindschaftliche Verstrickung mit andern Dorfbewohnern. „Sein Urgroßvater hat meinem Urgroßvater im Sägemühlwald den Grenzstein versetzt", das bleibt eine nicht auszumerzende Tatsache. Auch wenn sie nicht mehr akute Feindschaft bedeutet, so ist sie doch ein Bestandteil des Bewußtseins.

Die Postmeisterin hat recht, die Liste hätte sich mit Unterschriften füllen lassen, wenn sich die Aktion nicht gegen einen so trächtigen Namen wie Guggenmoos gerichtet hätte. Wegmann sagte: „Der Urgroßvater vom Guggenmoos hat Franz-Joseph geheißen. Nach ihm hat man das Pflaster auf der Hauptstraß Franz-Josephs-Pflaster genannt, weil er Bürgermeister war damals, wie man das gelegt hat. Seine Frau muß sehr sparsam gewesen sein. Da erzählt man sich allerhand. Wenn die untertags einen erwischt hat, der sich ein Schnipf Brot genommen hat, dann hat sie gleich geschimpft: Hascht wieder vom Brot gnascht? Der Kehrwisch bammelt noch. Der Kehrwisch, das war der Tischbesen, der an der Brotschublade gehangen hat. Dem Großvater vom Guggenmoos haben wir zu verdanken, daß die Gestratzer uns allesamt Stehkragenbauern nennen, denn der hat sich immer einen Kragen umgebunden, wenn er in die Wirtschaft gegangen ist. Zu dem sind manchmal sogar Praktikanten gekommen, die wollten die Allgäuer Landwirtschaft studieren. Aber beim Vater vom Guggenmoos hat es mit dem Musterbetrieb schon nachgelassen. Die Oberschmittbäuerin ist die Schwester vom alten Guggenmoos; jetzt ist sie ja eine stattliche Großmutter. Wie sie jung war, ist sie keine Schönheit gewesen mit ihrer großen Nase. Aber bei einer Guggenmooserin hat das gar keine Rolle gespielt, jeder aus meinem Jahrgang hätte sie genommen, gern sogar. Der alte Guggenmoos hätte beide Söhne studieren lassen sollen. Jetzt ist der eine Studienrat und der andere ein unzufriedener Bauer. Und der will es jetzt mit dem Kies versuchen, aus lauter Unzufriedenheit. Hätt man ihn studieren lassen, der hätt was werden können wie der Richard Tauber. So musikalisch ist der. Wie der am Passionssonntag den Evangelisten singt, so frei weg, ohne drauf studiert zu haben! Ich persönlich kann die Liste nicht unterschreiben, weil der alte Guggenmoos mir, wie wir abgebrannt sind, gleich zwei große Bäume als Bauholz gegeben hat. Das sind ja glatt 700 Mark. Das war anno 57 sehr viel Geld."

Wie Wegmann hatte jeder einen Grund, die Liste nicht zu unterschreiben. Nur die Flüchtlingsfamilien und die Zugereisten

gaben bereitwillig ihre Namen, aber das waren so wenige, daß sie nicht ins Gewicht fielen. Die Liste lag wie ein lästiges Papier bei der Postmeisterin herum, drei Tage lang wurde überhaupt nicht mehr offen über das Problem diskutiert, der Brand schwelte im Verborgenen weiter. Der Kapellenbauer rechnete sich aus, daß ihm als wirklich sichere Einnahme nur das monatliche Milchgeld von 870 Mark bleibt. Mit den Gästezimmern zusammen war er bis jetzt auf einen Durchschnitt von 1100 Mark gekommen und mit den neu ausgebauten Zimmern hatte er gehofft, auf wesentlich mehr zu kommen. Seine Frau redete von 1500. Aber so hoch wollte er sich gar nicht versteigen, ihm reichte es, wenn soviel heraussprang, daß er regelmäßig die Schulden abtragen konnte. Seit die Kiesgrube im Gespräch war, kam er von dem Gedanken an die Schulden nicht mehr weg, denn wenn nicht genug Gäste kämen, könnte er jahrzehntelang Schulden abstottern. Er hätte die Liste sofort unterschrieben, weil ihm einfach keine andere Wahl blieb, wenn es nur einen Sinn gehabt hätte, sie zu unterschreiben. Aber solange die anderen nicht mitmachten, wirkten die paar nutzlosen Unterschriften doch nur lächerlich. Plötzlich kam ein Plan ins Gespräch, der Hoffnung aufflackern ließ: Zwischen den Gemarkungen Moossteg und Totenwiesel müsse für die Laster ein Verbindungsweg gebaut werden, der das Dorf umgeht. Aber als die ersten Kostenzahlen genannt wurden, zeigte sich, wie unrealistisch dieser Plan war.
Schließlich machte der Bürgermeister den salomonischen Vorschlag, es müsse ein anderes Kieslager gefunden werden. Aber darauf ging Guggenmoos gar nicht ein, weil er zwei Jahre gebraucht hatte, bis er diesen Platz gefunden hatte und Experten sagten, dies sei eine Kiesgrube für Generationen. Vielleicht war es gerade diese Guggenmoosantwort, die Bewegung in die Aktion brachte, denn am Abend des fünften Tages seit Beginn der Liste, wurde dieses schon totgeglaubte Papier wieder hervorgeholt und von vier Bauern und ihren Frauen unterschrieben. Es sickerte durch, daß diese Unterschriften etwas mit dem

Dorfbach zu tun hatten. Guggenmoos hatte vor 13 Jahren das Fischrecht für den ganzen Bach erworben. Vorher konnte sich jeder Bachanlieger die Forellen greifen, wenn der Bach durch sein Grundstück lief. Die Bäurinnen brauchten dazu noch nicht mal eine Angel. Am Ufer hockend, tasteten sie unter den oberen Rand des Bachbettes und brachten den Fisch mit der bloßen Hand zutage. Kein Wunder, daß sie den Verlust dieses Fischrechtes immer noch nicht verschmerzt hatten.
Diese acht Unterschriften brachten den Stein ins Rollen. Am nächsten Abend waren drei Blatt Papier mit 89 Namenszügen bedeckt. Zwar kam abends spät noch einer gerannt und verlangte, daß die zwei Unterschriften seiner Familie wieder gelöscht würden, weil der Guggenmoos gesagt habe, er würde bis nach Bonn gehen, aber darauf ließ sich die Postmeisterin nicht ein. Sie konnte sogar noch zwei Gemeinderäte für die Liste gewinnen. Im betroffenen Ortskern hatten außer dem Guggenmoos-Clan und drei Gemeinderäten alle unterschrieben. Mit einem flammenden Brief wurde die Liste abgeschickt. Drei Tage später hatte Guggenmoos die Absage.
„Recht dramatisch hat er sich aufgeführt", sagt die Postmeisterin, „mit dem Köchelverzeichnis Nr. 220 ist er zum Kirchenchor gekommen, hat das Köchelverzeichnis auf die Orgel hingeklatscht und gesagt: „Mit euch kann ich nie mehr singen. Aus." Und umgedreht und weg war er. Und zum Männerchor ist er überhaupt nicht mehr hin, da hat er's nur ausrichten lassen. Dabei waren wir doch mitten in den Vorbereitungen für die Primiz. Seit 60 Jahren die erste Primiz im Dorf. Der Tobler Heinrich war gerade mit seinem Theologiestudium fertig und wollte nun, wie es der Brauch ist, in seinem Heimatdorf die erste feierliche Messe halten. Der Lehrer Hauser hat dann mit uns geprobt. Der Guggenmoos ist natürlich viel musikalischer. Manche sagen, er käm wieder, weil er's ohne Singen gar nicht aushält. Aber die Parolen, die er ausgibt, sind ganz anders. Das seien alles erst Vorentscheidungen, sagt er, er würde bis nach Bonn gehen. Es stimmt schon, daß er da einen Minister kennt,

aber so großkopfet kanns da doch nicht zugehen, daß ein Minister unsere Unterschriften unter den Tisch fegt. Daran glauben höchstens noch ein paar Angsthasen."
Es gibt Leute, die behaupten: Daß dieses Kiesgrubenunglück abgewendet wurde, hat das Dorf vorwiegend dem Primizsegen zu verdanken. Denn wo ein Primizsegen verteilt wird, kann es kein Unglück geben. Eine alte Regel sagt, es lohnt sich, für einen Primizsegen ein neues paar Schuhsohlen abzulaufen, kein Weg ist zu weit. Die Leute kamen denn auch von weither, um von Toblers Heinrich diesen Segen zu empfangen. Schon Tage zuvor wurde im ganzen Dorf von jung und alt gekranzt, das heißt aus Tannengrün wurden Girlanden geflochten, um den Ort festlich zu schmücken. Damit alle Platz finden konnten, wurde die Primizmesse im Schulhof gehalten. Blumensäulen, junge Birken, Alphörner und Chorgesang umrahmten die Feier und Toblers Heinrich verkündete, daß er nach Brasilien gehen werde um dort den notleidenden Menschen zu helfen. Blasmusik und geschmückte Pferde führten den Festzug an, der den Primizianten zum Bräuhaus brachte, wo für 70 Freunde und Verwandte eine Tafel gedeckt war. Nur ein kleiner Teil der herbeigeströmten Auswärtigen konnte in den Dorfgasthöfen Platz finden. Es waren zu viele.
Im höchstgelegenen Weiler des Dorfes, bei Benedikts, hat man das Ereignis der Dorfprimiz zum Anlaß genommen, ein ganz spezielles Primizfest zu feiern. Benedikt nämlich hat 5 Jahre lang einem Brasilianerbuben das Theologiestudium bezahlt. Und weil der auch in diesem Jahr fertig wurde und Dankesbriefe und Bilder schickte, hat Benedikt seine Verwandtschaft aus Sibratsgfäll und Oberjoch eingeladen, um den Tag wie eine Familienprimiz zu feiern. Es gab ein richtiges Festessen mit Semmelknödel und Sauerbraten und Rotwein und das Bild des ahnungslosen Brasilianers stand blumenbekränzt auf dem Tisch. So schön hatte die Familie seit vielen Jahren nicht beisammengesessen.
Aber als die Benedikttochter Rosina gegen Abend das Vieh von

der Weide holte, entdeckte sie etwas, das gar nicht zu dem Festtag paßte. Da hatte jemand dort, wo die hintere Viehweide zum Tobel abfällt, eine Fuhre Abfälle abgeladen. Und weil das entsetzlich aussah, ging Rosina am Tag danach zu der Stelle und stopfte das herumfliegende Papier, zerrissene Hosen und leere Blechdosen in Säcke und nahm es mit heim. Sogar Briefumschläge waren dabei, denen man leicht entnehmen konnte, wer das Zeug abgeladen hatte. Trotzdem wären die Benedikts nie auf die Idee gekommen, das an die große Glocke zu hängen. Denn mit dem, der das Zeug weggeworfen hatte, wollte man absolut nichts zu tun haben. Schon gar nicht, wenn man in einem so abgelegenen Hof wohnte. Aber als Rosina daheim ankam, fuhr gerade der Tierarzt vor und fragte sie nach den Säkken. Sie wollte von dem Thema ablenken, aber der Tierarzt ließ nicht locker, untersuchte die Säcke und lud sie sogar in sein Auto, versprach aber den Benedikts, sie aus dem Spiel zu lassen. Trotzdem kam drei Monate später, als es schon Tag und Nacht Kindslumpen schneite, eine Vorladung zum Amtsgericht und zwar gleich für zwei Benedikttöchter. Zwar sind die 37 Kilometer zum Amtsgericht ein weiter Weg, wenn man 6 Kilometer zu Fuß zur Bahnstation muß. Aber das war nicht das Schlimme. Schlimm war, daß man einem 30jährigen Wilderer gegenüber gestellt werden sollte und bezeugen mußte, daß man seinen Abfall im Naturschutzgebiet, in einer Höhe von 930 Metern gefunden habe. Die Angst würde man sich ins Haus holen, weil es klar war, daß der sich rächen würde.
Benedikt setzte alles in Bewegung. Er ging zum Tierarzt, zum Bürgermeister, zum Pfarrer. Aber alle sagten: Gericht ist Gericht, da gibts keinen Ausweg. Benedikt sagte: das kann doch nicht sein, daß wir wegen so einem Gelump in die größten Schwierigkeiten gebracht werden. Rosina hat das Gelump liegen sehen und anderntags in die Säcke gestopft. Kein Wort hätten wir darüber verloren. Bei uns macht man über sowas keine Worte. Wenn der Tierarzt findet, daß er das anzeigen muß, gut, der kann sich das leisten. Der wohnt nicht in einem Einödhof

und außerdem ist er der Tierarzt. Benedikt war davon überzeugt, daß der Richter das einsehen würde: man kann eine Familie nicht wegen ein paar Abfällen in so eine Lage bringen. Wenns noch einen Sinn gehabt hätte, wenns um Leben und Tod gegangen wäre, aber wegen ein paar Papierfetzen und Blechdosen, das müsse ein so studierter Mann wie ein Richter doch einsehen, daß es sich nicht rentierte, sich wegen sowas zeitlebens die Feindschaft von einem Wilderer aufzuladen. Benedikt entschloß sich zu telefonieren. Aber noch nie hatte er mit Herren vom Gericht geredet und um ehrlich zu sein, telefoniert hatte er auch noch nie, das besorgten immer die Töchter. Also machte sich Rosina auf den Weg, um zu telefonieren. Sie hatte sich alles aufgeschrieben, damit kein Punkt vergessen würde und damit klar und deutlich zum Ausdruck käme, wie schlimm es ist, wenn man sich in einem Einödhof in der Dunkelheit nicht mehr vor die Tür traut weil man Angst haben muß und das alles wegen nichts, wegen ein paar Abfällen.

Aber der Richter sagte nur: Das Verfahren läuft. Es gibt viele Fälle in denen die Zeugen mit den Drohungen der Angeklagten leben müssen. Dagegen können wir Richter nichts unternehmen. Und dann fügte er auch noch hinzu: Ich kenne ihre Gegend da oben. Das ist doch dies nacheiszeitliche Moränenkar zwischen den tertiären Molassefelsschuppen. Außerordentlich schön. Als Rosina die Telefonzelle verließ, war sie so blaß, daß die Postmeisterin ihr einen Stuhl anbot. Nach und nach erfuhr die Postmeisterin dann die ganze Geschichte. Und da sie über viel praktischen Verstand verfügt, sagte sie: „Beim Gericht kann man nur mit höherer Gewalt was erreichen. Und das Wetter, das wir jetzt grad haben, ist eine höhere Gewalt. Also schreibst Du einen Brief, daß die Schneeverwehungen jetzt schon zwei bis drei Meter hoch sind und daß es ausgeschlossen ist, daß ihr bei dieser Art Wetter euren Hof am Abend noch erreichen könnt. Denn der Zug kommt ja erst um halb acht zurück. Da ist es stockfinster. Und dann noch 6 Kilometer zu Fuß bergauf bis zum Hof, bei dem Schneesturm, keinen räudigen Hund kann man da hinausjagen. Und dann schreibst Du noch dazu, daß es ein Irrtum sein muß, daß man Deine Schwester auch vorgeladen hat, weil sie nur durch Dich von der Sache was weiß."

Dieser Brief wurde noch am gleichen Tag abgeschickt und da die orkanartigen Schneestürme weiter anhielten, kamen tatsächlich einen Tag vor dem Gerichtstermin zwei Eilbriefe an, in denen die beiden Benedikttöchter gesondert davon verständigt wurden, daß die Verhandlung nicht stattfinde. Aber 14 Tage später, als die Stürme einer klirrenden Kälte gewichen waren, mußte Rosina dann doch noch bei Gott dem Allmächtigen schwören, daß sie diese Abfälle bei der hinteren Viehweide gefunden hatte. Zum Glück war der Angeklagte nicht zur Verhandlung erschienen. Aber die alte Ruhe ist trotzdem noch nicht wieder im Benedikthof eingekehrt. Ein Dritter hat nämlich ausgerichtet, sie sollten besser vor ihrer eigenen Haustür kehren als sich mit andrer Leute Dreck zu beschäftigen. Man kann nicht verschweigen: Manchmal ertappte einer den andern dabei, wie er nachts aus dem Fenster spähte. Und Benedikts Frau behauptete, sie habe am Dreikönigstag in der Nacht zwischen drei und vier einen gesehen. Nicht direkt am Hof, sondern dort, wo die Gamsfamilie öfter auftaucht. Aber Benedikt war dagegen, die Angst mit solchen Geschichten neu anzuheizen. Außerdem wurde jetzt beim täglichen Milchabliefern soviel von Ölkrise geredet, daß seine Gedanken davon stark beansprucht waren.

Benedikt kam sich vor, wie der Igel im Wettlauf mit dem Hasen. Er hatte sich von dem ganzen Fortschritt mehrfach überrunden lassen, aber jetzt war sein Betrieb der unabhängigste von allen. Denn er hatte sich trotz der Grüne-Plan-Gelder, die dafür gezahlt wurden, nie zu einer Ölheizung überreden lassen. Große, alte Kachelöfen wurden damals abgerissen, obwohl man mit zwei Holzbuscheln Wärme für den ganzen Tag bereiten konnte. Die Wege wurden mit den zerbrochenen Kacheln geschottert. Jahrelang leuchtete die unverwüstliche Glasur noch blau und grün auf den Kieswegen und im Wald verfaulte das Holz. Auch das Pferd hatte Benedikt nicht aufgegeben, täglich fuhr er mit Roß und Wagen die Milch zur Sennerei. Das sei nicht rentabel, wurde ihm immer wieder vorgerechnet. Das stimmt, rentabel war es nicht, denn er brauchte für den Weg ins Dorf und zurück eineinhalb Stunden und bekam dafür eine Mark sechzig Fuhrlohn. Aber diese Art Rechnerei lag Benedikt nicht. Schließlich bekam er für die 4823 Liter Milch, die er im Monat ablieferte, 2153 Mark. Sein Hof war lebensfähig. Sogar dann, wenn er im äußersten Notfall für seinen Traktor keinen Treibstoff mehr bekäme, würde er seine 22 Stück Vieh weiter halten können. Auch mit Strom war er unabhängig, denn der Wasserfall unterhalb seines Hauses lieferte ihm die Elektrizität umsonst. Sein Problem war nur, daß sich kein Jungbauer fand, der bei ihm einheiraten wollte. Wer nicht den eigenen Hof erbte, war froh, einen andern Beruf erlernen zu können. Aber vielleicht würde sich jetzt manch einer darauf besinnen, daß so ein Hof doch eine sicherere Existenz ist als eine Autowerkstatt.

Nicht jeder im Dorf verband mit der Energiekrise soviel Hoffnung wie Benedikt. Am meisten betroffen waren die acht Eigentümer des Skiliftes. Bauer Wegmann sagt: „10000 Mark hat mein Schwiegersohn in den Lift reingesteckt, das war anno 65 ein Haufen Geld. Verrückt gemacht hat er uns mit seinen Vorausrechnungen, wie sich das Geld verzinsen wird. Ottmar, hab ich zu ihm gsagt, sowas ist und bleibt ein Lotteriespiel, aber er hat mich rumgekriegt, am End hab ich ihm noch 1000 Mark geliehen. Die waren ja nicht zu bremsen damals, nachts haben sie noch im Scheinwerferlicht in der Dezemberkälte gearbeitet, daß sie bis Weihnachten fertig werden. Keine Arbeit war denen zuviel. Und jetzt? Voriges Jahr hat mein Schwiegersohn seinen Anteil schon verkaufen wollen. Aber er findet niemand, der ihn nimmt. So steht's. Am Werktag fahren halt nur ein paar Einheimische, nur am Samstag und Sonntag kommen die Auswärtigen. Dazu kommt auch noch, daß es in der Umgebung immer mehr Lifte gibt, am Hochgrat ist sogar eine Gondelbahn eröff-

net worden, einmal rauffahren kostet da acht Mark. Da kann man die Lanzenbachbäurin verstehen. Die hat einen Skifahrer gefragt: Was ist da jetzt schöner, rauffahren oder runterfahren? Und wie der Skifahrer gesagt hat: runterfahren, hat sie drauf gesagt: gell ja, weils runterfahren nix koschtet."
Die Skiliftunternehmer waren nicht zu Späßen aufgelegt. Vor Beginn der Weihnachtsferien, gab es keinen Tag, an dem es sich gelohnt hätte, den Lift laufen zu lassen. Aber an den sonnigen Ferientagen war nicht nur der große, sondern auch der kleine Anfängerlift meist belegt und da der Schnee tragfähig war, wurden nicht nur die schmalen Pisten benutzt, sondern die ganze Breite des Laubenberges ausgefahren. Kaum einer der flinken Wedler ahnte, über welch historisches Gelände er da fuhr, denn die Reste der Burg Altlaubenberg sind unter der Schneedecke nicht mehr zu erkennen und auch im Sommer nur für Kundige auffindbar. Von hier ist in der Mitte des 13. Jahrhunderts Heinrich von Laubenberg aufgebrochen, um Konradin als Gefolgsmann zu begleiten. Im Bereich der Gemeinde gab es im Mittelalter vier Burgen, auf jedem Berg stand eine, aber weithin die bedeutendste war auf dem Laubenberg, denn hier wurde die hohe und niedere Gerichtsbarkeit ausgeübt. Es gab im Dorf einen alten Bauern, der sich sehr gut in der Ortsgeschichte auskannte. Aber er fand nur selten Zuhörer, da alle mit den Problemen der Gegenwart beschäftigt waren. Das Wort Energiekrise löste die unterschiedlichsten Reaktionen aus. In der Bauernversammlung zum Beispiel wurde beinahe mit Feierlichkeit davon gesprochen, daß nur eine starke Landwirtschaft in Krisenzeiten genug Sicherheit bieten könne. Endlich schien die Zeit gekommen, den Bauernstand nicht mehr als ein Subventionen verschlingendes Anhängsel der Industriegesellschaft zu betrachten. Am Beispiel Ölkrise mußte doch jedem klar werden, daß die Landwirtschaft ein Grundpfeiler des gesamten Wirtschaftslebens war. Auch die kleineren Bauern begannen Mut zu schöpfen und hofften, daß man ihnen das Wort Gesundschrumpfung der Landwirtschaft nicht mehr zumuten würde. So gesehen

wurde die Ölkrise beinahe als Lichtblick empfunden. Aber so einfach lagen die Dinge nicht, denn das Dorf lebte ja nicht nur von der Landwirtschaft, sondern auch vom Fremdenverkehr, und die autolosen Sonntage hatten deutlich genug gezeigt, mit welchen Einbußen man da zu rechnen hatte. Also sah man mit zwiespältigen Gefühlen der Zukunft entgegen. Einig war man sich allerdings, daß irgendetwas hat kommen müssen, damit die unsinnige Verschwendung der Stadtleute, so Frau Geier, nicht immer noch mehr zunimmt: „Das tut einem in der Seele weh, was die Leut alles wegwerfen. Ich hab einen Eisschrank, den wollte man zum Kehricht in die Schneiter Mulde kippen. An dem Eisschrank fehlt nie nix, er war denen nur zu klein. Und das Feriendorf, das man von hier aus sieht, da hinten am Berg, das hat beheizte Straßen, damit der Schnee gleich schmilzt, wenn er fällt. Es ist wahr, schneeschaufeln muß man hier viel. Aber ich bin deshalb so gut beieinand, weil ich meinen Schnee immer allein schaufle. Die Weg beheizen ist ein Frevel, eine Verschwendung, wie's noch nie eine geben hat. Und abends hab ich da immer 37 Lampen gezählt, mehr Straßenlampen wie Leut dort wohnen. Da fragt man sich halt, wo das noch hinaus soll. Einmal war ich beim Augenarzt in der Stadt, da war schon das Treppenhaus geheizt, das Treppenhaus, wo keiner sitzt, wo man nur durchgeht. Und das Wartezimmer war hitzig! Da braucht man sich nicht wundern, wenn die Leut immer erkältet sind. Ich hab mir sowas gar nicht angewöhnt mit der Heizerei. Alles nur Gewohnheit. Ich weiß genau: die am meisten heizen, sind auch am meisten krank."

Welche Hoffnungen in Julia beim ersten Aufflackern der Krise erwachten, traute sie sich selbst kaum einzugestehen. Julia hat den Dorfladen und das Geschäft geht immer schlechter, weil die meisten Leute ihre großen Vorräte im Supermarkt in der Stadt kaufen. Damit kann Julia nicht konkurrieren. Es kommt nur ein Großhändler gefahren und der sagt schon dauernd, wenn sie nicht mehr abkaufe, würde sich die Fahrt bald nicht mehr lohnen. Sie kann nur Sachen lagern, die nicht verderben, denn Ver-

luste kann sie sich nicht leisten. Nur die täglichen Brötchen, die leistet sie sich, weil sie die trockenen dann zu Weckmehl verreiben kann.
Julia ist auf den Laden angewiesen, weil weder sie noch ihr Mann eine Rente bekommt. Beide sind 75. Jetzt, als die Rentenversicherung für Selbständige geöffnet wurde, haben sie sofort ihr Erspartes eingezahlt, aber da es nicht viel war, wird nur eine sehr kleine Rente rausspringen. Sie muß also weitermachen. Und auch Anton, ihr Mann, muß weitermachen. Er pflegt in der Saison die Ausflugsattraktionen des Dorfes, den Eistobel. Da baut er Stege und Geländer, bessert Treppen aus, sammelt nach Stürmen das Bruchholz ein, sorgt für saubere Rastplätze und auch dafür, daß die wildwachsenden Fingerhüte nicht im Unterholz verkümmern. Es ist nur eine Gelegenheitsarbeit, die stundenweise bezahlt wird und nur in der Sommersaison, denn im Winter ist der Tobel eine vereiste Schlucht, die man nur mit Spezialausrüstung betreten kann. Aber Anton bedauert alle Leute, die den Eistobel nur im Sommer kennen. Im Sommer sagt er, ist es eine Schlucht mit kleinen Seen und Wasserfällen, aber im Winter, wenn die säulendicken Eiszapfen die Nagelfluhfelsen einrahmen, da sei es absolut einmalig.
Die beiden brauchten den Laden, daran war kein Zweifel und begreiflich war es auch, daß Julia gern von der Zeit erzählte, als ihr Bäurinnen Butter brachten, um Zucker dagegen einzutauschen. Jetzt faßte Julia ihre Hoffnungen in dem besorgten Satz zusammen: „Es wird doch nicht soweit kommen, daß man noch Lebensmittelmarken braucht.“ Die Postmeisterin schmunzelte, wenn sie Julia so reden hörte, denn sie verstand die kompliziertesten Sätze richtig: „Es ist nicht nur bei Julia so. Ich habe den Eindruck, daß viele erwarten, daß durch die Ölkrise ihre persönlichen Probleme gelöst werden. Die Harbergerin rechnet fest damit, daß die Rumfahrerei mit den Schulbussen eingeschränkt wird. Ihr Schorschi verträgt das nicht, morgens in der Dunkelheit mit dem Bus nach Ebratshofen zu fahren, zu fremden Kindern und einem fremden Lehrer. Der

weint immer noch, wenn er heim kommt. Wenigstens die Erst- und Zweitklässler sollte man im Dorf lassen, sagt die Harbergerin. Die Kinder seien überfordert, Kälte, Schneesturm, Busfahren, fremde Schule, fremder Lehrer, das sei für Sechsjährige zuviel. Ganz andere Sorgen haben die Reinachers in der Au. Zwei Söhne waren da in schwere Verkehrsunfälle verwickelt, einer hat einen Arm verloren. Die atmen auf, seit es eine Geschwindigkeitsbegrenzung gibt. Die Raserei hätte man wirklich schon früher abstellen können. Wenn man bedenkt, daß aus unserem Dorf in den letzten 6 Jahren 5 Menschen bei Verkehrsunfällen ums Leben gekommen sind! Ich versteh das nicht: wenn drei Leut an der Cholera sterben, wird ein Riesentheater gemacht, aber daß jedes Jahr 16 000 im Verkehr umkommen, wird nur noch in Statistiken erwähnt. Wenn man jetzt die Häuser so anschaut, wie sie da liegen unter ihren großen Schneehauben, so friedlich, man könnt meinen, hier wär eine Art Paradies. Drüben, zum Beispiel, das Rothachhaus, sieht doch schön aus mit den alten Schindeln, den 17 Fenstern, den Eiszapfen am Brunnen, keiner vermutet, wie es unter dem Dach schwelt. Da wohnen drei Geschwister zwischen 50 und 60 und eine alte Tante, alle unverheiratet und einer tyrannisiert den andern. Er kontrolliert dauernd, ob die drei Frauen auch genug schaffen. Zeitung darf erst nach dem Nachtessen gelesen werden. Die alte Tante ändert alle paar Wochen ihr Testament und droht jedem mit Enterbung. Am meisten zu bedauern ist die 60jährige Krankenschwester. Die hat sich gefreut, daß sie nach ihrer Pensionierung in ihrem Elternhaus einziehen kann, aber sie traut sich noch nicht einmal ein Buch zu lesen. Sie könnte sich natürlich gut ihr eigenes Zimmer heizen, aber das lassen die anderen nicht zu, das wär Verschwendung. Der einzige Luxus, den sie sich leistet, von dem aber niemand etwas wissen darf: Sie kommt manchmal hierher und telefoniert mit Bekannten. Da kriegt sie immer ganz rote Backen und sagt hinterher: So, das hat jetzt gut getan."

Es gibt immer noch einzelne Höfe, die aus ihrem engen Kreislauf nie heraus finden. Nicht alle Hoferben besuchen die landwirtschaftlichen Schulen. Bauer Wegmann sagt: „Man kennts gleich, wenn einer die Schule besucht hat. Sogar von der Zeitung versteht er hinterher mehr. Mein Schwiegersohn sagt, man sollte jeden, der Bauer oder Bäuerin werden will, dazu bringen, die landwirtschaftliche Schule zu besuchen, schon weil man eine ganz andere Einstellung bekommt. Jetzt haben sie meinen Schwiegersohn gefragt, ob er nicht bei den Bauern dafür reden will, daß man die oberen fünf Gemeinden zu einer Großgemeinde zusammenschließt. Aber mein Schwiegersohn sagt, dafür braucht er Argumente, die beweisen, daß es für die Dörfer nützlich ist. So eine Großgemeinde wär auch in 1000 Jahr noch lebensfähig, hat man ihm gesagt. Als ob das ein Argument wär! Jeder weiß, daß unter den großen Eschen schon die alten Germanen Versammlungen abgehalten haben, schon 2000 Jahr zurück war hier besiedelt, dazu brauchts keine Großgemeinde, dazu brauchts gut ausgebildete Bauern und Bäuerinnen, die ihren Beruf gern mögen. Mein Schwiegersohn sagt, die Zusammenlegung nützt nur den Behörden, weil für sie alles übersichtlicher wird. Wer den Fortschritt bejaht, ist für die Zusammenlegung, sagen die von der Regierung. Was für ein Fortschritt? Wir haben ja jetzt so eine Art Vorstufe von Großgemeinde. Der Fortschritt besteht jetzt für unser Dorf darin, daß wir sechs Kilometer fahren müssen, wenn wir die Gemeindekanzlei brauchen. Wenn die Verwaltung durch die Zusammenlegung billiger geworden wär, das tät unsereinem ja schon als Grund einleuchten, aber davon ist gar keine Rede, eher vom Gegenteil."

Das Projekt der Gemeindenzusammenlegung ist äußerst unpopulär. Nicht nur weil keine Gemeinde ihre Selbständigkeit aufgeben will, da spielen auch uralte Rivalitäten eine Rolle. Wenn ein Dorf von einer naheliegenden Stadt eingemeindet wird, ist das viel leichter zu verschmerzen, weil sich das Dorf mit der Stadt ohnehin nie gemessen hat. Wenn aber die Dörfer A B D E plötzlich damit einverstanden sein sollen, daß sie vom Dorf C aus verwaltet werden, brechen jahrhundertealte Ressentiments auf. Selbst wenn der Stand des neuen Rathauses mit Zirkel und Millimetermaß als der Mittelpunkt errechnet wurde, ist mit Rationalität der Sache nicht beizukommen. Der errechnete Punkt wird eher wie ein Gottesurteil empfunden bei dem C als der wohlgefällige Abel erkoren wird, während sich A B D und E in Kains-Rollen gedrängt fühlen. Sehr typisch ist in unserem Fall die Entscheidung des Dorfes A. Wenn es wirklich ohne Zusammenlegung nicht geht, sagen die Leute von A, dann gehen wir lieber nach Y. Y ist doppelt soweit entfernt, es ist ein größerer Ort mit dem A nie nachbarschaftlich verzahnt war. In C dagegen kennt man alle Leute. Man weiß, daß die Hagspiels, Leimgrubers, Obermüllers und wie sie alle heißen ihre Vorrangstellung genießen würden. Diese Demütigung will man sich ersparen. Davon wird natürlich nicht geredet. Geredet wird nur von Handfestem.

„Wir sind eine D-Zug-Station, sagen die Leute von A. Täglich halten bei uns die D-Züge München – Zürich. Allein das zeigt schon, daß wir der wichtigste Ort hier sind".

„Es muß gar kein neues Rathaus gebaut werden", sagen die Leute von B. „Wir haben schon seit 12 Jahren ein zweistöckiges Rathaus mit hohen Treppen. Die in C haben ein Hinterstübchen im Bauernhaus ihres Bürgermeisters als Ortskanzlei. Die wissen ja gar nicht, was ein Rathaus ist."

„Wir sind der Mittelpunkt des Fremdenverkehrs", sagen die Leute von D. Wir haben die meisten Skilifte, ein reiches Feriendorf und ein bekanntes Altersheim. An unserer Sprungschanze werden deutsche Meisterschaften ausgetragen. Wie kämen wir dazu, nach C zu gehen?"

„Nicht von Ungefähr", sagen die Leute von E, wurde bei uns die große Argenhalle gebaut, die größte und modernste Festhalle weit und breit. Wir haben die berühmte Kirche mit den alten Fresken, wir sind ein namhafter Ort."

Nur C in seiner Auserwähltheit findet den Vorschlag der Politiker ganz natürlich. Nicht nur weil es der geographische Mittel-

punkt ist, das wäre etwas zu wenig. „Unsere Führungsrolle", sagt Guggenmoos, „ist uralt." Wir wurden schon 1713 aus der Leibeigenschaft entlassen. Die anderen Dörfer erst 120 Jahre später. Deshalb haben wir die größten Häuser und die größten Höfe und ein gesundes Selbstbewußtsein." Auf gut Allgäuerisch sagt man zu einem, der so daherredet wie der Guggenmoos: „Reacht hätt mancher – aber sage sott er's it."
Ein großer Neubau wurde in diesem Jahr fertig: ein richtiges Hotel. Bis jetzt gab es 3 Dorfgasthöfe, 3 Pensionen und viele Privatzimmer. Aber plötzlich wuchs neben dem alten Spengler, der noch mit 80 Abweisbleche an die Fenster montierte, ein Haus in die Höhe, ein Hotel mit Restaurant und Café. Es wurde sehr elegant. Mit gewölbten, orangefarbenen Markisen, mit Samtvorhängen und echten Teppichen und der Clou von allem war eine blaue Küche mit einem französischen Koch. Das Erstaunlichste war, daß sofort die passenden Autos aus der Rennwagenklasse vor dem Hotel standen und hochbeinige, langhaarige Mannequingestalten gingen aus und ein. Plötzlich hatte unser schlichtes Dorf ein Flair von großer Welt bekommen, Bier und Weißwürste kosteten genau das Doppelte wie im Bräuhaus. Zweifellos hatte man mit einer ganz neuen Art von Gästen zu rechnen. Die Leute mußten so reich sein, daß sie auch in St. Moritz hätten Urlaub machen können, aber wahrscheinlich so vornehm, daß sie ein stilles Bauerndorf einem Allerweltsort vorzogen. Man konnte gespannt sein und es war nicht zu verwundern, daß man zuerst einmal etwas warten mußte. Die passenden Autos vor dem Hotel hatte man mittlerweile als Fahrzeuge der Besitzerin, ihrer Töchter und des Kochs identifiziert. Die interessanten Gäste blieben aus. Drei Monate nach Eröffnung hing im runden Eingangsportal ein Schild mit der Aufschrift: Geschlossen. Das einzige, das an dem Hotel funktionierte, war ein kleiner Friseurladen. Zwar hatte auch der Friseurladen Starpreise, aber zum Glück nur am Samstag. Am Samstag kam eine extra feine Friseuse aus Oberstaufen, die für's Haareschneiden 10 Mark nahm und ihren Kunden erzählte, daß

sie einmal in der Woche in das liebe Dorf fahre, um sich von den dicken Kurgästen in Oberstaufen, die sie verächtlich ein Millionärsvolk nannte, zu erholen. An den übrigen Werktagen wirkte in dem kleinen Salon eine junge Frau aus dem Dorf, die ganz normale Preise nahm. Niemand hätte für möglich gehalten, daß sich im Dorf ein Friseur lohnen würde, aber nachdem sogar die Simmerbäuerin ihre blonden Haare da waschen und locken ließ, ist es so gut wie sicher, daß das Lädchen überleben wird. Frau Geier allerdings schüttelte den Kopf: „So weit müßt's noch kommen, daß ich mir von andre Leut die Haar waschen laß und Locken reinlegen. Solang mir's Wasser reicht, geh ich nicht in ein fremdes Haus und laß mir die Haare waschen und zahl auch noch was dafür. Das ist für die Stadtleut recht, die sowieso nicht wissen, wie man mit Geld umgeht."
Keiner kann auch nur ahnen, mit welch bitteren Erfahrungen dieser letzte Satz angereichert ist. Denn die schlimmste Geschichte dieses Jahres war für Frau Geier nicht die Sache mit der Wasserleitung. Das war sozusagen ein Kollektivschicksal und ließ sich deshalb besser ertragen. Aber das andere, das nur sie allein angeht und worüber sie nicht zu reden wagt, das war mit Abstand die größte Enttäuschung ihres Lebens. Eine Kosmetikerin aus der Stadt hatte Frau Geier gefragt, ob sie nicht bei ihr im Haushalt helfen wolle. Frau Geier wurde einmal in der Woche mit dem Auto abgeholt, 14 Kilometer hin und 14 zurück. Letztes Jahr wurde sie sogar eigens zur Bescherung am Heiligen Abend abgeholt und wieder gebracht. Aber kurz danach, am „Tag der unschuldigen Kinder" ist es dann passiert. Die Kosmetikerin hat gefragt, ob Frau Geier ihr nicht 3000 Mark leihen könne. Frau Geier lieh. Es wurde ein Papier beschrieben, daß das Geld in monatlichen Raten zurückbezahlt wird. Aber es wurde kein Pfennig zurückbezahlt. Statt dessen wurde Frau Geier nach 3 Monaten eine Perücke aufgeschwätzt, weil sie doch so eine stattliche Frau sei, nur die Haare seien zu dünn. Frau Geier trug diese Perücke nur bei der Kosmetikerin, schon im Auto, bei der Heimfahrt nahm sie den Turm vom Kopf. Sie

wußte, daß man im Dorf lachen würde über diese Maskierung, wie sie selbst es nannte. Nach acht Monaten nahm sich Frau Geier ein Herz und fragte nach der ausgemachten Rückzahlung ihres Geldes. Die Kosmetikerin zeigte sich tief enttäuscht, über das mangelnde Vertrauen. Sie sagte: Sie sehen doch, daß wir sie behandeln als ob sie unsere Tante wären. Das stimmte. Es war etwas unnormal, fand Frau Geier, wie man um sie herumschlupfte: Frau Geier hin, Frau Geier her. Als die Kosmetikerin lange genug über das mangelnde Vertrauen geklagt hatte, sagte sie: Was glauben Sie denn, was die Perücke wert ist, die hat mich im Einkauf schon 350 Mark gekostet. Frau Geier wollte diese Perücke nicht haben. Sie hat sie nur aufgesetzt, weil sie dachte, die Kosmetikerin und ihre Familie würde sich daran stören, daß sie nicht mehr so viele Haare hatte. Von Bezahlung war nie die Rede, geschweige von solch astronomischen Beträgen. Als die Kosmetikerin an diesem Freitagabend Frau Geier heimfuhr, sagte sie am Gartentor: „Ich verstehe nicht, wie Sie unser freundschaftliches Verhältnis so zerstören können, vorerst werde ich Sie nicht mehr abholen." Und dabei blieb's. Frau Geier ist noch nicht drüber weg. Sie kann es nicht fassen, daß Leute sich von ihrem am Mund abgesparten Geld teure Sachen kaufen. Sie kann es nicht fassen, daß die Freundlichkeit nur eine Maske war hinter der sich Betrug verbarg. Frau Geier kann sich die Sache nicht von der Seele reden, niemand soll es erfahren. Sie kann das Geld auch nicht einklagen. Das würde ihr den Schlaf noch viel mehr rauben, so ist es schon schlimm genug.

„Heuer sind die Hagebutten klein geblieben", sagt die Postmeisterin, „die Bauern sagen, wenn sie so kurz sind, dauert der Winter nicht lang. Als der Frost so früh eingesetzt hat, hat der Vinzenz gesagt: Friert im November zeitig das Wasser, dann wird es im Januar um so nasser. Der Vinzenz hat jetzt viel Zeit, da liest er in alten Kalendern. Er hat im September die Kühe verkauft, er ist 70 und bekommt mit seiner Frau die Rente. Beide Töchter sind in der Stadt verheiratet, gut verheiratet. – Seit 25 Jahren hat es hier keine Scheidung gegeben und jetzt gleich

zwei. Und beide junge Frauen haben in die Großstadt geheiratet und sind dann wieder hierher zurückgekommen. Ob das an der Großstadt liegt? Bei denen, die in die umliegenden kleinen Städte heiraten, klappt es jedenfalls besser. Vielleicht ist der Unterschied vom kleinen Dorf zur Großstadt zu groß. Ich war ja zuerst auch hingerissen von München. Aber dann ist der Katzenjammer gekommen und ich wollt wieder zurück. Übrigens: Der Bartels aus Berlin hat meinen Eltern zu Neujahr geschrieben." „Berlin grüßt Deutschlands letzte Postleitzahl! Macht langsam beim Start ins neue Jahr! Fortschritt wird unmodern. Gefragt sind Hausquellen, Holzfeuer im Kachelofen, umhäkelte Bettwäsche, Abholung vom Bahnhof mit Pferdewagen, Hühnergaggern und Kuhduft."
Ja, die Städter! Denen wär's am liebsten, wenn wir hier eine Art Idylle konservieren würden, wo sie untertauchen können, wenn sie ihren Hochhauskomfort nicht mehr aushalten, oder wenn's mal ernst wird und die Fernheizungen nicht mehr funktionieren. Eine extrem nostalgische Urlauberin fragte sogar, warum wir hier so ein großes Milchwerk brauchen, handgemachte Butter sei doch viel besser. In dem Milchwerk werden im Sommerhalbjahr täglich 70000 und im Winterhalbjahr täglich 40000 Liter Milch zu Emmentaler Käse verarbeitet. Daneben gibt es noch die alte Sennerei, wo Bergkäse bereitet wird. Diese Laiber sind nicht so groß wie die Riesenräder des Emmentaler Käses, aber sie sind würziger, fetter und sehr haltbar. Daß man hier Schweizer Käse macht und auf den Bergwiesen nur die braunen Schweizer Kühe weiden, hat nichts mit Nachahmung der Schweizer Nachbarn zu tun, vielmehr wurde das Land schon im 7. Jahrhundert von St. Gallen aus christianisiert und verwaltet und lange Zeit waren die Menschen hier, wie die Schweizer, ein Volk der Hirten. Jetzt sind sie Produzenten, Milchproduzenten mit Leistungszwang. 27,3 Liter Milch gibt die beste Jungkuh täglich, wer nur 17 Liter erntet, ist ein schlechter Züchter. In diesem Jahr starb ein tüchtiger 50jähriger Bauer am Herzinfarkt. Manche ignorieren den Leistungszwang

und tun so, als lebten sie in alten Zeiten. Nicht weil sie ein Faible für die Romantik haben, sondern weil es niemand für nötig hielt, sie rechtzeitig auszubilden. Die Strukturplaner schauen dem Treiben mit Darwinistischer Hoffnung zu und sagen, die Tüchtigsten werden überleben.

„Was mich am meisten verzürnt", sagt der Bauer Wegmann, „sind die Zeitungsberichte, wo immer steht, daß Landschaftspfleger angestellt werden müssen, weil zu viele Berghöfe aufgeben. Unsere Planer sollten doch möglichst bald in die Schweiz fahren. Da werden die Berghöfe am Leben erhalten. Wie, weiß ich nicht. Aber die Leute bleiben gern auf ihren Höfen, genau so wie wir gern bleiben möchten. Wenn ich mir vorstell, daß der Markus, mein Enkel, das Gras nicht mehr für den Hof mäht, bloß noch dafür, daß die Urlauber eine gepflegte Landschaft angucken können – das wär das Ende vom Allgäu. Übrig wär nur noch so was wie ein Museum, da könnt man an den Eingang schreiben: Es war einmal..."

# Das Marktrecht

Die großen Mittelpunktdörfer im Allgäu heißen seit dem 18. Jahrhundert Markt: Markt Heimenkirch, Markt Oberstaufen, Markt Weiler, Markt Scheidegg. Ein ländliches Adelsprädikat, zwar noch keine Stadtwürde, aber doch eine große Unterscheidung zum einfachen Dorf. Orte, die das Marktrecht verliehen bekamen, entwickelten einen Wohlstand, der sich in breiten Häusern, hohen Kirchen und stattlichen Portalen niederschlug.

# Die Rösser

Die Rösser spielen im Allgäu eine große Rolle. Zwar wurden sie auch hier vom Traktor verdrängt, aber sie sind trotzdem gegenwärtig. Viele Kirchen wurden dem Heiligen Martin oder Heiligen Georg geweiht, nur damit man einen Grund hatte, auf das Altarbild ein Pferd zu malen. In Genhofen ist die Sakristeitür der Kirche mit vielen Hufeisen beschlagen. Beim Martinsritt, Wendelinsritt, Leonhardiritt, Stefansritt versammeln sich jedes Jahr viele Rösser. Mit Blumen und Bändern geschmückt, vermehren die Reiterprozessionen die Ehre eines Heiligen. Sogar der Apostel Paulus wird im Allgäu mit einem starken Roß dargestellt, und wenn es gilt, ein Haus mit Lüftelmalerei zu schmücken, gebührt den Rössern der erste Platz. Die keltischen Vorfahren der Allgäuer waren ein Reitervolk, das seine Pferde verehrte. Davon sei etwas erhalten geblieben, meint der Schmiedemeister M. Als er, vom Unterland kommend, in eine Allgäuer Schmiede einheiratete, wurde er vom Dorf geschnitten, weil er kein geprüfter Hufschmied war. Er mußte Pferdeanatomie lernen, an einem Kurs übers Pferdebeschlagen teilnehmen und dafür 2000 Mark bezahlen. Einen Betrag, den er mit Pferdebeschlagen niemals einnehmen würde, weil es nur noch wenige Pferde gab. Aber mit der Prüfung wurde er von allen anerkannt und konnte seine Landmaschinen verkaufen und Wasserleitungen installieren. „Mit Rössern ist hier nicht zu spaßen“, sagte der Schmiedemeister.

# Meine armen Eltern

Ich bin weit weg, deshalb denke ich oft an meine Eltern. Meine Geschwister werden das nicht so recht verstehen, denn ich drängte doch am meisten fort. Fort drängten sie alle, aber soweit wie ich hat es keiner geschafft. Und ausgerechnet ich fang jetzt an, Vater und Mutter in Schutz zu nehmen. „Du sei still", schreibt mein Bruder Jakob, „Du hast leicht reden". Ja, ich hab leicht reden und deshalb red ich auch. Ist doch gut, wenn einer soweit weg ist, daß es ihm endlich leicht fällt, zu reden. „Nimm doch die Eltern mal für einen Monat zu Dir", schreibt meine Schwester Veronika. Das meint sie nicht im Ernst, ich kann es nur als Hohn verstehen. Denn Veronika war hier und weiß, daß ich die Eltern niemals einladen kann. Sie würden erschrecken, wenn sie sehen würden, wie wir hier leben. Unser Haus ist zwar aus grauen Feldsteinen fest gebaut, aber verglichen mit meinem Heimathaus muß es für meine Eltern ein Arme-Leute-Haus sein. Ich kann ihnen das nicht zumuten. „Auch ich kann es ihnen nicht zumuten, sie zu mir einzuladen", schreibt Veronika, „ich bewohne kein Feldsteinhäuschen, nein, es ist eine Jugendstilvilla, apfelgrün und weiß renoviert, aber ich lebe in einer Wohngemeinschaft und darunter stellen sich die Eltern Sodom und Gomorrha vor. Also kann ich das Wort Wohngemeinschaft überhaupt nicht erwähnen. Für sie bin ich Lehrerin in München, verlobt mit dem Lehrer Manfred. Sollten wir nicht endlich alle auspacken und sagen, daß sich die Welt verändert hat?" Veronika weiß so gut wie ich, daß wir es nicht schaffen, die Eltern wirklich einzuweihen. Es ist besser, wenn sie von uns allen ein Bild behalten, das sie verkraften können.

Meine älteste Schwester Rosi, die hat noch gemeint, man könne den Eltern alles zumuten. Ich bin zehn Jahre jünger als sie. Ich war damals zwölf, als der Bürgermeister zu uns ins Haus kam und sagte: „Die Rosi hat von Nürnberg aus mitgeteilt, daß sie aus der Kirche austritt. Sowas hat's in unserem Dorf noch nie gegeben. Seid Ihr mit sowas einverstanden?“ Der Bürgermeister füllte die ganze Stube aus mit seiner Erregung. Er war nicht bereit, sich hinzusetzen. Meine Mutter war beim Bügeln. Sie weinte in die Wäsche hinein. Sie konnte gar nichts sagen. Auch mein Vater sagte nur: „Soweit kommt's nicht.“ Aber es kam dann doch soweit. Rosi war schon früh selbständig. Sie leitete damals schon einen Kindergarten. Sie kam und erklärte den Eltern, daß sie nach wie vor ein Christ sei, aber ein echter Christ, ein Urchrist sagte sie. Sie sagte viel, das Haus bebte vor Streit, so kam's mir damals vor. Zum ersten Mal kam mein Vater zu spät zum Milchabliefern. Die Sennerei mußte eigens aufgeschlossen werden. Für mich war's der denkwürdigste Tag meiner Kindheit, weil sogar mein Vater weinte. Ich hatte die Rosi sehr gern, aber ich verstand nicht, wie man es fertig bringen konnte, die Eltern so unglücklich zu machen. Ich schwor mir, den Eltern nie so weh zu tun.

Ich machte ein gutes Abitur und studierte dann Landwirtschaft. Schon nach dem dritten Semester kam ich zu einem Praktikum in die Provence. Und da blieb ich dann. Um genau zu sein: ich habe noch zweimal große Anläufe genommen, um mein Studium zu beenden. Beim Studieren, redete ich mir ein, könne ich Marcel vergessen. In den Augen meiner Eltern ist Marcel kein Mann für mich, er ist einfach zu arm. Zehn Kühe und siebzig Schafe – mein Vater würde mir mindestens acht stolze Allgäuer Höfe nennen, unter denen ich auswählen könnte, wenn ich wirklich Bäuerin werden wollte. Aber warum sollte ich nach dieser harten Studiererei Bäuerin werden? Dazu muß man wissen, was es bei uns daheim bedeutet, Abitur zu machen. Im Winter bei Dunkelheit im Schneesturm aufbrechen, mit der Bimmelbahn zur Stadt fahren, heimkommen, stundenlang über dem Thema brüten: „Warum liebte Wallenstein Max Piccolomini?“, während Mutter Krampfadern bekam, weil sie viel zu lang auf den Beinen war. Im Sommer mußte ich die Hausaufgaben oft auf den Abend verlegen. Wir hatten den automatischen Heuauflader noch nicht und die

Geschwister waren bis auf Jakob schon alle außer Haus. Keinem wäre es eingefallen, einen Beruf zu wählen, den man bei uns im Dorf erlernen konnte, sogar Margret hat es durchgesetzt, daß sie ihre Gartenbaulehre in Ulm machen durfte. Gregor, der Älteste, hat sein Medizinstudium in Berlin angefangen. Nur Jakob, der Hoferbe, mußte daheim ausharren. Zunächst schien er zufrieden damit. Erst als man ihm auf der Landwirtschaftsschule beibrachte, für ihn lohne sich eine Ausbildung gar nicht, weil ein 15-Hektar-Hof nicht überlebensfähig sei, fing er an, nervös auf Kaugummi herumzukauen. Ständig waren seine Kiefer in Bewegung. 35 Hektar mußte der Hof der Zukunft groß sein, mitleidlos stand in jeder landwirtschaftlichen Zeitung die Parole: Wachse oder weiche! Bündelweise holte mein Vater Milchgeldabrechnungen hervor, um zu beweisen, daß unser Hof größere Einnahmen als Ausgaben hatte. Jakob war nur schwer zu ermutigen. Einmal las er uns einen Artikel vor, in dem ständig das Wort „Bergbauernproletariat" vorkam. Es war klar, wir hatten uns zum Bergbauernproletariat zu rechnen. Ich konnte darüber nur lachen. Schließlich wohnten wir in einem Haus mit elf Stuben, umgeben von 17 Obstbäumen, der Gemüsegarten wurde von einem Bach begrenzt, Weihnachtslieder sangen wir dreistimmig, zu essen hatten wir im Überfluß.

Niemand wäre es früher eingefallen, unseren Hof klein zu nennen. 15 Hektar, das war die durchschnittliche Größe. Meine Mutter stammt aus einem kleinen 6-Hektar-Hof, Sie wuchs mit sieben Geschwistern auf. Sie sagt, Hunger habe es bei ihnen nie gegeben, nur die Schuhe seien immer knapp gewesen. Vom Mai bis zum ersten Schnee sei die ganze Familie barfuß gegangen. Da meine Mutter das so gewohnt ist, geht sie heute noch barfuß. Wenn ich im Sommer mal heimkomme, zieh ich auch gleich Schuhe und Strümpfe aus. Ich weiß, daß meine Mutter darauf wartet, es ist sozusagen das Zeichen für's Heimkommen. Einmal, als Gregor heimkam, er war damals schon Assistenzarzt und hatte genarbte weiße Schuhe an, sagte Mutter nach einer halben Stunde: „Willst Du nicht lieber Deine Schuhe aus-

ziehen?“ Die Frage ging mir durch und durch. Mutter wollte den eleganten Gregor wieder heimisch machen. Der zog seine hauchdünnen Wollsocken ziemlich umständlich aus und kam sich dann mit seinen weißen Füßen fremd vor. Er rannte zum Bach, um sich im kalten Wasser zu erwärmen, wie er es nannte.
Gregor war damals zur Hochzeit von Jakob gekommen. Jakob hatte bei der Allgäuer Bürgerinitiative, die gegen die Quer-Alpen-Autobahn kämpfte, Barbara kennengelernt. Barbara ist eine Bauerntochter aus dem übernächsten Dorf, eine Hauswirtschaftslehrerin. Nur wer weiß, daß allein in unserem Dorf 11 Jungbauern vergeblich nach einer Frau suchen, kann ermessen, wie glücklich meine Eltern waren, als Barbara auftauchte. Jakobs Zukunftsangst ist begraben, denn Barbara sagt, wir werden's denen schon zeigen, wie überlebensfähig ein 15-Hektar-Hof ist. Inzwischen haben die beiden schon zwei Kinder und sind sich immer noch einig. Nur die Kluft zu den Eltern wird immer größer. Die Eltern sind umgezogen ins Altenteil, ein Haus mit vier Stuben, das auf der Obstwiese neben dem Hof steht. Vater hält sich noch 20 Schafe und Mutter versorgt den Hühnerhof.

Mit Sorge sehen die Eltern, daß unser Hof nicht mehr zu den ersten gehört, die das Heu unter Dach und Fach haben. Das Milchgeld, rechnet sich mein Vater aus, könne um sieben Prozent höher liegen, die Jungen säßen zu oft auf der Bank vorm Haus. Jakob hatte mir anvertraut, daß Barbaras einzige, große Bitte gewesen sei, einen Feierabend einzuhalten. Sie wollte nicht wie ihre Eltern bis zur Dunkelheit herumwurschteln und dann erschöpft ins Bett sinken. Für meine Eltern war zeitlebens das wichtigste, daß der Hof immer ein bißchen mehr Ertrag brachte. Das haben sie durch unermüdliche Arbeit geschafft. Daß es nun, wie sie das nennen, rückwärts geht, ist ihnen eine Last. „Es geht nicht rückwärts“, sagt Jakob, „wir werden niemals Schulden machen, aber etwas weniger reicht uns. Wir wollen anders leben.“ Ich hab es da einfacher. Marcel hat seinen verstorbenen Onkel beerbt, wir sind allein und können uns alles

einteilen, wie wir wollen. Ich verstehe Barbara auch, wenn sie sagt, die Eltern könnten doch anklopfen, bevor sie reinkommen. Nein, jederzeit kommen sie in jede Stube ihres ehemaligen Hauses. Obwohl ich Barbara verstehe, kann ich mir nicht vorstellen, wie meine Mutter anklopfend vor ihrer eigenen Küchentür steht. Meine Schwester Margret, die Gärtnerin, redet ganz deutlich auf meine Eltern ein: „Stellt Euch vor", sagt sie, „der Jakob hätte immer noch keine Frau, er würde da rumhängen wie der Hubert und die andern alle. Oder stellt Euch vor, er hätte eine, mit der er dauernd im Streit lebt, wo die Kinder im Geschrei groß werden müßten. Da sind wir doch noch gut dran, Ihr versorgt die Hühner und die Schafe und laßt die Jungen in Ruhe!" „Wir wollen ihnen doch nur helfen", sagte die Mutter, „sie schaffen es nicht allein."
„Was meint Ihr", sagte Margret, „warum die anderen jungen Bauern keine Frauen finden? Doch nur, weil die Frauen Angst haben vor dem Clan, den sie da mitheiraten müssen, vor der Schwiegermutterwirtschaft haben alle Angst." Meine Mutter versteht das nicht. Sie ist doch freiwillig ins Altenteil gezogen, obwohl es ihr entsetzlich schwer fiel, das eigene Haus zu verlassen. Ihre Schwiegereltern haben nie daran gedacht, ins Altenteil zu ziehen, sie haben bis zum Tod regiert. Die Jungen durften noch nicht mal im Winter an Werktagen eine Pause einlegen. Erst als die Großmutter schon tot und der Großvater 80 war, hat mein Vater manchmal den Großvater leise in seine Stube eingeschlossen, um ungestört eine Ruhestunde einlegen zu können. Als ich meine Eltern an diese Geschichte erinnerte, schüttelten sie beide den Kopf, nein, mit heute sei das nicht zu vergleichen. Sie wollten ja gar nicht das Regiment führen, sie wollten ja nur helfen.
Rosi ist übrigens nicht mehr das schwarze Schaf der Familie. Sie besucht die Eltern häufiger als wir alle. Als die erste Enzyklika von Papst Johannes Paul II. veröffentlicht wurde, wäre sie beinahe wieder in die Kirche eingetreten. „Es war der Wille des Schöpfers", stand da, „daß der Mensch der Natur als besonne-

ner Hüter begegnet und nicht als Ausbeuter und skrupelloser Zerstörer." „Ich warte nur noch bis in der Kirche über diese Enzyklika geredet wird", sagte Rosi. Es war ihr ernst damit. Sie telefonierte sogar in Pfarrhäusern herum, um zu erfahren, ob über diesen Text gepredigt würde. „Aber das war, als ob ich dem Ochs ins Horn pfetz", sagte Rosi. Diese Botschaft paßte einfach nicht ins deutsche Fortschrittskonzept. Da hat Rosi selbst die Initiative ergriffen und bei einer Bergmesse, die auf der geplanten Autobahntrasse gehalten wurde, Teile der Enzyklika vorgelesen. „Bravo", schrien die Leute „bravo"! Sie hatten nicht mitgekriegt, daß es sich um Papstworte handelte, sie hielten es für eine Botschaft des Naturschutzes, denn so etwas hatten sie in der Kirche noch nie gehört. Für die Bergmesse mußte auch eigens ein Pfarrer aus dem Württembergischen anreisen, weil sich in Bayern keiner traute, gegen eine Autobahn eine Messe zu halten.

Von Rosi haben die Eltern am meisten gelernt. Noch vor zwei Jahren gehörte mein Vater zu den Leuten, die, wenn es um Krieg und Frieden geht, sagen: Wir müssen die Russen in Schach halten. Heute sagt er das nicht mehr. Irgend etwas von Rosis Argumenten hat ihn zum Nachdenken gebracht. Vielleicht hätten wir doch alle, statt die Eltern immer zu schonen, ehrlich mit ihnen reden sollen. Es wären zwar harte Auseinandersetzungen geworden, aber hinterher, selbst wenn es Jahre gedauert hätte, wäre doch wieder ein Zusammenkommen möglich gewesen. Statt dessen sind wir alle abgehauen, jeder geht seinen Weg und verheimlicht, was nicht in den Horizont der Eltern paßt. Rosi hat es geschafft, ehrlich zu sein. Ich sollte den Eltern Bilder zeigen von Marcel, von unserem Häuschen, von den Lavendelwiesen und den Schafen. Ich sollte ihnen vorrechnen, wie gut wir hier leben können und ich sollte in aller Deutlichkeit sagen, daß ich Marcel heiraten möchte, weil wir Kinder haben wollen. Ich weiß, es ist absurd auf ihre Zustimmung zu hoffen, sie werden sprachlos dasitzen, Mutter wird weinen. Obwohl ich das genau weiß, hab ich doch einen Funken Hoffnung, Vater könnte sagen: „Du wirst es schon recht machen."

# Der Funkensonntag

Der erste Sonntag in der Fastenzeit wird im Allgäu Funkensonntag genannt. Nach Einbruch der Dunkelheit leuchten von vielen Berghöhen riesige Feuer, Funken genannt. Jedes Dorf will den größten Funken haben. Der Brauch geht auf die keltischen Ureinwohner des Allgäus zurück. Noch heute wird der Holzstoß von einer Strohhexe gekrönt. Wenn sie brennt, tanzt die Jugend mit Fackeln um das Feuer. Ob mit der Hexe der Winter verbrannt wird, oder ob es sich um ein Opfer an den keltischen Donnergott Taranis handelt, ist noch nicht geklärt.
Zum Funkensonntag gehörten früher die Funkenküchle. Man traf sich nach dem Feuer in verschiedenen Bauernhäusern, wo die Küchle in Schmalz herausgebacken wurden. Die Küchle waren nicht nur ein Festessen, für manch einen wurden sie zum Urteilsspruch. Die Burschen konnten sich nämlich bei dem Mädchen, das sie gern hatten, Funkenküchle holen. War nun statt einer süßen Füllung ein Stein eingebacken, wußte der Bursche, wie er dran war.
In Weitnau wird in dem ehemaligen Amtshaus der Herrschaft Hohenegg ein Flugblatt aus dem Jahr 1765 aufbewahrt, in dem die Kaiserin Maria Theresia das „aberglaubische Feueranzünden“ untersagt. Und zwar, weil „diese nächtliche Feueranzündung denen dabei sich einfindenden jungen Leuten zur Ausübung allerhand ohnanständigen und die Ehrbarkeit gröblich verletzenden Ausschweifungen die nächste Gelegenheit an die Hand bietet.“

# Die Kräuterbuschl

An Maria Himmelfahrt, am 15. August, werden in den Kirchen die Kräuter geweiht. Die Weihbuschel enthält nicht nur Schafgarbe, Thymian, Pfefferminze, Wohlgemut, Johanniskraut, sondern auch eine Gelbrübe, eine rote Rübe, einen Lauchstengel, ein Sellerieblatt und sogar ein paar Blumen aus dem Garten. Die Heilkräuter werden bei Krankheitsfällen verwendet, auch in das Viehfutter wird etwas davon eingeschnitten, damit der Stallsegen erhalten bleibt. Aufbewahrt wird die Kräuterbuschel unter dem Dachfirst, wo sie vor allem den Blitz abhalten soll. Es gibt Dachfirste, unter denen sich die Weihbuscheln verschiedener Generationen angesammelt haben.

# Erfahrung mit Heilkräutern

Wenn im Haus meiner Großmutter jemand fiebrig erkrankte, wurde draußen auf dem Hof, weit genug vom Taubenschlag und den Kastanienbäumen entfernt, ein kleines Haferstrohfeuer angezündet. Meine Großmutter beugte sich über das Feuer und zwirbelte das obere Ende eines langen Leinennachthemdes so zwischen beiden Händen, daß etwas wie ein nach unten geöffneter Ballon entstand. Wärme und Rauch des Feuers stiegen in das durch die schnelle Drehung geöffnete Hemd. Nach einer Minute wurde aus dem Hemd blitzschnell ein zwischen zwei Händen gepreßtes Bündel. Meine Großmutter rannte ins Haus und zog dem schon nackt im Bett harrenden Patienten das wohlige Hemd über. Dann wurde dem fest zugedeckten Kranken heißer Holundertee eingelöffelt, und das Schwitzbad konnte beginnen. Niemand wunderte sich über die schnell wieder hergestellte Gesundheit, weil der Vorgang ganz selbstverständlich war. Obwohl auch die übrigen Rezepte meiner Großmutter erstaunliche Heilergebnisse hatten, ist unter ihren 23 Enkeln keiner mehr, der auf diese Weise Krankheiten heilt. Als sie einen ihrer Enkel, der Medizin studierte, fragte: Was lernt ihr von der Schafgarbe?, sagte der mit mildem Lächeln: Schafgarbe? Die Zeiten sind vorbei.

Mit den genialen Entdeckungen von Pasteur, Koch, Virchow begann in der Medizin eine neue Epoche. Die Bakterien wurden als die Feinde der menschlichen Gesundheit erkannt. Man fand die Erreger von Typhus, Cholera, Ruhr, Kindbettfieber, Tuberkulose, Diptherie, Syphilis. In wenigen Jahrzehnten wurden Erkenntnisse gewonnen, nach denen die Menschen Jahrtausende vergeblich gesucht hatten. Beflügelt von ihren Erfolgen, schloß die medizinische Wissenschaft einen engen Bund mit der Chemie, die zur Lieferantin von Medikamenten wurde. Als schließlich noch Penicillin und Sulfonamide auf den Markt kamen und ein Impfstoff gegen Kinderlähmung hergestellt werden konnte, war der Siegeszug nicht mehr zu bremsen. Wer

angesichts dieses Fortschritts noch mit Schafgarbe und Haferstroh zu heilen versuchte, mußte damit rechnen, mit einem milden Lächeln abgetan zu werden.
So sehr das Haferstrohfeuer meiner Großmutter mein vierjähriges Gemüt beeindruckt hatte, so sehr ihre Heublumensäcke und Arnikatinkturen gerühmt worden waren, ich hatte nicht die geringste Beziehung dazu, und wenn mich nicht ein besonderer Anlaß gezwungen hätte, mich ihrer Heilweisen zu erinnern, wäre ihr Wissen heute völlig vergessen. Eines Tages bekam mein Mann einen Ausschlag am ganzen Körper, den der Arzt als Nesselfieber diagnostizierte. Da seine Medikamente nicht halfen, wurde ein Facharzt aufgesucht. Auch er konnte nich helfen. Wir fuhren zu einer Kapazität in der Landeshauptstadt. Vergeblich. Der Juckreiz wurde immer unerträglicher. An Schlaf war nicht mehr zu denken. Da fiel mir ein, daß in dem eintürigen Buchenschrank, den ich nach dem Tod meiner Großmutter geerbt hatte, außer einem Band Gartenlaube ein schwarzes Kalikoheft lag mit der Aufschrift: Bei Krankheit zu beachten. Ich hatte das Heft aufgehoben, wie man vergilbte Briefe aufhebt, für die man sich in grauer Zukunft Zeit zum Lesen erhofft. Ich fand das Heft und durchsuchte Seite um Seite nach dem Wort Nesselfieber. Die zarten, schrägen Schriftzüge waren zum Glück gut zu entziffern. Schon auf der elften Seite fand ich das gesuchte Wort: Bei Nesselfieber tief gegrabenen Lehm mit Wasser zu einem dünnen Brei anrühren, bodenlanges Leinenhemd in den Brei tauchen, dem Patienten das Hemd anziehen, zuerst mit Trockentuch, dann mit Wolldecke fest umwickeln, warm zugedeckt eine halbe Stunde schwitzen, danach abwaschen. Der Lehm darf nicht auf freiem Feld gegraben werden. Er muß aus einem Wald geholt werden, wo gewiß noch nie gedüngt wurde.
So ungeheuerlich das auch klang, ich war zu allem entschlossen. Zumal man gerade in der Zeitung lesen konnte, daß Bauern in Südfrankreich schlecht heilende Wunden mit Schimmelpilz von Käse oder Marmelade behandeln und daß ihre Methode lange

als Aberglaube abgetan wurde, bis ein Arzt die alles erklärende Parallele zum Penicillin zog. Der Gedanke an Lehm war mir sympathischer als der an verschimmelte Marmelade. Um meinem Mann die Sache plausibel zu machen, fiel mir sogar ein Kausalzusammenhang ein. Der Lehm, sagte ich, wird das Gift aus deiner Haut saugen. Aber es kam ihm gar nicht mehr auf Kausalität, es kam ihm nur noch auf Linderung an. Obwohl es regnete, eilte ich mit Eimer und Spaten in den Wald, besorgt, ob ich den Lehm von den anderen Bodenarten sicher genug würde unterscheiden können. Aber, wo ich auch grub, ich fand nur lockeren, schwarzen Humus und hartes Nagelfluhgestein. Noch nie war mir der Wald so endlos und unergründlich vorgekommen. Es konnte Wochen dauern, bis ich etwas finden würde. Davon, daß es besagten Lehm in Apotheken unter dem Namen Heilerde zu kaufen gab, hatte ich damals noch keine Ahnung. Ich entschloß mich, im Dorf jemanden zu fragen. Ich ging zu der Bäuerin, von der wir unsere Eier bezogen. Sie war immer sehr freundlich, aber über Lehm wollte sie offenbar nicht ausgefragt werden. Wir sollten zum Arzt gehen, war ihr einziger Rat. Erst als ich die vergeblichen Arztbesuche geschildert hatte, sagte sie, über sowas wie Lehmumschläge wisse die Ochsenreiter Anna Bescheid. Ich fand schnell zur Ochsenreiter Anna, einer 60jährigen Frau, die leichtfüßig wie eine Gemse die Wolfbühler Steige hoch ging und mir unter Tannen und Lärchen einen Platz zeigte, wo reiner Lehm zu finden war. Ich fragte, ob sie etwas davon wisse, daß Lehm bei Nesselfieber gut sei. Ja, sagte sie, er ist bei allen hitzigen Ausschlägen gut. Erleichtert eilte ich mit meinem schweren Eimer nach Hause, wickelte meinen Mann in eine Lehmpackung und trug warmes Bettzeug über ihm zusammen. Der Lehm nahm schon nach kurzem Einwirken den Juckreiz. Als das halbstündige Schwitzbad vorbei war, wollte mein Mann das Lehmhemd nicht ausziehen, weil er Angst hatte, der unerträgliche Zustand werde wieder zurückkehren. Aber ich fand, daß man sich an die Vorschriften halten müsse. Wir bekamen einen Schreck, als der Ausschlag nach dem Duschen immer noch zu sehen war. Gleich konnte der Juckreiz wieder einsetzen. Aber er setzte nicht wieder ein. Er bildete sich innerhalb von 5 Stunden langsam zurück und kam nicht wieder.

Wir hatten diese mühsame Prozedur mit stummer Skepsis vorgenommen, einfach weil der Zustand des gepeinigten Auf- und Abgehens irgendwie unterbrochen werden mußte. Wirkliche Hoffnung hatten wir wenig investiert, schon gar nicht die, daß eine Lehmpackung mehr bewirken könne als die Medikamente von drei verschiedenen Ärzten. Nach dieser schnellen und gründlichen Heilung tauchten begreiflicherweise Fragen auf: Wieso wurde nicht von einem der Ärzte der Lehm als eine mögliche Therapie erwähnt? Warum hat eine so erfolgreiche Medizin nicht auch Platz für einen einfachen Lehmwickel, solange sie ihn nicht durch ein chemisches Mittel ersetzen kann?

Es wäre eine normale Entwicklung gewesen, wenn die moderne Medizin das außerordentliche Neue mit dem bewährten Alten verbunden hätte. Aber die Erfolge der neuen Medikamente waren so über alles Erwarten großartig, daß die alten Heilweisen plötzlich wie ein mittelalterlicher Ballast erschienen, den es schleunigst über Bord zu werfen galt. Naturheilkunde und moderne Medizin, die seit der Jahrhundertwende auch Schulmedizin genannt wird, standen sich wie feindliche Brüder gegenüber. Und während die moderne Medizin auf ihrem Siegeszug immer stürmischer voraneilte, geriet die Naturheilkunde immer mehr ins Abseits, wurde zur Sache von Außenseitern, von Laien, von Heilpraktikern und Kurpfuschern. Bezeichnenderweise waren es immer auch medizinische Laien, die den alten Heilweisen zu neuem Leben verhalfen: der Pfarrer Kneipp, der Bauer Prießnitz, der Fuhrmann Schroth, der Kräuterpfarrer Künzle. Während es die Methoden von Kneipp und Schroth immerhin zu Sanatoriumswürden gebracht haben, wird es als höchst befremdlich empfunden, wenn ein Patient einen Heilpraktiker aufsucht. Es sei denn, der Heilpraktiker hat Starruhm erreicht wie Köhnlechner in München oder Mességué

in Frankreich. Sollte aber ein Zeitgenosse gar auf die Idee kommen, in Großväterweise die anfallenden Krankheiten in der Familie mit Kräutern und Packungen selbst zu kurieren, macht er sich so verdächtig wie einst die extremsten Sektierer. Die moderne Gesellschaft hat auch in bezug auf Krankheit eine Norm entwickelt, von der abzuweichen mit Unbehagen quittiert wird.
Die Wirkung der Lehmpackung war für uns so erstaunlich, daß wir jedem davon erzählten. Aber die Geschichte stieß nicht auf das spontane Interesse, das wir erwarteten. Manche reagierten stumm oder verlegen, für andere war es fast so peinlich als seien wir einem Verein für Wiedertäufer beigetreten. Ein naher Freund sagte schließlich: Ja, wenn ihr daran glaubt! Als würde es sich um einen irrationalen Hokuspokus handeln, obwohl es doch eine handfestere Therapie überhaupt nicht gibt.
Von Anna Ochsenreiter erfuhr ich, daß es nur noch ganz wenige Bäuerinnen gibt, die auf den Bergwiesen Arnika, Hirtentäschel und Frauenmantel sammeln. Wer als fortschrittlich gelten will, geht heutzutage zum Arzt, vor allem, da die Krankenkasse ohnehin alles bezahlt. Besonders ärgerlich fand Frau Ochsenreiter, daß die Leute schon wegen eines entzündeten Augendekkels dreiviertel Stunden durch Sturm und Regen laufen und stundenlang im Wartezimmer sitzen, obwohl vor jeder Haustür Augentrost wächst und ein paar Umschläge von dem Absud zur Heilung reichen würden. In ein paar Jahren, klagte sie, werden die Leute über ihre Wiesen gehen und keine Ahnung mehr davon haben, was die einzelnen Pflanzen bewirken.
Ich kaufte mir den kleinen Kräuteratlas des Pfarrers Johann Künzle und ging damit auf Heilpflanzensuche. Bei der nächsten Gelegenheit wollte ich ausprobieren, ob die übrigen Rezepte im Kalikoheft meiner Großmutter so wirksam waren wie der Lehmumschlag. Ich konzentrierte mich zunächst auf die Kräuter, die in dem Heft am häufigsten auftauchten: Schafgarbe, Johanniskraut, Zinnkraut, Brennessel und Huflattich. Meine Angst, die Pflanzen nicht zu erkennen oder einen giftigen

Schierling zu ernten, war völlig unbegründet. Unverwechselbar glichen Blüten und Blätter den Abbildungen im Kräuteratlas. Trotzdem zeigte ich meine Sammlung Frau Ochsenreiter. Sie hielt das Johanniskraut gegen das Licht, um an der Perforierung der kleinen Blättchen zu erkennen, ob es sich um das echte Johanniskraut handle. Und dann begann sie, die Brennessel zu loben, weil sie das Blut reinigt, Wasser ausscheidet und soviel Kraft gibt, daß sogar erschlaffende Haut wieder ansehnlich wird. Nicht nur als Tee, sagte sie, im Frühjahr auch als Spinat, und im Sommer und Herbst streut man den Samen statt Schnittlauch aufs Butterbrot. Anna Ochsenreiter wirkte sehr überzeugend, aber würde ich je meine Familie mit dieser neuen Lebensweise vertraut machen können? Ähnlich ist es mit Löwenzahn, sagte sie, um mein verwundertes Schweigen zu unterbrechen, aus Löwenzahn können Sie vor der Blüte den besten Salat machen, den es überhaupt gibt. Er fegt allen Ballast aus dem Körper und erneuert die Säfte.

Der englische Arzt Joshua Horn, der 15 Jahre lang in China tätig war, hat in seinem Buch: „Arzt in China" beschrieben, wie fruchtbar in der chinesischen Medizin das neueste Wissen mit dem ältesten Wissen verbunden wird. Horn selbst, der in Cambridge Medizin lehrte, war ein typischer westlicher Schulmediziner, der traditionelle Heilweisen längst überwunden glaubte. Aber wie alle, nur in moderner Medizin ausgebildeten Ärzte, mußte er sich ein Wissen der alten chinesischen Heilweisen aneignen und lernen, modernste mit ältesten Therapien zu verbinden. In dem Krankenhaus, an dem Horn wirkte, wurde jeweils von Fall zu Fall entschieden, ob die traditionelle oder die moderne Medizin eingesetzt werden sollte. Auch in der Forschung wird das Alte mit dem Neuen verbunden. Seit Jahrtausenden bekannte Heilkräuter werden genau analysiert und auf ihre Wirksamkeit untersucht. Die Akupunktur, die von der modernen Medizin lange als reiner Humbug abgetan wurde, beginnt westliche Ärzte zu interessieren, obwohl es immer noch keine wissenschaftliche Erklärung für die großen Heiler-

folge gibt. Bis in die letzten Dörfer wurde in China gegen Unwissenheit und Aberglaube auf medizinischem Gebiet gekämpft. Aber es wurde nie der Fehler begangen, alte Heilmethoden zu degradieren, oder gar auszuschalten. Schon die Schulkinder werden im Sammeln von Heilkräutern unterrichtet, und wer die Schule verläßt, weiß, welche Teesorten den einzelnen Organen nützlich sind.
Ich hatte schon gemerkt, daß Anna Ochsenreiter es nicht gern hatte, wenn ich sie im Beisein ihrer Töchter um Kräuterrat fragte. Die Töchter wollten nicht, daß sich die Mutter mit so altmodischem Kram wie Kräutersammeln abgab. Sie wollten modern sein, und da ist ein ganz entscheidender Punkt, daß man nicht mit Hausmitteln und Umschlägen hantiert, sondern zum Arzt geht und Tabletten schluckt. Erstaunlich war das schon, denn es gab andere Lebensbereiche, in denen sich auch die jüngere Generation genau an alte Überlieferungen hielt. Mit dem Aussäen und Pflanzen zum Beispiel richtet sich noch jeder nach der Mondstellung. Auch beim Holzfällen und Quellenfassen orientiert man sich streng nach dem Mondkalender. Man sollte denken, daß Leute, die so selbstverständlich die Kräfte des Mondes in ihren Alltag einbeziehen, auch zu Heilkräutern ein ungebrochenes Verhältnis haben, aber das hat sich in den vergangenen Jahren entscheidend geändert. Zweifellos hängt das mit der Einführung der bäuerlichen Pflichtversicherung zusammen. Frau Ochsenreiter sagt, daß die beiden Töchter, die seit dem Tod des Vaters den Hof übernommen haben, jeden Monat 241 Mark an die Krankenkasse zahlen. Bei der Höhe solcher Beträge sagt sie, sei es kein Wunder, wenn sich die Leute eine Krankheit einfallen lassen, um wenigstens etwas von ihrem Geld zu haben. Aber dazu kommt noch etwas anderes. Das Zum-Arzt-gehen wurde hier auf dem Lande zum Zeichen einer fortschrittlichen Lebenseinstellung. Nur wer den Anschluß an die Moderne nicht schaffte, blieb bei seinem Teetopf mit Körnlestee oder bei seinem dampfenden Heublumensack. Das geht sogar soweit, daß Leute zum Arzt gehen, die sich von ihren

gewohnten Naturheilmitteln gar nicht mehr trennen können. Frau Ochsenreiter weiß von einem, der seinen Hof im Dorenwaid hat, der ging mit einer Rippenfellreizung zum Arzt und ließ sich Arzneien verschreiben, legte sich zu Hause mit einem Quarkwickel ins Bett und dachte nicht daran, die Medikamente zu nehmen. Aber als er gesund war, erzählte er jedem, er sei beim Arzt gewesen und habe für 38 Mark Arznei bekommen. Aber das seien die Ausnahmen, sagte Frau Ochsenreiter. Die meisten haben sich schon sehr ans Tablettennehmen gewöhnt. Selbst die eigenen Töchter ließen sich für Kopfschmerzen und Hexenschuß Rezepte schreiben.

Hexenschuß war für Anna Ochsenreiter ein Signalwort, denn dafür kannte sie ein hochwirksames Mittel. Mit Farnwurzel konnte man den Schaden beheben. Die Farnwurzel mußte frisch ausgegraben und sehr klein gehackt werden. Das Kleingehackte wurde in einem Mullsäckchen auf die schmerzende Stelle gebunden. Meist war nach einem Tag schon Schmerz und Steifheit vorbei. Frau Ochsenreiter sagte: Genauer ist, wenn ich sage, der Schmerz ist nach sieben Stunden vorbei, aber natürlich ist es auch verschieden, wie einer reagiert, und gewiß geht ein alter Rheumatismus nicht so schnell weg. Es dreht sich nur um ganz akute Sachen. Und wichtig ist, daß die Farnwurzel nicht vertrocknet oder angeschnitten herumlag. Sie muß noch den frischen Saft haben. Mit Tee vom Wiesengeißbart sorgt man für genügend Ausscheidung. – Mir tat Frau Ochsenreiter leid. Sie verfügt über ein Expertenwissen – das Farnwurzelrezept hat sich als höchst heilsam erwiesen – aber keiner will von diesem Expertenwissen hören, weil es sich ja in der Tat wie die Botschaft aus einer anderen Welt anhört: Kleingehackte Farnwurzeln auf die Haut binden – das klingt für unsere Ohren halb nach Magie und halb nach Spleen. Besser wäre es, wenn sich das Farnwurzelhäcksel als fertiges Pflaster verkaufen ließe, aber das geht nicht, da die Wurzel frisch ausgegraben sein muß. Sie eignet sich also nicht als Ware, und da es keine wissenschaftliche Untersuchung gibt, mit der sich die Wirkung erklären ließe, wird die Heilkraft der Farnwurzel bald vergessen sein. Aus Amerika kommt eine Nachricht, die hoffen läßt, daß die Heilmittel, wie die Natur sie anbietet, doch noch eine Chance haben. Der Soziologe Ivan Illich fordert in seinem Buch: „Medical Nemesis“, daß die Menschen ihre Gesundheit wieder zu ihrer eigenen Sache machen. Er spricht von der „Enteignung der Gesundheit“. Er beschreibt, wie aus medizinischer Versorgung eine medizinische Diktatur wurde, die den einzelnen seinem eigenen Körper entfremdet. Er nennt die heute übliche Abhängigkeit von Ärzten und Medikamenten eine schwere Krankheit, eine magische Fessel, die es zu durchschlagen gelte. Unser medizinisches System, sagt Professor Illich, sei an einem Punkt angelangt, wo es mehr Schaden als Nutzen stifte, denn dieses System produziere Krankheit, statt sie zu verhindern. In der Tat hat sich die Krankheitshäufigkeit, verglichen mit den Anfangsjahren der Krankenversicherungen, verzehnfacht. Am schlimmsten an dieser Entwicklung findet Illich die Tatsache, daß den Menschen nach und nach alles Sorgerecht für die eigene Gesundheit genommen wurde, so daß der Wille zur Selbstverantwortung völlig erlahmt ist. Diese Entwicklung führte zu einer totalen Abhängigkeit und Unselbständigkeit. Gesundheit ist aber nach Illichs Definition die Fähigkeit des autonomen Menschen, mit seiner Umwelt fertig zu werden. Seit Illich seine Thesen vorlegte, ist die Diskussion über unser krankmachendes Gesundheitssystem in vollem Gange. Wie der Zeitgenosse zu einer Selbständigkeit in Sachen Gesundheit zurückfinden soll, ist allerdings noch nicht zu sehen. Klar ist zunächst nur, daß dem Einzelnen durch gründliche Information die Möglichkeit gegeben werden muß, eine neue Einstellung zur eigenen Gesundheit zu gewinnen.

Gründliche Information hätte automatisch zur Folge, daß Kamille, Schafgarbe, Huflattich und Holunderblüte wieder in die Hausapotheke einziehen würden. Denn wenn der Verbraucher wirklich offen informiert würde über die möglichen Nebenwirkungen der Medikamente, würde er in vielen Fällen die unschädlichen natürlichen Mittel vorziehen. Und außerdem macht es Spaß, mit duftenden Heilkräutern umzugehen, die vielen Namen, Gerüche und Wirkungen kennenzulernen. Die Vorstellung von Heilkräutern wird bei uns vorwiegend mit bitterem Tee und abstinenter Lebensweise gekoppelt. Die Franzosen haben es dagegen verstanden, auch aus Heilkräutern besonderen Genuß zu bereiten. Wer irgend kann, macht auch heute noch eine Frühjahrskur mit Löwenzahn. In den Bannmeilen der Städte begegnet man am Wochenende vielen Gruppen von Löwenzahnsammlern. Die Pflanze wird vor der Blüte gestochen und mit kleinen ausgelassenen Speckwürfeln zu einem delikaten Salat bereitet. Sogar Brennesseln werden in Frankreich mit glasierten Zwiebeln so lecker zubereitet, daß Victor Hugo das Gemüse hervorragend nannte. In einem Pyrenäendorf wurden uns als Nachtisch Holunderblüten angeboten, in Pfannkuchenteig getaucht. Fritiert und mit Staubzucker bestreut ergab das ein apartes Gebäck, das ich für sehr französisch hielt, bis mir eines Tages Anna Ochsenreiter ein Holderküchle anbot, das sich in nichts von dem Pyrenäengebäck unterschied.

An einem Sonntagnachmittag, als ihre Töchter in die Stadt gefahren waren, führte mich Frau Ochsenreiter auf ihren Dachboden, der aus zwei Stockwerken besteht und gut einer Fünfzimmerwohnung Platz bieten würde. An dem riesigen Gebälk hingen gebündelt duftende Sträuße von Engelwurz, Mädesüß, Benediktenkraut, Bibernelle, Bärwurz, Rosmarin, Salbei. Auf geflochtenen Dörren lagen Kräuter zum Trocknen aus: Pfefferminze und Roßminze, Dost, Silbermantel und Thymian. „Das meiste nehme ich zum Würzen“, sagte Frau Ochsenreiter listig. Sie hatte herausgefunden, daß die Töchter lieber eine kräutergewürzte Gemüsesuppe aßen als daß sie einen Gesundheitstee tranken. Ich fragte nach den Büscheln, die hoch oben, verstaubt unter den Dachziegeln steckten. Das waren Kräuter, die jedes Jahr zu Maria Himmelfahrt, am 15. August, in der Kirche geweiht wurden und dann, unter die Dachziegel gesteckt, für

den Haussegen zu sorgen hatten. Bei der Weihe der Kräuter wird um Wohlfahrt des Leibes und der Seele und um Schutz vor widrigen Einflüsssen gebetet. Zu den widrigen Einflüssen wird vor allem das Einschlagen des Blitzes gerechnet. Deshalb wird das Kräuterbüschel so nahe am Dachfirst eingesteckt. Es gibt uralte Überlieferungen, die genau vorschreiben, aus welchen Kräutern das Büschel zusammengesetzt sein muß. Früher nahm man es sehr genau mit diesen Vorschriften, die 27 Kräuter aufzählten. Die Kinder suchten tagelang vorher, bis sie alles beisammen hatten, denn es gehörten so seltene Pflanzen wie Tausendgüldenkraut, Odermennig, Blutströpfchen, Eisenkraut und Silberbollen dazu. Zwar gibt es auch jetzt noch jedes Jahr am 15. August eine Kräuterweihe, aber seit die Heilpflanzen an Ansehen verloren haben, verwandelte sich das Kräuterbüschel zusehends in ein Gemüsebüschel mit Lauch, Gelbrübe, Sellerie, und nur wie zur Erinnerung wird noch eine Schafgarbe oder ein Muttergottesbettstroh dazu gesteckt.
Dem Dachboden sah man an, daß Frau Ochsenreiter eine Sammlerin war, offenbar konnte sie noch nicht einmal leere Flaschen und Marmeladengläser wegwerfen. Ein Regal stand voller lädierter Töpfe, die heutzutage niemand mehr zu flicken verstand. Ein Berg mit sorgfältig aufgewickelten Schnüren hatte sich angesammelt. Hohe Stapel von alten Zeitungen und Schachteln lehnten an der Wand, und eine Truhe barg die ererbten Kleider der verstorbenen Schwester. Zeitlebens, sagte Frau Ochsenreiter, müsse sie nichts mehr zum Anziehen kaufen, denn in der Truhe läge Gewand genug. Sie gab mir noch einen Strauß Johanniskraut mit und riet mir, daraus – zusammen mit Weißdornblüten – einen Schlaftrunk zu bereiten.
Was in Amerika Ivan Illich in die Wege leitete, um dem Einzelnen wieder mehr Verantwortung für die eigene Gesundheit zu verschaffen, wurde in Holland von einem Institut in die Hand genommen, das in Kleinarbeit wieder Aktivität und Selbständigkeit der Patienten zu wecken versucht. Das Institut nennt sich Gruppe 2000, arbeitet für das Gesundheitswesen Hollands

und hat außer 31 festangestellten Psychologen, Ärzten, Sozialpädagogen und Ernährungsexperten zahlreiche ehrenamtliche Mitarbeiter, die Gesundheitsinitiativgruppen gründen. Dort kommen Leute zusammen, die auch auf dem Gebiet des Gesundheitswesens ein Mitspracherecht verlangen, die Informationen haben möchten über die Nebenwirkungen von Medikamenten und Informationen über bewährte Naturheilweisen, die den Tablettenkonsum einschränken. Diese Initiativgruppen verlangen ein Mitspracherecht beim Bau von Krankenhäusern, damit nicht aus lauter Begeisterung für die Technik an den Bedürfnissen des kranken Menschen vorbeigebaut wird. Die Gruppe 2000 hat Beschwerdekästen eingeführt, die jedem Bürger die Möglichkeit geben, sich zu äußern, falls er als Patient falsch behandelt wurde. Die Gruppe 2000 versucht mit ganz einfachen Mitteln, das Gesundheitsbewußtsein der Menschen zu beeinflussen. Es wurden Gesellschaftsspiele entworfen, die zum Mitdenken einladen. Da heißt es zum Beispiel: Was machen wir bei Kopfschmerzen?
a) zum Arzt gehen b) früh schlafen gehen c) Tabletten schlucken
d) Melissentee trinken.
Auf diese Weise soll die jetzt übliche Fixierung auf Arzt und Tabletten aufgehoben werden, denn belohnt wird, wer sich für Melissentee und frühen Schlaf entscheidet. Diese Gesellschaftsspiele gehören für die Gruppe 2000 zu den ganz kleinen Arbeitsprojekten, deren Wirkung aber nicht unterschätzt werden darf, weil wirklich mit einfachster Information begonnen werden muß, um überhaupt eine Aktivität zu ermöglichen. Wie groß die Unselbständigkeit in Gesundheitsfragen gegenwärtig ist, erlebt am deutlichsten ein Arzt mit Sonntagsdienst. Denn von den Patienten, die ihn rufen, haben meist nur wenige ärztliche Hilfe nötig. Die meisten hätten sich mit einem Kräutertee oder einem Umschlag selbst helfen können, wenn man ihnen nicht im Laufe der Jahre alle Selbständigkeit auf dem Gebiet der Gesundheit genommen hätte.

Wenn ich Frau Ochsenreiter treffen wollte, brauchte ich nur

morgens um acht am hinteren Esch entlang zu laufen, denn mit großer Pünktlichkeit trieb sie um diese Zeit das Vieh auf die Weide. Meist pflückte sie bei der Gelegenheit ein paar Blätter und Blüten, um ihren Salat damit anzureichern. Quendel und die Blüten der einfachen, wohlriechenden Schlüsselblume fand sie dazu besonders geeignet, aber auch Veilchenblüten, Dost und Minzenblätter gehörten dazu. Diese Morgenstunden, wenn der Tau schon abgetrocknet war und die Hitze noch nicht begonnen hatte, nannte sie die Balsamzeit der Pflanzen, für Aroma und Wirksamkeit die beste Pflückzeit. Natürlich sammelte sie ihre Kräuter nie am Straßenrand, wo sich die giftigen Abgase der Autos niederschlagen.

Eines Tages erzählte mir Frau Ochsenreiter, daß sie tags zuvor den Doktor S. am oberen Krähenwäldchen beim Birkenblättersammeln erwischt hatte. Er sagte, Heilkräuter seien sein Hobby, seit seine Frau durch eine Brennesselkur ihre undefinierbaren Schwächezustände verloren habe. Nun war das ja nicht weiter erstaunlich, denn unter den Stadtleuten gab es hin und wieder einen, der sich für Pflanzen interessierte. Aber was die Sache mit dem Doktor S. so besonders delikat machte, war die Tatsache, daß S. ein chemischer Doktor war, wie es im Dorf hieß, und zwar ein chemischer Doktor, der in der Stadt eine Arzneimittelfirma leitete. Die alte Sägemühle hatte er sich als Ferienhaus gekauft. Es heißt, daß in seinem Garten Brennesseln wachsen. „Soweit hat's kommen müssen", sagte Anna Ochsenreiter, „unsere Leut lassen sich die Tabletten von dem chemischen Doktor verschreiben, und der sucht sich seine Medizin auf unseren Bergen".

Ich ermutigte Frau Ochsenreiter, sich künftig, wenn von Heilkräutern gesprochen wurde, auf Herrn S. zu berufen. Aber sie sagte, das nütze gar nichts, denn wenn sie sich um Heilkräuter kümmere, sei das rückständig, und wenn ein Studierter sich darum kümmere, sei das ein modernes Hobby. Es sei schon vorgekommen, daß die Bäuerin vom Nussenhof gerannt sei, um ihre Stalltür zuzumachen, wenn Frau Ochsenreiter mit einem

Büschel Ginster vorbeigekommen sei. Und was das bedeutet, die Stalltür vor einem zuzumachen, das wisse hier jeder. Man wolle damit das Vieh schützen. Grob gesagt: man wolle es vor Hexerei schützen. Die Nussenbäuerin kannte ich als eine geübte Autofahrerin. Es gelang einem nicht, sie mit dem Begriff Hexerei in Verbindung zu bringen. Frau Ochsenreiter sagte, wahrscheinlich glaubt die Josepha gar nicht an Hexerei. Sie weiß nur, daß es die gröbste Beleidigung ist, die Stalltür vor einem zuzumachen, der gerade vorbeigeht. Vielleicht will sie mir nur zeigen, wie sie mich einschätzt, wenn ich mit einem Ginsterbüschel daher komm. Aus früheren Erzählungen wußte ich, daß die Nussenbäuerin bei Anna Ochsenreiter um Rat gefragt hatte, als ihre Kuh Heidi am Hinterbein Wildwuchs bekam, der mit Medikamenten nicht wegzubringen war und daß der Wildwuchs dann mit Lehmumschlägen verschwand. Ja, sagte Frau Ochsenreiter, das passiere manchmal, daß einer um Rat frage, wenn Medikamente nichts nutzten, aber hinterher werde das ganz schnell wieder vergessen, weil die Leute glaubten, Lehm und Heilkräuter würden nicht in die moderne Zeit passen.

Frankreich hat durch den Naturheilkundigen Maurice Mességué in den vergangenen Jahrzehnten eine außerordentliche Heilkräuterrenaissance erlebt. In Rußland wurden die Naturheilmittel zum Objekt wissenschaftlicher Forschung gemacht und der Schulmedizin einverleibt. In Sibirien registrierte man mehr als tausend wildwachsende Heilpflanzen, die in Nowosibirsk analysiert und erprobt werden. Es gibt ein staatliches Institut zur Erforschung der Heilpflanzen, das 23 landwirtschaftliche Großbetriebe unterhält, die ausschließlich Heilkräutern anbauen. Die Jahresproduktion eines Betriebes beträgt 10000 Zentner.

Im Septemer 1975 schrieb die Süddeutsche Zeitung: „Während in Europa die Patienten zu Pillenkonsumenten werden und mehr und mehr Bundesdeutsche in Yoga und transzendentale Meditation flüchten, besinnt sich Afrika auf die Heilwirkung von Kräutern und auf die psychologische Kraft seiner Medizinmänner. In den Laboratorien der modernen Universitäten von Nigeria und Tansania werden seit geraumer Zeit Kräutermischungen auf ihren medizinischen Wert hin untersucht. Ghana und Dahomey an Afrikas Westküste haben sich zum Kern einer künftigen panafrikanischen „Kräuterunion" zusammengeschlossen. Eine Schule zur Ausbildung von Pflanzenkundlern soll errichtet werden. Ghanas Regierung, so kündigte der Mediziner Dr. W. Dodoo an, überlege sich, Herbalisten in den städtischen Hospitälern als Berater heranzuziehen."

Die drei Alten in unserem Dorf, die die 90 schon überschritten haben, sind alle Geizhälse. „Geizige leben länger" sagt Frau Ochsenreiter. Sie ernähren sich fast nur mit Milch, Hafermus, Pfannkuchen, Quark und den Äpfeln, Lauchstengeln und Sellerieknollen aus ihrem Garten. Auch mit dem Heizen waren sie zeitlebens sehr sparsam, und Alkohol galt als Verschwendung. Wenn der Reithammer sich mal an Feiertagen eine Flasche Bier geleistet hat, gabs hinterher regelmäßig Krach, wenn seine Frau die 20 Pfennig Flaschenpfand für sich behalten wollte. Und ins Nachbardorf ist er gelaufen, weil ihn die 60 Pfennig für den Omnibus gereut haben. Jeden Tag hat er zwei von seinen sauren Boskopäpfeln gegessen, und im Winter, wenn nach dem ersten Frost die Hagebutten weich wurden, kamen sie gleich vom Strauch in den Mund.

Am erstaunlichsten ist, daß diese Leute, die nach dem alten, anspruchslosen Muster leben, so gut wie nie eine Grippe bekommen, während sie nach heute gängigen Vorstellungen eigentlich an Mangelerscheinungen leiden müßten. Es sind nicht nur die 90jährigen, die den Sprung ins Verbraucherzeitalter nicht geschafft haben. Benedikt, zum Beispiel, ist erst 65. Eine Arznei aus der Apotheke hat er noch nicht gebraucht. Sein Hof liegt 900 Meter hoch, ziemlich abgelegen. Ihn hat der Modernisierungswettbewerb, wie er im Ortskern herrschte, nicht erreicht. Er geht noch heute jedes Jahr im Juli auf den Kapfgipfel und holt einen Rucksack voll Arnikablüten, weil man so etwas Gutes nicht ungenutzt verwelken lassen darf, wie er sagt. Geschmälztes Hafermus und Bratkartoffeln mit Sauermilch sind seine Hauptnahrungsmittel. Er ist der einzige, der die Milch noch mit dem Pferdefuhrwerk zur Sennerei bringt, obwohl man ihm immer vorrechnete, daß sich das nicht mehr rentiert. Aber Benedikt sagt, die zwei Stunden, die ich morgens mit dem Roß unterwegs bin, sind mir die liebsten vom ganzen Tag.

In unserer geschichtlichen Situation ist ein Zurück zur Natur oder ein Zurück zur heilen Welt dieses Bergbauern nicht möglich. Aber im Bereich der Medizin könnten gezielte Aktionen dazu führen, daß nicht mehr das Wachstum der Gesundheitsindustrie die führende Rolle spielt, sondern die Gesundheit des Einzelnen. Ivan Illich fordert die Wiederherstellung der persönlichen Verantwortung für die eigene Gesundheit, denn weder von neuen Therapien noch von neuen Medikamenten sei ein besserer Gesundheitsstatus zu erwarten, sondern nur von der Bereitschaft des Einzelnen, an seiner Gesundheit mitzuarbeiten.

Die Voraussetzung dazu ist freilich eine Information, die wir heute entbehren. Denn im Gesundheitsbereich wurden wir nicht aufgeklärt. Unkenntnis hat immer Abhängigkeit im Gefolge. Unsere Abhängigkeit ist so perfekt, daß wir nicht mehr in der Lage sind, mit kleinsten Beschwerden allein fertig zu werden. Längst hat sich auch die öffentliche Meinung dahin entwickelt, jemanden, der nicht gleich zum Arzt geht, als unangepaßt und rückständig zu betrachten. Das chinesische Gesundheitswesen, das vom Westen mit wachsendem Interesse betrachtet wird, arbeitet auf der Grundlage der Information. Eine Pekinger Ärztedelegation, die sich kürzlich in München aufhielt, berichtete, daß der chinesische Gesundheitsdienst zu 80 % vorbeugende und aufklärende Arbeit leiste. Jede medizinische Erkenntnis wird nach gründlicher Erprobung bis in das letzte Dorf weitergeleitet, und schon in der Schule wird den Kindern Sicherheit im Umgang mit vorbeugenden und heilenden Praktiken vermittelt.

Jetzt hat Frau Ochsenreiter mit ihren Heilkräutern doch noch einen kleinen Triumph geerntet. Rosina, die jüngere der Ochsenreitertöchter hat sich, als sie bei einem nahenden Gewitter das Jungvieh schnell eintreiben wollte, den rechten Fußknöchel gebrochen. Sie kam ins Krankenhaus, und als die Mutter sie besuchte, fand sie die Tochter über und über mit einem Ausschlag bedeckt. Das sei nicht schlimm, sagte die Krankenschwester, es komme nur von den schmerzstillenden Medikamenten. Aber Frau Ochsenreiter war da ganz anderer Ansicht. „Der Leib", sagte sie, „will das Gift so schnell wie möglich wieder los werden. Da drängt er's gleich zu allen Poren raus." Diesmal fiel es ihr gar nicht schwer, Rosina davon zu überzeugen, daß man so ein Gift nicht einnehmen könne. Der Schmerz, der da bekämpft wurde, saß gar nicht an der gebrochenen Stelle, sondern hatte sich nach Anlegen des Gipses am Knie eingestellt, das vor Jahren beim Weitspringen in der Schule verletzt worden war. Dieses Knie wollte nun Frau Ochsenreiter mit Arnikaumschlägen behandeln. Aber die Krankenschwester sagte, sie dürfe Medikamente nur nach ärztlicher Anordnung verabreichen, und Arnika gäbe es in ihrem Haus überhaupt nicht. Aber Frau Ochsenreiter ließ sich angesichts ihrer entstellten Tochter nicht einschüchtern. Sie besorgte sofort Arnikatinktur und Leinen und legte Umschläge um das schmerzende Knie. Die Linderung war schon nach kurzem spürbar. Der Arzt sagte zwar bei der nächsten Visite, die Einmischung von Laien müsse unterbleiben, aber er verordnete nun, statt der Tabletten, Alkoholumschläge. Das Anlegen dieser Umschläge erwies sich als eine so zeitraubende und umständliche Prozedur, daß die Krankenschwester nur einmal am Tag Zeit dazu fand. Aber zum Glück war durch die halbstündlich gewechselten Arnikaumschläge der Mutter der Schmerz schon nahezu verschwunden.

Ich erfuhr die Geschichte nicht von Anna Ochsenreiter selbst, aber sie war dabei, als mir Rosina alles erzählte. Etwas Besseres hätte Frau Ochsenreiter nicht passieren können, denn jetzt ist ihre Zuständigkeit auf einer neuen Ebene erprobt. Sie darf wieder mitreden, wenn's um die Gesundheit ihrer Töchter geht.

# Der Garten

In unserem Garten wächst, was wachsen will: Löwenzahn, den wir gleich nach der Schneeschmelze als Salat essen, Brennesseln, die wir dem Spinat beimischen und als Tee trinken. Schafgarbe, Frauenmantel, Zinnkraut, die wir als Heilkräuter sammeln. Eine solche Wiese darf man nicht mit dem Rasenmäher mähen. Wir benutzen eine Sense. Bei der ersten Mahd war das Ergebnis so stoppelig, daß ich mich entschloß, mir in der Nachbarschaft den Umgang mit der Sense beibringen zu lassen. Ich kam zur rechten Zeit. Die Bäuerin stand am Gartenzaun und dengelte ihre Sense. Seit ihrer Jugend ist sie gewohnt, die Ecken ums Haus von Hand zu mähen. Sie zeigte mir, wie flach die Sense geschwungen werden muß. Mit einer zweiten Sense mähte ich knapp hinter ihr, die Bewegungen meiner Meisterin mit halbem Auge verfolgend. Meine Mahd wurde zunehmend gleichmäßiger und was mich erstaunte, die Bewegung wurde immer leichter. Schritt und Schwung und Schritt und Schwung, keine Spur mehr von gewaltsamen Absäbeln. Die Bäuerin lachte als sie sah, wie rasch die Reihen hinter uns wuchsen. Plötzlich war sie verschwunden, kam wieder, in jeder Hand ein Glas Most, das wir auf der Gartenbank sitzend tranken. Vielleicht war das Mähen dran schuld: das Getränk schien mir kostbarer als alles je Getrunkene. „Schmeckt gut", sagte ich. „Ja", sagte die Bäuerin und zeigte auf drei der Bäume, die nahe beim Haus standen: „Es ist eine Mischung aus Berner Rose, Schafsäpfeln und Gewürztraminern. Dies Jahr tragen sie gut. Da bringen wir unsere zwei Fässer wieder voll."

# Der Most

Jakob Uhrenbeins Mostrezept: die reifen Äpfel werden in der Obstmühle zerkleinert. Der Saft in ein Faß gefüllt. In ein 100 Liter Faß werden 10 Pfund Zucker gegeben. Nach 6 Wochen Gärung wird das Faß verschlossen. Es bleibt zu bis Dezember. Manchen schmeckt der Suser, der sich in Gärung befindet, so gut, daß sich das Faß schon im Herbst zu leeren beginnt. Deshalb haben Mostliebhaber meist mehrere Fässer. Auf den großen Höfen gab es früher Faßriesen, die 3 000 Liter Most enthielten.

# Ein Tag in Bad Waldsee

Ich war früh dran. Ich wollte sehen wie die Stadt erwacht, wie sich die Häuser gegenüberstehen, ehe der Verkehrsstrom sie trennt. Ich wollte sehen, wie sich Rathaus und Kornhaus grüßen, wenn sie aus der Morgendämmerung auftauchen. Ich hatte Glück. Der Rathausplatz lag ausgeruht vor mir. Über den Fachwerkgiebeln sangen ein paar Vögel. Die Häuser, selbst das Rathaus in seiner ragenden Schönheit, waren so früh am Morgen noch nicht auf Individualität bedacht. Es sah so aus, als wollten sie zeigen, wie sie zusammenstehen, wie sie gemeinsam darauf aus sind, einen Platz zu bilden, einen Platz, der über Jahrhunderte Herzstück der Stadt war. Vom Spital her kam ein Mann des Weges. Er sah mich Umschau halten und sagte im Vorbeigehen: „Da steckt was drin in der Stadt." Der Satz gefiel mir, er enthielt nichts Überflüssiges und doch enthielt er schon beinahe alles. Der See bereitete in großer Stille sein Tagespensum vor. Noch kräuselte kein Windhauch den Wasserspiegel, nur eine Schwanenfamilie, die Jungen noch flaumig, hinterließ ihre Spuren. Auf dem Uferweg tauchte ein Sackträger auf. Quer über die Schultern trug er seine schwere Last, ein beinahe archaisches Bild. Der Mann stellte seinen Sack ab und strich sich mit dem Arm die blonden Haare aus der Stirn. Während ich auf einen Satz wartete, der mir, ähnlich dem vorhin gehörten, auf gut oberschwäbisch die Schönheit des Sees entschlüsseln würde, sagte der Blonde: „Heute nix gut, heute schweres Wetter." Er sollte recht behalten, denn was sich für Nichtsackträger zu dieser frühen Stunde wie ein strahlender Julitag anfühlte, endete mit Gewittern. Der Mann kam vom Marmarameer und weil der See so unübersehbar angeglüht im Morgenlicht lag, sagte er nach einer kleinen Verschnaufpause: „Das mein kleines Marmarameer." Solche Sätze konnte ich brauchen. Sie ersparten mir alle Superlative, sie waren schweißgetränkte Wahrheit.

Aus dem Schilf schimmerte violettgrün und samtschwarz das

Gefieder der Enten. Plötzlich sah ich am Ufer zwei Kinder sitzen. Sie warfen den Schwänen Grünzeug zu: Minze und Gras, Wegerich und Gundermann. Die Schwäne schnappten sich gegenseitig die Kräuter weg. „Ich heiße Michi", sagte der kleine Bub. „Stimmt nicht", sagte das größere Mädchen, „er will einen deutschen Namen, drum sagt er Michi, er heißt Achmed, ich heiße Hediye." Ich wunderte mich über die richtigen Sätze. „Wir sprechen immer Waldsee", sagte das Mädchen stolz. Ich erzählte den Kindern, daß ich in der Türkei war. Da wandte sich Achmed blitzschnell zu mir um und fragte: „Hast Du Großvater gesehen?"
Von St. Peter läuteten die Glocken zur Frühmesse. Daß es eine Schulmesse war, erkannte man gleich an den vielen Fahrrädern, die kreuz und quer auf dem Kirchplatz lagen. So unschuldig die Räder da herumlagen, dieser historische Platz forderte Erinnerung: Kreuz und quer, so ist überliefert, bedeckten am Weißen Sonntag 1530 die toten Rösser und Reiter den Platz.
Überhaupt die Geschichte! Sie verfolgt einen in dieser Stadt auf Schritt und Tritt. Wo man geht und steht, hört man „das Seufzen der Vergangenheit." Und da die Waldseer einst Grund hatten, besonders tief zu seufzen, hat sich die Geschichte auch besonders tief ins Bewußte und Unbewußte der Menschen eingegraben. Sie gehen damit um wie mit ihrer Familiengeschichte. Identitätsprobleme kennt diese Stadt nicht, sie ist durch und durch unverwechselbar.
Die Kirchgänger, ob alt, ob jung, hatten es an diesem Morgen eilig. Die herumliegenden Fahrräder schienen keine Erinnerung an den vergeblichen Reformationsversuch der Wiedertäufer wachzurufen.
An der Kirchentür türmten sich vertrauensvoll abgestellte Schulranzen und Badetaschen. Der Dominikus-Zimmermann-Hochaltar war in Licht getaucht, festlich, als gälte es Ostern zu feiern. Ein immerwährender Hallelujah-Altar, der Werktagsmessen in Hochämter verwandelt. Ein Lied wurde angestimmt: „Herr, deine Liebe ist wie Gras und Ufer, wie Wind und Weite

und wie ein Zuhaus." Aber die Worte ließen sich von der schwachen Melodie nicht transportieren, sie blieben an den Mündern hängen. Erst als „Lobet den Herren" ertönte, erfüllte sich die Basilika mit Gesang.
Draußen auf dem Gut-Betha-Platz duftete es nach frischem Brot. Wie eine Schutzheilige schaute die „selige gute Beth" von ihrem Denkmalsockel auf einen Backwarenstand. Der Tag hatte begonnen.
Ich wollte hinüber zum Schloßsee, dem kleinen wilden Bruder des Stadtsees. Aber kurz vor der Schloßbachbrücke „fesselt ein Zauber mich an". Ich sah diese alten Brückenbogen, aus grauen Steinen fest gebaut. Wie gewachsen überspannten sie den Bach. Das Schloß leuchtete hinter alten Bäumen. Friedlich lag es in seinem barocken Glanz. Es ließ nicht ahnen, wie schmerzensreich es in die deutsche Geschichte eingebunden ist. Hier wurde 1488 Georg III. von Waldburg, der Bauernjörg, geboren. Als Feldhauptmann des Schwäbischen Bundes hat er 1525 den größten Bauernaufstand, den es je gab, blutig niedergeschlagen. Während ich auf dem warmen Gemäuer der Schloßbachbrücke saß und den Truchsessenhof bewunderte, drang immer deutlicher das Gemuhe von Kühen an mein Ohr. Kurstadt mit Kühen, eine hoffnungsvolle Kombination. Ich ging dem Muhen nach. Es kam von der nahen Bleiche, dem weiten Platz, auf dem noch vor 100 Jahren die Weber ihr Leinen bleichten. Alte Waldseer erinnern sich, daß auf diesem Platz Freilichttheater gespielt wurde. Andreas Hofer, „vom Döchtbühl sah man die Pferde heruntergallopieren." Und „Preziosa" wurde gespielt. Das Wort schien wunderbare Erinnerungen zu wecken, es wurde andächtig wiederholt.
Auch heute spielte sich auf der Bleiche eine Art Theater ab. Mitwirkende waren Bauern aus ganz Oberschwaben, die Milchkühe, Bullen und Kälber vorführten. Es gab sogar ein gedrucktes Programm zu kaufen. Das Stück hieß: „517. Zuchtviehmarkt" und schlug man das Programm auf, stieß man auf große Starnamen: Chaplin, Garbo, Ikarus, Tarzan, Krimhild, Verdi,

sogar Rilke und Orwell waren vertreten. „Es geht los", brüllten ein paar Stimmen über den Platz. Menschenknäuel, die sich um Stände mit Kälberstricken, mit Kuhglocken und Bratwürsten gebildet hatten, lösten sich auf und strömten in die Viehmarkthalle. Nun war ich wirklich ins Theater geraten, in ein echtes Amphitheater mit stufenweise aufsteigenden Sitzen. Und unten in der Arena stand einer, der mit lebendigem Wortschatz die Tiere vorstellte: „Ein junger Weidebulle", hieß es da „grob im Horn, es fehlt ihm eine gewisse Eleganz, aber er kommt aus bester Milchfamilie. Urgroßmutter, Mutter und Tanten sind alle melksicher und gut über dem Durchschnitt." Manche Bullen nahmen ihren Auftritt zum Anlaß, sich mit ein paar kräftigen Sprüngen vorzustellen. Auch von den Bauern, die ihre Tiere vorführten, zeigten einige Sinn fürs Theatralische. Einer trug eine steife, grellbunte Jockeymütze, einem anderen steckte eine Riesenzigarre im Mund und da er seinem Stier besänftigend die Stirn graulen mußte, hatte er für die Zigarre nie eine Hand frei, erst recht nicht, als er das Versteigerungsergebnis heftig abwinkte. Stolz schritt er mit Stier und Zigarre aus dem Ring, denn 2300.–, das war kein Preis für ihn. Es gab auch junge Bäuerinnen, die sich in die Arena wagten: Eine Jeansträgerin, federnd im Ausschreiten, als hätte sie einen Araberhengst anzubieten. Eine Urmutter von Kuh wurde sehr sicher von einem jungen Mädchen geführt, das ein Marienmedaillon eng um den Hals trug.

Die Halle war voller Menschen. „Werden Sie steigern?", fragte ich meinen Nachbarn. „Wir sind Kurgäste", sagte er, „mir ist so ein Live-Theater lieber als Fernsehen."

Die Sonne stand schon hoch über der Stadt, als ich im Schatten des Schloßparks Kühlung suchte. Ich saß unter uralten Bäumen, efeubewachsen, mit weitausladenden Kronen, jeder Baum eine Welt für sich. Die Mittagstille wurde von einem Geräusch unterbrochen. Ein Mann schob einen leeren, zweirädrigen Karren vor sich her. „Sind Sie Kurgast?" fragte er freundlich. „Nein", sagte ich, „ich interessiere mich für Waldsee." Den Satz wiederholte er langsam, Wort für Wort, machte eine Pause und fragte dann: „Für die Kunst?“ „Für alles“, sagte ich, „auch für die Menschen.“ „Ja dann“, sagte er schmunzelnd, „zu den Waldseer Menschen gehöre ich schon seit siebzig Jahren, ich hab noch in Erinnerung, wie die Zugochsen die Bauernwagen durch Waldsee gezogen haben und wie sich die Ochsen vor der St.-Peter-Apotheke auf die Straße gelegt haben, weil sie dem Kräutergeruch, der aus der Apotheke kam, nicht widerstehen konnten. Den Ochsen hat man Heu vors Maul halten müssen, man hat sie sonst nicht vom Fleck gebracht. Ich muß oft dran denken, wenn ich den heutigen Verkehr vor der Apotheke sehe.“ Ich hatte es mit einem Erzähler zu tun, soviel war schon nach den ersten Sätzen klar. Er rückte sich seinen Karren als eine Art Rednerpult zurecht und fuhr fort: „Für uns war der See in unserer Kindheit das allerwichtigste, wir haben da gefischt und manchmal haben wir eine Mahlzeit für die ganze Familie zusammengebracht. Man durfte sich nur nicht erwischen lassen. Und natürlich wollte jeder schwimmen lernen. Ich war vielleicht sieben, als mein Bruder an so einem Julitag wie heute drei stabile Holzstangen in den See schmiß, mich drauf legte und mit Armen und Beinen rumhampeln ließ, bis er den Eindruck hatte, daß er es wagen könne, die Stangen wegzuziehen. Ich hampelte weiter und ging nicht unter. Mit der Zeit wurde ich dann ein Schwimmer. Trotzdem war ich einmal dem Ertrinken nahe, das war im Winter, als wir zu früh aufs Eis gingen. Wir gingen immer zu früh aufs Eis, weil wir nicht abwarten konnten, bis die Eisdecke dick genug war. Ich wagte mich zu weit hinaus und brach ein. Die Eisdecke, an der ich mich festhalten wollte, brach und brach, aber mein Bruder faßte mich am Kopf und zog mich raus. Viel schlimmer ist für mich die Erinnerung an meinen Freund. Wir hatten uns zu dritt getroffen in einer warmen Schreinerwerkstatt. Da stand ein Sarg herum, bis auf die Verzierungen war er schon fertig. Da legte sich mein Freund hinein und spielte den Toten. Ich bin erschrocken, ich hab gewußt, das darf man nicht. Wir sind dann zum See

gerannt, zum Schlittschuhlaufen. Da sind beide eingebrochen, mein Freund war nicht mehr zu retten."
Die Stille, die nun einsetzte, wurde nur von einem Eichhörnchen unterbrochen, das kleine, grüne Zapfen vom Baum fallen ließ. Mein Erzähler entdeckte in der Wiese ein Labkraut und nahm das zum Anlaß, von seiner Mutter zu reden, von ihren Kräuterbüscheln, die in einer Hinterstube trockneten, wo man nur mit einer Leiter hingelangen konnte. „Solche Verwinkelungen", fuhr er fort, „gab's in alten Waldseer Wohnungen. Verglichen mit heute, waren wir natürlich arm. Aber die Mutter war eine Lebenskünstlerin. Nicht nur wegen ihrem Pflaumenmus und ihrem Holdersaft, mehr noch, weil sie immer die richtigen Worte gefunden hat. ‚Du wirst es schon recht machen', hat sie zu mir gesagt, zu einer Zeit, wo ich es buchstäblich gar niemand recht machen konnte. Der Satz hat mir in meinem Leben viel geholfen. Viel geholfen hat mir auch, daß uns die Mutter früh beibrachte, daß man die Worte Franzos und Russ, Protestant und Jud nicht als Schimpfworte verwendet. Das waren damals gängige Schimpfworte. Und obwohl sie sich heute als Schimpfworte erledigt haben, zum größten Teil wenigstens, lernen die Leute nicht genug daraus. Sie lassen sich immer wieder Buhmänner vorsetzen, die bekämpft werden müssen. ‚So ist das halt', sagte mir ein Klassenkamerad, ‚Krieg hat es immer gegeben.' Seitdem mache ich meinen Gang am liebsten zur Mittagszeit, da ist es still, man hört höchstens eine Grasmücke oder ein Eichhörnchen."
Mein Erzähler hatte sich verabschiedet, war schon ein paar Schritte weitergegangen, da blieb er nochmals stehen, deutete auf eine lichtdurchflutete Buche und sagte: „Unter dem Baum hab ich als Kind Bucheckern gesammelt, bäuchlings bin ich durchs Gras gerobbt, eine Stunde hab ich gebraucht für einen Literbecher. Aus zehn Pfund Bucheckern hat die Ölmühle ein viertel Liter Öl gepreßt. Manchmal hat die Mutter die Bucheckern gemahlen wie Haselnüsse und Kuchen daraus gebacken. Damals waren die Tore zum Schloßpark noch versperrt. Aber

wir Buben haben immer einen Durchschlupf gefunden. Seit 1950 braucht niemand mehr zu schlupfen. Das war ein wichtiger Tag für uns Waldseer, als der Fürst und die Fürstin die Gartentore aufgeschlossen haben."
Obwohl der Nachmittag schon Schwüle verbreitete, ging ich, entlang dem Kreuzweg, hinauf zur Frauenbergkapelle. Welche Stadt hat schon eine Kirche, die ihre Bürger vor 500 Jahren eigenhändig erbauten, um unabhängig vom Kloster und den Chorherren beten, singen und feiern zu können. Und in welcher Kapelle sind solche Schätze vereint! Sie waren alle versammelt, die berühmten Zürn-Heiligen: Maria, Anna und die Sibyllen, Sebastian, Johannes, Rochus und Laurentius. Neun Kerzen brannten zu ihrer Ehre. Wer mochte sie angesteckt haben und mit welchem Anliegen?
Auf dem Heimweg flüchtete ich vor einem Gewitterguß unter ein Scheunenvordach am Stadtrand. Da saß der Altbauer auf seiner Bank und freute sich am niederrauschenden Regen. „Ich sitz am liebsten vorm Haus", sagte er lachend, „drinnen ist's so fein, da sollte man immer die Schuh auf den Buckel nehmen. Man merkt's jetzt bald jedem Haus an, daß wir eine Kurstadt sind. Die Stadt wird immer nobler, unsereiner weiß schon bald nimmer, in welcher Wirtschaft er einkehren soll. Da bleib ich lieber auf meiner Bank sitzen und schick einen von meinen Enkeln, wenn ich was brauch. Die sind mit dem Rad schneller wie ich gucken kann." Das klang alles sehr heiter und wenn man auf die Zwischentöne achtete, konnte man sogar Zufriedenheit heraushören.
Noch waren die Wolken mit Gewittern beschäftigt, aber der erste Platzregen ebbte ab und starker Gewürzduft drang aus dem Bauerngarten. „Wonach riecht es jetzt?", fragte ich. „Das ist der Estragon", sagte der Bauer, „der wächst dies Jahr mannshoch, ich brech Ihnen eine Strauß." Er reichte mir einzeln die duftenden Estragonzweige über den Zaun und sagte: „Mit Waldsee, da geht es unsereinem wie's einem kleinen Bauern geht, der einen berühmten Sohn hat. Er kann halt nimmer recht mithalten, aber stolz ist er trotzdem."

# Bäuerliche Wetterregeln

Im Januar Regen ohne Schnee,
tut Bäumen und den Wiesen weh.

Rauher Nord im Februar,
meldet an ein fruchtbar Jahr,
wenn er aber da nicht will,
kommt er sicher im April.

Trockener März und kühler Mai,
macht die Scheune voll mit Heu.

Es ist kein April so gut,
er schneit dem Hirten auf den Hut.

Maientau macht grün die Au.

Viel Gewitter im Mai,
singt der Bauer Juchhei.

Wenn kalt und naß der Juni war,
verdirbt er uns das ganze Jahr.

Wenn Ameisen im Juli ihre Haufen erhöhn,
wird man früh den Winter sehn.

Je dicker im August der Regen,
desto dünnern Most wirds geben.

September warm und klar,
gut fürs nächste Jahr.

Ist der Oktober warm und fein,
kommt ein harter Winter drein.

Hält November fest das Laub,
wird der Winter hart, das glaub!

Sperrt der Winter früh das Haus,
hält er es nicht lange aus.

Dezember kalt mit Schnee,
bringt Heu auf jeder Höh.

# Hoffnung in Isny

An einem warmen Sommertag im August fährt der Bäckerlehrling Peter nach der Tagesarbeit zum Baden. Er ist fünfzehn und beherrscht sein Fahrrad, aber an diesem Abend nützt ihm das nichts: ein Auto fährt ihn an und schleudert ihn durch die Luft. Peter bleibt wochenlang bewußtlos. Als er aufwacht, kann er nicht mehr sprechen; er ist gehbehindert; sein rechter Arm zittert; er sieht alles dreifach und hört ständig Klopftöne. Im Laufe der Monate bessert sich sein Zustand, aber er wird nie mehr in seinen alten Beruf zurückkönnen. Was geschieht mit einem solchen Jungen, wenn er aus der Klinik entlassen wird?
Er wird Rehabilitand. Das heißt: er wird Anwärter auf berufliche Wiedereingliederung. Die größte Umschulungsstätte liegt in Heidelberg; 1200 Menschen werden dort mit Hilfe von Computer und Sprachlabor einem neuen Beruf zugeführt.
Aber Heidelberg bleibt für viele ein schwer erreichbares Ziel: Man muß schon so weit gesundet sein, daß in den Testlabors innerhalb von zwei, drei Wochen festgestellt werden kann, für welche Ausbildung man sich eignet. Danach geht diese Ausbildung dann so schnell voran, daß man ohne gewisse Grundkenntnisse nur schwer mitkommt. Alle Fälle, die einer Umschulung nach dem Heidelberger Modell nicht gewachsen waren, blieben bis vor kurzem auf der Strecke, – sie landeten meist in einem Heim mit beschützender Werkstatt, wo einfachste Vorarbeiten für Industrieartikel geleistet werden.
In Isny im Allgäu, wo seit Kriegsende ein Versehrtenheim besteht, hat man erkannt, daß in der Kette des Rehabilitationsablaufes ein Glied fehlt: es mußte ein Ort geschaffen werden für alle jene, deren Gehirntätigkeit oder manuelle Fähigkeiten nur langsam wieder aktiviert werden können, für Leute mit Bildungslücken, für Leute, deren Entschlußfähigkeit gelähmt worden war, nicht zuletzt für Leute, die vor ihrem Unfall gar nicht oder als Hilfsarbeiter tätig waren und die erst langsam mit der Welt des Lernens vertraut gemacht werden mußten. Viele Men-

schen erleben hier erstmals, daß Lernen Spaß macht. Freilich, sie haben eine Motivation: sie wollen trotz ihrem Unglück in die Gesellschaft zurück. Aber ebensoviel, wenn nicht noch mehr, bedeutet die Tatsache, daß sie zum ersten Mal in ihrem Leben eine Lernatmosphäre um sich haben: ein modernes college-ähnliches Gebäude, therapeutisch geschulte Lehrer, einen individuell arbeitenden Psychologen, klare Lernprogramme. Eine völlig neue Welt.

Der Bäckerlehrling Peter hatte das Glück, sofort nach der Entlassung aus dem Krankenhaus in diese neue Welt einziehen zu können. Glück, weil es immer noch passiert, daß gerade Jugendliche nach dem Klinikaufenthalt nach Hause geholt werden, – es gibt Eltern, die meinen, ein Behinderter habe es nirgends besser als zuhause. Für Peter gab es diesen Weg nicht. Die enge Kleinwohnung war mit Eltern und sieben Geschwistern ohnehin schon überbelegt. In Isny entwickelte Peter ungeheuren Fleiß. Selbst an Sonntagen suchte er Lehrer auf und fragte, was er noch zusätzlich arbeiten könne.

Ich wollte mit ihm über seine Isnyer Erfahrungen sprechen. Aber das Thema interessiert ihn nicht. Ihn interessiert nur *ein* Problem, das ihn völlig ausfüllte: Ich habe hier viel gelernt, sagte er, sehr viel, aber was nützt mir das, wenn ich nur so langsam sprechen kann? Mein Freund hatte gestern Besuch. Ein Mädchen war da. Ich kam mir schön blöd vor. Ich hab' es einfach aufgegeben, mich mit den beiden zu unterhalten. Keiner hört mir zu, weil ich zu lange brauche für meine Sätze. Und mein Arm, sagte er, sehen Sie diese Hand an: wenn ich sie nicht festhalte, zittert sie. Er hielt mir die Hand nahe vor die Augen. Sagen Sie, fuhr er fort, das kann doch nicht stimmen, die sind schon so weit mit der Wissenschaft, daß sie zum Mond fliegen, aber so ein bißchen Zittern bringen sie nicht weg. Das kann doch einfach nicht stimmen.

Peter sprach drei Stunden. Ihn faszinierte, daß da ein Mensch von *draußen* vor ihm saß. Draußen lebt das Heer der Normalen. Wird man es schaffen, von denen draußen akzeptiert zu werden, oder werden sie die Barriere des Mitleids, der Verachtung oder gar des Ekels aufrichten? *Draußen*, das ist die einzig entscheidende Instanz.

Ich kam zu einem Zeitpunkt, als Peter das dringende Bedürfnis hatte, sich dieser Instanz zu stellen. Dreimal ging er den langen Bibliotheksraum auf und ab. Dabei sagte er mit großem Ernst: Passen Sie gut auf! Sehen Sie etwas? – Nein, sagte ich beklommen. – Sie belügen mich, sagte Peter. Sie sehen doch, daß mein rechtes Bein etwas schleift. Jetzt nochmal, jetzt können Sie gleich drauf schauen auf das rechte Bein. Ich mußte Peters Ellenbogen festhalten, um nicht nur zu sehen, sondern auch zu spüren, wie der rechte Arm zitterte. Das Zittern löste sofort wieder die Assoziation mit der Raumfahrt aus. Den Satz: so ein bißchen Zittern müssen die doch wegbringen können, wenn sie schon auf dem Mond landen, hörte ich an diesem Nachmittag mehrmals. Ich hörte ihn zornig, ratlos, verzweifelt. Dieser Satz führt zum Angelpunkt von Peters Denken: Solange ich zittere, sagte er, wird kein Mädchen mit mir gehen. Ich schreibe jetzt etwas auf, damit Sie sehen, wie meine Hand beim Schreiben zittert. Etwas langsam, aber sehr schön schrieb er auf ein Blatt: Wie wolltest du dich unterwinden / kurzweg die Menschen zu ergründen? / Du siehst sie nur von außenwärts, / Du kennst die Weste, nicht das Herz! Ich nahm diese Lesebuchbotschaft zur Kenntnis und sagte: Sie kennen Gedichte auswendig? Obwohl dieser Text für ihn natürlich wichtig ist, distanzierte er sich sofort und sagte beiläufig: blöd. Dann fragte er streng: Wie war das Zittern? Ich sagte: Wenn Sie den Unterarm auflegen, merkt man fast nichts. – Es gibt Ärzte, die das wegbringen können, sagte Peter, es muß sie geben. Wenn ich rauskomme und die draußen sagen, ich sei ein Zitterer, dann nützt alles nichts, was ich hier gelernt habe.

Als ich ging, fragte ich: Kennen Sie den Mann, der Sie angefahren hat? Peter nickte: Ich habe ihn mal aufgesucht. – War er gut zu Ihnen? – Gut? fragte er verwundert zurück, er hat mir ein Glas Cola eingeschenkt.

Das Bundesministerium für Arbeit und Sozialordnung schätzt die Zahl der Behinderten in der Bundesrepublik auf vier Millionen. Jahr für Jahr müssen fast 200 000 Männer und Frauen vorzeitig aufhören zu arbeiten, weil sie einen Verkehrs- oder Arbeitsunfall hatten, weil sie schwer krank wurden oder vorzeitig erschöpft sind. Das sind schlimme Zahlen für den Staatshaushalt, wenn man bedenkt, daß ein Behinderter, der nicht beruflich eingegliedert werden kann, den Staat oft Hunderttausende kostet. Diese Überlegungen haben den Apparat der modernen Rehabilitation in Gang gebracht. Was zweitausend Jahre Nächstenliebe nicht schaffen konnten, die um Profit besorgte Industriegesellschaft hat es in wenigen Jahren aus der Erde gestampft: Behinderte werden nicht länger auf Abstellgleisen betreut und mit Arbeitstherapie unterhalten, sie werden mit modernsten Mitteln auf einen vollwertigen Beruf vorbereitet. Was für manchen noch aussieht wie eine soziale Tat, ist in Wirklichkeit eine hart kalkulierte Rechnung. Denn selbst wenn eine Ausbildung drei oder vier Jahre dauert, die Kosten für eine lebenslängliche Rente oder lebenslänglichen Heimaufenthalt stehen dazu in keinem Verhältnis. Die „wirtschaftliche Nutzbarmachung" Behinderter ist ein äußerst lohnendes Geschäft. Deshalb wird auch an den Ausbildungsstätten nicht gespart. Verglichen mit dem übrigen Bildungswesen der Bundesrepublik liegen diese Ausbildungsstätten an der Spitze. Menschen aus den untersten sozialen Schichten haben außerhalb dieser Rehabilitationszentren keine Möglichkeit, eine so qualifizierte Bildung zu erhalten. Es ist nicht selten, daß in Isny sogenannte unterste Intelligenzgrade zu erstaunlichen Leistungen kommen.

Walter M. zum Beispiel, ein Hilfsarbeiter, der als Beifahrer in einem Lastwagen in eine Schlucht fiel. Er kam querschnittgelähmt nach Isny. Hätte man ihn nach seinen vorhandenen Kenntnissen eingestuft, er wäre nur für einfachste manuelle Tätigkeiten in Frage gekommen. Da er aber psychologisch und pädagogisch von Fachkräften aufgebaut wurde, entwickelte er

schon bald Interesse an den verschiedenen Lehrprogrammen. Rechnen wurde sein Lieblingsfach. Nach wenigen Wochen fiel auf, daß er auch schwierigere mathematische Aufgaben richtig lösen konnte, – eine Fähigkeit, von der Walter M. bis dahin nichts geahnt hatte. Jetzt steckt er schon mitten in der Berufsausbildung als technischer Zeichner.
Allerdings mußte dem Mann das Recht auf eine bessere Berufsausbildung erst erkämpft werden. Es gab nämlich bis vor kurzem ein Gesetz, das verfügte, eine Umschulung könne nur bis zum vor dem Unfall eingenommenen sozialen Status finanziert werden. Hilfsarbeiter mußte also Hilfsarbeiter bleiben. Für Walter M. wurden mehrere Gesuche geschrieben, aus denen hervorging, daß er in seinem Rollstuhl als Hilfsarbeiter nicht mehr tätig sein könne, wogegen seine Eignung als technischer Zeichner auffallend groß sei.
Auch Hannes M. ist ein Beispiel für die Möglichkeit, brachliegende Intelligenz zu wecken. Zeitlebens war er als hoffnungsloser Sonderschüler abgestempelt worden. Mit Fünfzehn machte er mit einer Jugendgruppe einen Ausflug; sie übernachteten in einer Scheune. Hannes wagte einen tiefen Sprung ins Heu. Er war ein sehr guter Sportler, – aber bei diesem Sprung brach er sich zwei Wirbel. Er verließ das Krankenhaus im Rollstuhl. Die Eltern nahmen den Jungen nach Hause. Da habe er's am besten, meinte die Mutter. Es wurde ein Berufsfindungstest gemacht, der nicht gut ausfiel. Das Arbeitsamt sagte: da er nur die Sonderschule besucht hat, wird er eine Lehre auf dem freien Berufsmarkt sowieso nicht schaffen.
Hannes verbrachte Monate in seinem Zimmer. Die Wohnung der Eltern war so eng, daß der Rollstuhl nicht bewegt werden konnte. Der Vater, kriegsversehrt, konnte den Jungen nicht vom zweiten Stock an die frische Luft tragen. Es war reiner Zufall, daß ein Diakon Hannes entdeckte. Der Mann begann sofort, Briefe zu schreiben. Er wollte, daß der Junge etwas lernt, irgend etwas. Es sei nicht zumutbar, mit sechzehn Jahren untätig in einem Rollstuhl zu sitzen, der wegen Platzmangel noch nicht

einmal bewegt werden könne. Obwohl der Junge bereits abgeschrieben war, ließ der Diakon nicht locker. Er erreichte, daß Hannes nach Isny kam. Nicht in die Rehabilitationsabteilung, denn dafür fand sich kein Geldgeber, aber immerhin in das Heim mit seinen beschützenden Werkstätten.
Der Leiter der Rehabilitation sah sich den Jungen an, sprach des öfteren mit ihm und drückte ihm schließlich die Grundübungen zum Lehrprogramm „Deutsch" in die Hand, eine einfache und einleuchtende Sprachlehre. Durch Fragen, kleine Übungstexte und Wissensprüfungen wird Interesse an der Sprache geweckt, – bei Hannes so elementar, daß es nicht mehr zu bremsen war. Noch ehe sich ein Kostenträger fand, gehörte er zu den Rehabilitanden, und schon nach drei Wochen hatte der ehemalige Sonderschüler, der als auf dem untersten Intelligenzgrad stehend getestet worden war, acht Fächer belegt: Rechnen, Raumlehre, Rechenschieberübungen, Technisches Zeichnen, Meßtechnik, Geldwesen, Deutsch, Gesellschaftskunde. Eines Tages kam er zu seinem Lehrer und sagte: Können Sie mir mal erklären, was Wurzelrechnungen sind? – In vier Wochen sind Sie soweit, dann gehört es zu Ihrem Pensum. – Erklären Sie mir's jetzt. Es ärgert mich, wenn die anderen, die schon länger da sind, von etwas reden, was ich nicht verstehe. An Ort und Stelle wurde Hannes das Wurzelziehen erklärt. Er bekam ein DIN-A 4-Blatt, das voller Wurzelaufgaben war. Er lieferte das Blatt am nächsten Tag mit den richtigen Lösungen ab.
Skeptikern mag das zu emphatisch klingen, aber nichts liegt härter an der Realität als eine solche Entwicklung. Bernstein, der mit seiner Theorie von Sprache und Klassenbindung die pädagogische Diskussion besonders bereichert hat, betont den großen Wert der pädagogischen Umwelt. Die entscheidende Bedeutung liegt nach ihm darin, daß Schüler zuerst einmal voll akzeptiert werden, bevor ihnen zugemutet wird, ihrerseits den Lehrer zu akzeptieren. Und zwar müssen Schüler nicht nur als Person akzeptiert werden, sondern mit ihrem gesamten Her-

kunftshintergrund. Ein Lehrer, der ja meist der Mittelschicht angehört, muß also, wenn er Schüler der Unterschicht vor sich hat, die Kultur der Unterschicht kennen und als Ausgangspunkt benutzen. Nur so kann ein fruchtbarer Lernkontakt entstehen.
Das funktioniert in Isny sehr gut, obwohl sich der verantwortliche Pädagoge nicht sehr mit Theorien auseinandersetzt. Dieser Mann hat den Vorzug, selbst Handwerker zu sein; er ist gelernter Tischler und Dreher. In diesen Berufen unterrichtete er früher Behinderte. Aber da seine Begabung auffallend war, kam bald eine pädagogische und berufstherapeutische Ausbildung hinzu. Er ist unverheiratet geblieben und wohnt mit seinen Schülern Tür an Tür, – jederzeit für jeden zu sprechen. Er ist sehr skeptisch gegenüber den Gutachten, die sich in den Personalakten der Schüler befinden; um nicht mit irgendwelchen Vorurteilen belastet zu sein, sieht er sich die Akten erst an, wenn er den Menschen schon genau kennt. Jedem will er die Chance geben, neu anzufangen. Das Problem dieses Lehrers ist nicht, seine Schüler zu gewinnen, denn er wird von allen anerkannt. Sein Problem ist eher, dafür zu sorgen, daß einzelne nicht zu fest Wurzel fassen. Das Haus ist eine Durchgangsstation; der längste Aufenthalt ist auf neun Monate bemessen. Dann ist die Vorarbeit geleistet, und der Sprung in die eigentliche Berufsausbildung muß gewagt werden.

Wenn man Hannes treffen will, muß man in den Zeichensaal gehen, wo die Reißbretter stehen. Da übt er in seiner Freizeit. Früher hatte ich's da, erzählt er mir und deutet auf seine gelähmten Beine, und jetzt hab' ich's da, – dabei deutet er lachend auf seinen Kopf.

Auch Hannes hat, wie jeder Behinderte, seine Auseinandersetzung mit der Welt draußen. Freilich ganz anders als Peter. Peter kann wieder laufen. Er richtet alle Energie darauf, sich von den Gesunden nicht zu unterscheiden. Hannes dagegen ist an den Rollstuhl gebunden. Er hat den Gesunden gegenüber eine Position bezogen, die sich auf die Formel bringen läßt: Na und? Wir leben genau so wie Ihr! Er versteht nicht, warum die Gesunden so viel hermachen von der Sache. Sie sollten einsehen, daß der Unterschied nicht so groß ist, wie sie sich einbilden. Sie sollten begreifen, daß einer im Rollstuhl genauso *lebt* wie sie selbst.

Fast sechs Millionen wurden für den Neubau in Isny aufgebracht. Die evangelische Heimstiftung hat großzügig geplant: Hallenbad, medizinische Bäder, Massageräume, Gymnastiksaal, – es fehlt an nichts. Aber die Bürokratie, die den modernen Apparat in Bewegung setzt, scheint nicht Schritt halten zu können. Die Bürokratie, das sind die einzelnen Kostenträger. Jeder, der in Isny einzieht, braucht eine Stelle, die den Aufenthalt bezahlt. Oft genug muß ein Konkurrenzkampf geführt werden, bis sich ein Geldgeber gefunden hat, weil jeder die Zuständigkeit auf einen anderen abwälzen möchte.

Besonders schlimm ist es, wenn diese Sparsamkeit brutale Formen annimmt. Stellt sich nämlich heraus, daß die Intelligenz eines Rehabilitanden nicht wirtschaftlich nutzbar gemacht werden kann, so wird er erbarmungslos auf das frühere Abstellgleis zurückgeschoben. Es könnte jemand über die Intelligenz eines Propheten verfügen, – wenn das, was er an Verkaufbarem hervorbringt, nicht der Norm des Arbeitsamtes entspricht, werden für ihn keine Rehabilitationskosten mehr aufgebracht.

Wolfgang L. ist ein Beispiel dafür. Mit 14 Jahren erkrankte er an der Friedreichschen Ataxie. Sein Gleichgewichtssinn begann zu versagen, und seine Beine wurden gelähmt. Später kam eine Sprachlähmung hinzu. Er wurde von Heim zu Heim geschoben. Mit zwanzig Jahren lebte er in einem Altersheim. Da er nicht sprechen konnte, wurde er wie ein Idiot behandelt. Das war das Schlimmste, denn Wolfgang ist ein Mensch von intensiver Intelligenz. Eines Tages las er von einem Arzt, der Gelähmten das Sprechen beibringt. Er machte sich auf den Weg zu diesem Arzt. Er übernachtete in seinem Rollstuhl im Mainzer Bahnhof. Als er den Arzt am nächsten Morgen gefunden hatte, stellte sich heraus, daß er nur mit Kindern arbeitete. Aber Wolfgang durfte dann doch bleiben. Er bekam eine völlig neue Sprache. Nicht mehr den Dialekt seiner Kindheit. Er sprach hochdeutsch. Seit ich wieder sprechen kann, sagt er, ist alles gut. Nur meiner Familie bin ich etwas entfremdet. Das Hochdeutsch hat eine Barriere geschaffen. Solange ich Dialekt sprechen konnte wie sie, gehörte ich selbstverständlicher zu ihnen.

Nach vierzehnjähriger Odyssee durch meist abenteuerliche Unterkünfte wurde nun auch Wolfgang L. die Chance gegeben, sich beruflich zu qualifizieren. Seine Intelligenz wurde überall erkannt. Ein kluger Psychologe schrieb: Die Langsamkeit seiner Sprache und seiner Bewegungen könnte leicht zu einer Unterschätzung seiner geistigen Fähigkeiten führen. Aber die Langsamkeit seiner Sprache und seiner Bewegungen ist unerheblich für das, was Wolfgang L. vor hat.

Lange bevor er nach Isny kam, war der Plan gereift, die eigenen Erfahrungen aufzuschreiben. Schon als er die ersten vier Heimstationen hinter sich hatte, begann er in einem Haus der Krüppelfürsorge mit seinen Schreibversuchen. Es folgten noch fünf weitere Stationen mit extremen Erfahrungen. Wolfgangs Bedürfnis, diesen Leidensweg in einem Buch zu dokumentieren und damit seinen Schicksalsgefährten zu helfen, wurde immer größer. Aber schon im Stadium konkreten Planens erfuhr Wolfgang, daß die Bezahlung der Rehabilitation eingestellt worden sei: Da er fürs Tippen einer Schreibmaschinenseite fünf Stunden brauche, sei eine wirtschaftliche Nutzbarmachung seiner Fähigkeiten nicht zu erreichen. Erst wenn ein Behinderter zeigt, daß er in der Lage sein wird, durch seine Arbeit mindestens 190 Mark monatlich zu verdienen, ist er berechtigt, Rehabilitationskosten und Berufsausbildung in Anspruch zu nehmen.

Wolfgang hatte seine Schreibmaschine erst drei Tage, als er die Nachricht seiner Entlassung bekam. Das Abgeschobenwerden bewirkte bei ihm einen totalen Zusammenbruch. Er wurde aus dem Neubau der Rehabilitation in den daneben liegenden Altbau verlegt, wo die Behinderten leben, die für diese Art der Umschulung nicht mehr in Frage kommen. Was Wolfgang L. nicht bewältigen konnte, war der Umzug aus dem Haus der

Hoffnung in das Haus der Resignation. Nach so vielen Jahren des elenden Herumgeschobenwerdens hatte er endlich einen Ort erreicht, an dem er auflebte. Er lernte und las begierig und arbeitete in Gedanken an seinem Buch. Obwohl dieses Buch ein Dokument der Hoffnungslosigkeit werden soll, war ein Schlußkapitel „Hoffnung in Isny“ geplant.[1]
Der Vertreter des Landesarbeitsamtes hat die Einweihung des Isnyer Berufsförderungswerkes zum Anlaß genommen, zu sagen, daß die heutige Volkswirtschaft in *diesem Krieg auf Leben und Tod* jeden Einzelnen dazu bringen muß, qualitativ das Höchste zu leisten.
Es ist völlig klar, daß gesellschaftliche Probleme wesentlich praktischer Art sind. Sie können mit noch so redlichem Idealismus nicht bewältigt werden. Die Rehabilitation bedarf auch keiner humanitären Verbrämungen. Sie wären allzu durchsichtig. Es fragt sich nur, ob man bei Behinderten die gleichen Maßstäbe wirtschaftlicher Brutalität anwenden kann, wie sie sonst allgemein üblich sind.
Einer der wenigen weiblichen Rehabilitanden in Isny ist Regina N. Sie ist durch spastische Lähmungen stark gehbehindert. Man erkennt sie weithin am Rhythmus ihres Gehens. Trotzdem ist sie ein heiterer Mensch. Sie ist apart gekleidet und bringt naturgemäß einige Bewegung in die Runde der Männer. Beim Sprechen entwickelt sie bemerkenswerten Charme.
Nach ihrer Ausbildung will sie im Büro eines Heimes tätig werden. Sie würde ihren Beruf auch gerne draußen, unter „normalen Menschen“ ausüben, wenn nur diese „Normalen“ den Behinderten etwas mehr Selbstverständlichkeit entgegenbringen würden. Es sei befreiend, wenn ein Vorübergehender einmal sagen würde: Können Sie mir sagen, wo die Klopstock-

[1] 1980, kurz nach seinem Tod, ist das von Wolfgang L. geplante Buch wirklich erschienen. Martin Walser schrieb im Vorwort: „Angesichts des Leidensdrucks, dem hier erzählerisch zu begegnen war, ist das eine schier unfaßbare Leistung.“ (Winfried Leuprecht: Der Versuch, aufrecht zu stehen. Radius Verlag Stuttgart, 1980)

straße ist? Aber es sei ihr erst einmal in ihrem Leben begegnet, daß ein Fremder eine so normale Frage an sie gerichtet habe. Dagegen passiere es dauernd, daß die Leute entsetzt starren oder ihr Bedauern ausdrücken. Vor kurzem sagte eine Frau zu Regina: Was fehlt denn Ihnen? Regina sagte: Ich bin spastisch gelähmt. So, sagte die Frau, dann sind Sie wohl auch geistig nicht richtig?

Es kostet soviel seelische Kraft, sagte Regina, denen, die sich für normal halten, zu begegnen, daß man sich besser gar nicht darauf einläßt. Die meisten Bundesbürger wissen nicht, wie sie sich Behinderten gegenüber benehmen sollen.

Die Unsicherheit ist so groß, daß selbst Menschen, die ihre Berufsarbeit in den Dienst der Behinderten gestellt haben, nicht wissen, was sie den Gesunden an Kontakt mit Behinderten zumuten können. Wie anders ließe sich erklären, daß am Tag der Einweihung – als der Landesbischof dem Isnyer Werk den Namen des Urdiakons Stefanus gab – von den Behinderten selber keiner zu sehen war? Weder im Park, noch auf einem der breiten Flure konnte man einem Rehabilitanden begegnen. Was immer Anlaß gewesen sein mag, das Gelände von Behinderten freizuhalten, der unausgesprochene, aber wahre Grund war zweifellos die bittere Frage: Kann man 300 Einweihungsgästen, die sich zu festlichen Reden versammelt haben, allen den Geldgebern aus Staat, Wirtschaft und Kirche, den Anblick der Behinderten zumuten? Oder würde ihre festliche Hochstimmung, in der sie sich zu weiterer Finanzierung angeregt fühlten, durch den Anblick in Depressionen verwandeln, die keinem Fest zuträglich sind?

Ein Behinderter hatte eine kleine Dreiminutenrede verfaßt. Er hätte so gern allen Leuten, die da erwartet wurden, gesagt, wie froh er ist, endlich einen Beruf gefunden zu haben. Das wäre natürlich mit Abstand die wichtigste Rede dieses Nachmittags gewesen. Aber wer konnte voraussehen, ob der spastisch Gelähmte im Augenblick der freudigen Erregung auch seinen Speichelausfluß unter Kontrolle haben würde?

Ein ganz spezieller Fall ist Manfred R. Er war sechs Jahre alt, als seine Heimatgemeinde von einer Spatzenplage heimgesucht wurde. Wer einen toten Spatzen abliefert, bekommt zehn Pfennig, gab das Rathaus bekannt. Der Sechsjährige stieg über das Geländer der Neckarbrücke, um ein Spatzennest auszunehmen. Er stürzte ab. Da sich nur in einer Irrenanstalt ein Heimplatz fand, kam das geistig völlig normale Kind für Jahre in einen Saal mit hochgradig debilen, ja sprachlosen Kindern. Kein Schulbesuch. Verfestigung der Beckenverschiebung. Dauernder Aufbruch der Liegewunden. Kein Einspruch der unwissenden Eltern, die glaubten, dankbar sein zu müssen, daß überhaupt Platz für das Kind war. Heute ist Manfred siebenundzwanzig. Irgendwann hat er auf seinem Leidensweg ein halbes Jahr lesen und schreiben gelernt. Mehr nicht. Da nun auch die Schwerbehinderten für Berufe mobil gemacht werden sollen, bekam er die Chance, nach Isny zu gehen. Kurzes Aufflackern einer nie gekannten Hoffnung. Die Tests zeigen Begabung für logische Denkabläufe, aber schon nach zehn Tagen legt sich Manfred zornig ins Bett. Zum ersten Mal ist ihm seine soziale Situation völlig bewußt geworden: warum hatte er nicht lernen dürfen wie andere Kinder? Seine Wunden am Becken sind nach wie vor offen. Wenn er bis zu den Armen unter der Decke liegt, gleicht er einem Helden aus einem Western, der sich nach einem Zehnstundenritt mal kurz ausruht. Er ist noch nicht am Ende des Weges. Er will um jeden Preis zu denen gehören, die weiter lernen dürfen. Aber er fühlt, daß er nicht mithalten kann. Hoffnung in Isny? Jeder Funken dieser Hoffnung sollte ernährt werden. Ein Land, zu dessen Lebensstil es gehört, täglich neue Behinderungen zu produzieren, darf wenigstens in diesem einen Punkt nicht nach Rentabilität fragen.

# Die Nagelfluhkette

Breit umarmt der Hochgrat das westliche Allgäu. Er ist der höchste Berg der Nagelfluhkette. Bunt leuchtet das Nagelfluhgestein. Es ist aus Geröllen von Granit, Gneis, Quarz und Glimmerschiefer zusammengesetzt. Wie Nagelköpfe ragen die Oberflächen der kleinen Geröllsteine aus dem Fels. Im Althochdeutschen hieß der Fels fluoh. Daher der Name Nagelfluh.

# Allgäuer Laienspiele

Nach fast zweijähriger Protestwelle gegen die Landschaftszerstörung sind im Allgäu zwei Laienspiele entstanden, die wirkungsvoll die Not einer Region zum Ausdruck bringen: „Zipfelmüllers Alptraum" heißt das Volksstück, das die Verbetonierung des Bauern- und Urlaubslandes aufs Korn nimmt. Junge Allgäuer aus allen Berufsschichten ziehen mit dem Stück von Ort zu Ort. Die zweite Arbeit ist der Spielfilm „Lond it luck", was soviel heißt wie: „Laßt nicht locker". Die Initiatoren des Films sind Studenten, die aus Lindenberg und den umliegenden Dörfern stammen. Gezeigt wird die Geschichte des Allgäuer Bauernkrieges von 1525, wobei es den Jungfilmern darauf ankam, Parallelen zu gegenwärtigen Interessenkonflikten zwischen Obrigkeit und Bauern aufzuzeigen. Die beiden Laienspielgruppen kennen sich nicht, trotzdem ziehen sie an einem Strang.

Da die Protestversammlungen der Allgäuer gegen einen Fortschritt, der schon bei der Asphaltierung der Alpwege angelangt ist, nichts genutzt haben, da die Einheimischen vor lauter Zweitwohnungsbau keine erschwingliche Wohnung mehr finden können, da Hotelblöcke, Wasserspeicherbecken und Fernwasserleitungen unentwegt weiter gebaut werden, da selbst die 24000 Unterschriften gegen den Autobahntorso im Weitnauer Tal ohne Wirkung blieben, hat sich nun der Protest neue Wege gesucht. Unabhängig voneinander entstanden zwei politische Laienspiele, die für überfüllte Säle sorgen.

Der Alptraum des Bauern Zipfelmüller, ein „humorvolles, zeitkritisches Volksstück" von Ernst Wirthensohn, zeigt das Allgäu im Jahr 2000. Ratlos stehen die Führungskräfte vor dem Ergebnis jahrzehntelanger Fehlplanung. Die Vertreter der großen Parteien, die sich gegenseitig die Schuld an dem Fiasko zuschieben, erregen Lachsalven. Da Beton und Asphalt nicht so leicht rückgängig zu machen sind wie Gebietsreformen, muß zu drastischen Mitteln gegriffen werden: es wird gesprengt. In den

Sprengmeister verliebt sich eine norddeutsche Urlauberin, die nach den letzten Resten der Natur sucht. – Also doch eine Klamotte mit den üblichen Ingredienzen? In der Tat wird der Inhalt des Spiels in dem für Volksstücke üblichen Klischee transportiert. Deftige Situationskomik in heimatlichen Urlauten sorgt für Stimmung. Aber es wird nicht nur gelacht. Manchmal stellt sich im Saal jene berühmte Stille ein, bei der man von der fallenden Stecknadel zu reden pflegt. Nicht etwa, weil auf eine Blut- und Boden- oder andere Heimat-Drüse gedrückt wird, sondern weil Realität mit einbezogen wird. So etwa, wenn der Zipfelmüller plötzlich aus seiner Rolle heraustritt und sagt: „Ich bin gar nicht der Zipfelmüller aus Sulzberg, ich bin der Bauer Frommknecht aus Weitnau. Über meine Wiesen wird die Queralpenautobahn gebaut." Der Appell dieses Bauern, die hohen Herren endlich zu bremsen, fällt auf fruchtbarsten Boden und zwar, weil das Stück an solchen Punkten über das Inhaltliche hinaus zu einer formalen Kraft gelangt, die überzeugt.

Was die Parteien im Wachstumsrausch versäumten, den Bürgern gegen Planungsirrtümer einen Beistand zu geben, hier wird es geleistet. Und zwar so wirksam, daß einer der behördentreuen Dorfbürgermeister versuchte, das Stück zu verbieten, was aber wegen großer Proteste wieder rückgängig gemacht werden mußte. Immerhin mußte der Autor und Regisseur des Stückes, Ernst Wirthensohn, Bauer und landwirtschaftlicher Berater, die Bedingungen des Bürgermeisters akzeptieren. Er mußte schriftlich versichern, keinerlei Anspielungen auf aktuelle Ereignisse im Kreisgebiet zu machen. Weder dürfe der Herr Landrat, noch die Bodenseeuferbebauung erwähnt werden. Groteskerweise mußte auch noch ein gängiger Allgäuer Name in einen anderen gängigen Allgäuer Namen verändert werden, weil zufällig auch ein Landtagsabgeordneter diesen Namen trägt.

Ein anderer Dorfbürgermeister wurde sogar von höchster Münchener Stelle zur Rechenschaft gezogen, weil er das Stück

in seiner Gemeinde zugelassen hatte. Der Bürgermeister, selbst ein begeisterter Laienspieler, der mit seiner katholischen Landjugend immer noch Stücke inszeniert, gab die für hiesige Verhältnisse kühne Antwort: „Ich kann mir das leisten. Ich bin einer der zwei parteilosen Bürgermeister in diesem Kreis."
Mit Kritik werden auch die Jungfilmer Klaus Gietinger, Leo Hiemer und Ralf Ruhl aus Lindenberg mit ihrem Bauernkriegsfilm „Lond it luck" verstärkt rechnen müssen. Denn ihr Stoff ist hart. Gezeigt wird, wie ein Bergdorf 1525 mit brutalen Herrschaftsmethoden buchstäblich in den Aufstand getrieben wird, einen Aufstand, der von der übermächtigen Obrigkeit niedergeschlagen wird, bis der letzte Bauernhaufen zerrieben ist. Der Film hält sich an geschichtliche Quellen. Für Skeptiker liegen bei der anschließenden Diskussion die historischen Texte parat.
Was hat nun aber die Not der Bauern von 1525, die unter Abgaben oder Leibeigenschaft stöhnten, mit den Problemen der Gegenwart zu tun? Was hat Maria, eine kinderreiche Witwe, deren Mann beim Holzsammeln von fürstäbtlichen Landsknechten erschlagen wurde, mit einer Bäuerin von heute zu tun? Was haben die Sterbegesetze von damals, wonach der Fürstabt beim Tod eines Ehepartners die Hälfte des Hofes kassierte, mit dem Hier und Jetzt zu tun? Wirklich nichts. Und dennoch: Im Allgäu hat sich in den fast zwei Jahren des ohnmächtigen Kampfes gegen die Fortschrittsplaner ein Bewußtsein geschärft, das diesen Film gegenwartsbezogen erscheinen läßt. Die Inhalte haben sich zwar völlig geändert, aber die Grundstruktur ist erhalten geblieben: Die Bauern haben kein Mitspracherecht, wenn es um die Erhaltung ihres Lebensbereichs geht.
170 Laienspieler wirken bei dem Film mit, auch Allgäuer Bauern und Reiter, alle in historischer Kleidung. Bilder von archaischer Einfachheit, langsame, intensive Abläufe, eine gut gebaute Handlung halten den Zuschauer in Bann. Der Mittelpunkt des Filmes ist die Szene, in welcher der Truchseß Georg von Waldburg, genannt der Bauernjörg, seinen Sieg über die

Bauern genießt. Angesichts der Dörfer, die er in Brand stecken ließ und angesichts des verzweifelten letzten Bauernhaufens sagt er zufrieden: „Die nächsten 500 Jahre machen die keinen Aufstand mehr."
In der Tat gibt es wohl keine Region, wo die Obrigkeitshörigkeit den Bauern so tief in den Knochen sitzt wie im Allgäu. Die Oberbayern, zum Beispiel, haben es geschafft, die Queralpenautobahn als „schädlich und nicht durchsetzbar" abzulehnen. Die Allgäuer Bauern sind zwar schon wieder soweit, daß sie in Protestversammlungen den Götz von Berlichingen schreien und die Obrigkeit eine Viererbande nennen. Sie haben sich auch in mehreren nächtlichen Angriffen handfest gegen die „städtische" Wasserleitung gewehrt, die nun auch den letzten Einödhof mit Chlorwasser versorgen soll. Aber wenn es zu Einzelverhandlungen mit der Obrigkeit kommt, dominiert immer noch die pure Angst und diese Angst wird unter der Hand planmäßig genährt, nicht nur mit Enteignungsgeflüster, sondern auch mit ganz konkreten Drohungen: „Wenn Ihr einen Prozeß macht, müßt Ihr für die Millionen aufkommen, die 25 Kilometer östlich schon in den Autobahnbau investiert wurden."
Was nun die beiden Laienspiele in den Augen der Fortschrittsplaner so gefährlich macht, ist die Tatsache, daß der Bürger Einsichten gewinnt, die in dieser Stärke nur emotional zu vermitteln sind. Vermutlich werden die großen Parteien versuchen, diese Emotionen aufzufangen. Spät zwar, aber doch noch rechtzeitig vor der Wahl darf das Allgäu hoffen. Sei es auch nur auf neue Wahlparolen.

# Der Dialekt

Das westliche Allgäu gehört zum niederalemannischen Sprachraum. Der Dialekt hat die mittelhochdeutsche Sprache, die zur Zeit der Hohenstaufen geredet wurde, weithin beibehalten. Als im 12. Jahrhundert is zu Eis wurde, wip zu Weib, hus zu Haus, blieben die Allgäuer bei den gewohnten Vokalen. Heute hört sich das so an: Luin d'Schufl a's Hus duss. Lehn die Schaufel an das Haus draußen. Hiere isch it d'Kappe duschet. Heiraten ist kein Kappen tauschen. S Wib stritt im Hüs und dr Bür duss. Das Weib streitet im Haus und der Bauer draußen. Immer wieder taucht in den Sätzen das „afange" oder „afo" auf: I sott afo hui – Ich sollte anfangen heimzugehen, hier mit der Bedeutung: Ich sollte endlich heimgehen. Wie im Mittelhochdeutschen, verwendet man zur Ortsbezeichnung nicht in und nach, sondern ze. Man sagt „z' Isne". Meist verdeutlicht man die Ortsangaben und sagt: „z' Gestratz dunda", „z' Moierhöfe dussa", „z' Maleiche doba". Der Dialekt hat schöne Worte aufbewahrt. So wurde aus dem mittelhochdeutschen loubelin (kleine Hütte, Vorbau) das Wort Löibele für Abort. Das Mädchen heißt Föhla. Die einen sagen, das Wort stamme aus der Römerzeit (filia), die anderen schieben das Wort den pferdeliebenden keltischen Vorfahren zu. Von unbekannter Herkunft, aber überraschend freundlichem Klang ist das Wort Fidle, mit dem der Allgäuer das Hinterteil bezeichnet.

# Große Höfe, kleine Höfe

Es schneite seit vier Tagen. Die Weidezäune waren nicht mehr zu sehen. Lautlos fielen die großen Flocken, die man im Allgäu Kindslumpen nennt, auf das Land. Erst als Frost einsetzte, wurden die Flocken klein und kleiner und stoben im Wind zu meterhohen Wehen zusammen. Zu jeder Tages- und Nachtzeit konnte man den Schneepflug fahren hören. Und als der Schneepflug es nicht mehr schaffte, kam ihm die Schneefräse zu Hilfe. Die Fräse bohrte sich durch die höchsten Verwehungen und schleuderte den Schnee in riesigen Fontänen zur Seite. Es entstanden Hohlwege, die zwischen senkrechten Schneemauern hindurchführten. Durch solch einen Hohlweg sah man um die Mittagszeit den Galgenbauer rennen. Er klopfte bei Wildemanns Hof ans Küchenfenster und schrie so laut er konnte: „Eure Grube läuft über. Die Bschütte läuft den Berg runter!" Das war eine Hiobsbotschaft, denn vor zwei Tagen erst war in der Zeitung zu lesen, daß mit zehntausend Mark bestraft wird, wer während der Winterszeit, wenn der Boden gefroren oder mit Schnee bedeckt ist, Gülle auf Wiesen bringt. Wie ein Kriminalroman in Fortsetzungen las sich, was seit Wochen in der Zeitung abgehandelt wurde. Der Bund Naturschutz und das Wasserwirtschaftsamt kündigten die totale Verseuchung der Gewässer an, und die Bauern fragten in verzweifelten Leserbriefen: Wo sollen wir hin mit der Bschütte? Unsere Gruben sind voll! Die Wildemanns rannten zusammen mit dem Nachbarn zur Viehweide, wo die Grube in die Erde eingelassen war. Sie sahen den blütenweißen Schnee durchfurcht von braunen Rinnsalen, die in Kurven den Weg ins Tal suchten. Kein noch so großer Schneefall deckte die Rinnsale zu. Der Schnee schmolz in der Bräune sofort und verstärkte den Trend zum Tal.

Warum konnte Wildemanns Grube die Gülle nicht mehr fassen? Warum wurde die Gülle zum Hauptgesprächsthema im Allgäu? Gut, der Winter war lang. Aber lange Winter waren im Allgäu eher die Regel. Wildemanns überlaufende Grube signalisierte, was schon lange ein offenes Geheimnis war: Es wird zuviel Gülle produziert, mehr als der Boden verkraften kann, von den Gewässern ganz zu schweigen. Früher konnte jeder Hof nur soviel Kühe ernähren, wie der Ertrag der Wiesen das zuließ. Seit die Futtermittel-Importe tonnenweise auch ins Allgäu gelangen, hat sich der Viehbestand vergrößert. Vergrößert hat sich auch das Mistquantum pro Tier, weil einer guten Milchkuh heute bis zu zehn Kilogramm Kraftfutter zum Heu hinzu gefüttert werden. Dazu kommt, daß in vielen Höfen die Misthaufen abgeschafft wurden. Kuhfladen, die früher zusammen mit Stroh und Streu den Festmist bildeten, gelangen heute gleich als Flüssigmist in die Güllegrube. Aus allen Ecken werden Stimmen laut, die vor einer Agrarpolitik warnen, bei der die Gülle zum Abfallproblem wird.

Für den Wanderer sehen die Allgäuer Höfe immer noch aus wie Überlebensburgen. Unter breitgiebligen Dächern sind Mensch und Tier und Heu und Holz gemeinsam untergebracht. Jeder Hof eine Arche Noah, die allen Gefahren gewachsen scheint. Aber der Schein trügt. In den vergangenen 25 Jahren ist die Zahl der Höfe auf die Hälfte zusammengeschrumpft. Aber nicht genug damit. Die Europäische Gemeinschaft schreibt eine Hofgröße mit mindestens 35 Milchkühen vor, in den höheren Bergregionen müssen es 25 Kühe sein. Die Allgäuhöfe sind von Natur aus kleiner. Berg und Tal haben ihnen Grenzen gesetzt. Wenn einer 18 Kühe hat, gilt er hier schon als stattlicher Bauer. Aber bei jeder offiziellen Verlautbarung bekommt er zu hören, sein Hof sei nicht existenzfähig. Kein Wunder, daß unter dieser Androhung immer mehr Kraftfutter eingesetzt wird, um das Milchergebnis zu steigern. Dabei gibt es viele Höfe, die schon mit 12 oder 15 Kühen gesund wirtschaften. Das Leben in diesen kleineren Höfen ist keineswegs ärmlich. Sie sind vielmehr der Nährboden für eine bäuerliche Kultur, die in Großbetrieben gar nicht gedeihen kann.

Da ist zum Beispiel der Tannenhof, am Waldrand gelegen. Fünf Kinder wachsen hier auf in einem Hauswesen wie es gesünder und schöner gar nicht sein kann. Aber der Hof kann nur 15 Milchkühe ernähren. Wie die meisten Allgäuer Höfe liegt er damit weit unter der von der EG geforderten Größe. Der Tannenhofbauer sagt dazu: „Fünfzehn Jahr lang ham mir uns immer wieder von der Beratung, aus der Presse, von überall her, sage lon müsse, daß ma mit fünfzehn Hektar nicht existenzfähig nicht daseinsberechtigt, nicht lebensfähig sei. Des hat auf uns so an wahnsinnig psychologische Druck ausgeübt, meh noch als der finanzielle Druck. Ma müßt eigentlich vor jedem Büer, der sich nicht von dere irrsinnige Idee leite lon hot, der sich so lang als dumm, rückständig, ebe als nicht daseinsberechtigt nastelle lon hot, ma müßt vor jedem Büre de Hut lupfe. No vor zwei Johr hann i mir von am Berater uf ar Versammlung sage lon müsse, daß i mit 15 Hektar bloß halb erwerbsfähig sei. Daß ma bei üs im Allgäu mit 15 Hektar lebensfähig si ka, des hängt domit zämmet, daß ma ebe möglichst unabhängig wirtschaftet. Und zwar unabhängig von Zukaufskraftfuttermittel und Handelsdünger. Wenn i des a bizzle auf unsere eigene Hof zuschnidere därf, mir hont also 15 Küh und 20 Stück Jungvieh. Mit dem könne mir einen Acht-Personen-Haushalt, des sind fünf Kind, ein Großvater und mir zwei, gut versorge. Drüber nüs hont mir vor 6 Johr an Jungviehstall für 12 Stück baut. Letschts Johr hamma an Maschineschuppe baut. Da möcht ich noch dazu sage, daß ma zu dem kei Mark vom Staat kriegt hont und trotzdem hont mir kei Mark Schulde aufm Hof. Jetzt tät mi bloß noch intressiere, wieso der Staat bisher bloß die große Höf hot welle und die kleine numma. Denn was bietet denn der Großbetrieb gegenüber dem Kleine? It meh und it weniger als wie an Arbeitsplatz und an Lebensunterhalt für a Familie. Bloß mit dem eine Unterschied, daß der klei Hof den Staat kein Pfennig koscht und der Großbetrieb, da steckt er laufend bloß Zuschuß ni.“

Der Bauer vom Tannenhof ist Landwirtschaftsmeister, die Bäuerin ist Meisterin der ländlichen Hauswirtschaft. Sie hat auf dem Hof schon viele Lehrlinge ausgebildet. Sie arbeitet nach

dem gleichen Prinzip wie ihr Mann, von Zukäufen so unabhängig wie möglich bleiben: „Daß mir auf dem Hof so gut lebe könnet, des hängt auch mit dem zemme, daß mir an sehr hohe Selbstversorgungsgrad hond. Des fangt mit der Hausschlachtung a oder wenn ma des Gemüs im Garte nehmet, mer hont fürs ganze Johr s Gemüs aus em eigene Garte. Mir ziehen auch die Pflänzle für de Garte selber. Auch der Apfelsaft wird vom eigene Obst gnomme. Da nehmen mir's Fallobst dazu, Tafelobst wird so eingelagert. Mir machen auch an Zwetschgesaft und sehr viel Marmelade. 's ganze Johr backen mir's Brot selber. Was vielleicht auch noch dazu ghört, ich tu selber gern nähe, mach die ganze Kinderkleidung selber und für mich eigentlich auch. Was auch an große Punkt ischt, des ischt die Heizung. 's ganze Haus wird mit Holz geheizt, mir hont selber sehr viel Abfallholz. Des tät in Öl umgerechnet zwischen fünf- und sechstausend Mark mache."
Als der Tannenhof-Bauer vor 6 Jahren einen Jungviehstall anbaute, wurde er von den Experten bedauert, weil er nicht den Mut zu einem größeren Stall aufbrachte. Mit dem Zukauf von mehr Kraftfutter und Handelsdünger wurde ihm vorgerechnet, könne er seinen Viehbestand wesentlich vergrößern. Und durch die Umstellung auf Flüssigmist könne er gleichzeitig das Arbeitspensum verringern. Aber der Bauer blieb bei seinem Misthaufen, weil er weiß, daß der Mist die beste und nachhaltigste Düngung ist. Die Vergrößerung der Herde lehnte er ab, weil er davon ausgeht, daß ein Hof nur soviel Vieh halten sollte, wie er selbst ernähren kann. Es gibt Allgäuer Bauern, die eine ähnliche Standfestigkeit bewiesen, aber die meisten haben sich doch unter der ständigen Androhung, ihr Hof sei nicht groß genug, um überleben zu können, zu hohem Kraftfutter- und Handelsdünger-Verbrauch überreden lassen. Einige haben es sogar, durch Zukauf oder Pachtung von Land, zu Großbetrieben gebracht. Von einer Begegnung mit einem Großbauern erzählte der Tannenhofbauer: „Ja, do bin i amol mit a ma Meisterkollege bei einer Meisterprüfung zamme komme, do hot der mi so usg-

froget und hot gsait: wo bischt du her? wieviel Küh hoscht du? was hoscht du für an Betrieb? No han i's dem so gsait, daß i zwische 12 und 15 Küh hab und 20 Stück Jungvieh und 15 Hektar. No hot sich der schon riesig gwundret, wieso des gong kennt überhaupt, daß i do finanziell durchkumm. No hon i gsait, des got gern, des siehsch jo, i bin ja allweil do. I mißt wohl schon längst verhungret si, wenn's nach dene Herre ging, aber i bin it verhungret, i leb grad noch gut. Am andre Tag sin mer wieder zemme kumme, no sait der zu mir: Du, i hab die halb Nacht it gschlofe, i hab allweil dir nachsinne müsse. No sag i, ja wieso muscht du mir nachsinne, mir bruchscht du it nachsinne. No sait er: ja, ja, aber i bin druff kumme, daß i der Sklave meines Betriebes bin. I ha 65 bis 70 Küh und ha an Laufstall, i kumm vor nachts um elfe nie ins Bett. Du hoscht meh vum Lebe, sait er, des han i schu gmerkt und die Familie hot au meh vun dir."
Die Universität Augsburg hat 17 Höfe untersucht, die auf moderne Intensivwirtschaft umgestellt haben. Den Bauern war von den landwirtschaftlichen Beratern Arbeitserleichterung vorausgesagt worden. Unabhängig voneinander sagten alle 17 Bauern, sie seien nach der Umstellung angespannter als vorher, der Streß im Betrieb habe erheblich zugenommen. Im Wortschatz der Allgäuer Bauern hat sich in den vergangenen Jahren ein neues Wort eingenistet, das inzwischen schon zur Umgangssprache gehört. Es ist das Wort: beratungsgeschädigt. Von Daniel B., zum Beispiel, sagt man, er sei ein Beratungsgeschädigter. Daniel B. hat, als der Vater starb, mit der 58jährigen Mutter zusammen den Hof bewirtschaftet. Er wollte mehr aus dem Betrieb herausholen und ließ sich beraten. Er bekam den Rat, einen stärkeren Traktor anzuschaffen, um auch die hochgelegenen Wiesen bewirtschaften zu können. Statt 10 sollte er 13 Milchkühe halten. Im Stall solle er nicht mehr einstreuen, sondern auf Flüssigmist umstellen, statt 10 Kilogramm, solle er täglich 70 Kilogramm Kraftfutter zufüttern und nicht nur die Talwiesen, auch die Bergwiesen sollten kräftig mit Handelsdünger versorgt werden. Daniel B. sah sich plötzlich einem Schulden-

berg gegenüber, dem er nicht mehr Herr wurde. Seine neun Geschwister, die freilich schon alle außer Haus waren, machten ihm Vorwürfe, weil der Hof selbst zu der Zeit, als er zehn Kinder zu ernähren hatte, nie in Schulden geraten war. Als sich die Zahlungsbefehle häuften, verschwand Daniel B. von seinem Hof. Es heißt, noch nicht einmal die Mutter wisse, wohin er gegangen sei.

Um in Zukunft Beratungsschäden auszuschließen, wird zur Zeit an einem Zentralcomputer gearbeitet, dessen Dienste jeder Bauer beanspruchen kann. Er braucht nur am Telefon die Nummer des Computers zu wählen und sein Problem vorzutragen, z.B.: Wiese am Nordhang in 800 Meter Höhe, starke Verunkrautung durch großen Ampfer, ein Hektar Fläche. Auf dem Bildschirm des Fernsehgeräts erscheint nun eine detailierte Beratung. Das für diesen Fall beste Unkrautvernichtungsmittel wird genannt, der beste Zeitpunkt, die notwendige Menge, die Anwendungsweise und darüber hinaus die Adresse des nächsten Maschinenrings, der bereit ist, für 900 Mark pro Hektar die Ausrottung vorzunehmen. Der Betrag für eine Seite Bildschirmtext liegt zwischen 99 Pfennigen und 9,99 Mark. Ab 1984 wird dieses Bayerische Landwirtschaftliche Informationssystem in Betrieb sein. Der Landesvorstand der katholischen Landjugend Bayerns stellt in seiner Zeitschrift „Grüner Brief" dazu folgende Fragen: „Sind die Informationen aus dem Computer wirklich so neutral und objektiv, wie immer versichert wird? Oder wird der Einfluß der Industrie und industrie-unterstützter Organisationen noch massiver? Wird der Bauer den Kontakt zur Natur, zu Boden, Pflanze, Tier noch mehr verlieren? Werden seine praktischen Kenntnisse und sein gesunder Menschenverstand weiter abnehmen? Ist Computer-infiltrierte Landwirtschaft noch bäuerliche Landwirtschaft?"

Die Zeitschrift „Grüner Brief" hat *ein* Thema: Sie will der Bauernjugend beibringen, daß die übertechnisierte und industrialisierte Landwirtschaft ein Irrweg ist, daß der Bauer von der Industrie gezwungen wird, gegen die Natur, gegen die Kultur, gegen die eigene Idendität zu handeln. Die Zwänge werden beim Namen genannt. Es wird erläutert, warum sich die landwirtschaftlichen Fachzeitschriften voll auf dem chemieintensiven Kurs befinden. Weil nämlich die großen Konzerne drohen, ihre Zeitungsinserate von 100000 D-Mark zurückzuziehen, wenn nochmals über natürliche Bewirtschaftungsmöglichkeiten informiert werde. Der Ruf nach industrie-unabhängiger Information wird immer lauter. Im württembergischen Bondorf hat sich ein Arbeitskreis junger Landwirte zusammengetan. Sie geben ein „Bauernblatt" heraus, das den Untertitel „von Bauern für Bauern" trägt. Das Blatt hat schon 3000 Abonnenten, alles Bauern, die mit der herrschenden Agrarpolitik nicht mehr einverstanden sind. Hier im Allgäu taucht immer wieder die Frage auf, warum drüben in der nahen Schweiz ganz andere Wege gegangen werden. Dort werden nicht die großen, sondern die kleinen Höfe gefördert, weil man weiß, daß die kleinen Höfe die gesünderen landwirtschaftlichen Zellen sind. Es wurmt die Allgäuer Bauern, daß ihre Höfe, die jahrhundertelang als normal galten, nun als kleine Höfe abgestempelt werden. Es wurmt sie auch, weil die Bevorzugung der großen Höfe das Klima im Dorf verschlechtert. Es ist heute selbstverständlich, daß anfallendes Pachtland nur noch von großen Höfen gepachtet wird, weil sie das Doppelte an Pacht zahlen. Der Konkurrenzkampf unter den Bauern ist härter geworden, weil lange genug die Angst genährt wurde, daß auch künftig nur die Hälfte der Höfe überleben kann. Aber es ist auch so etwas wie eine Trotzhaltung gewachsen. Die junge Bäuerin vom Sonnenhalb-Hof sagt: „Also Bäuerin sein ischt für mich nur wirklich schön auf em kleine Hof, wo ma alles im Griff hat und wo ma Zeit für die Kinder hat. I sieh halt soviel Beispiele an andre Bäuerinnen, die an große Hof hant. Die Frauen sind alle so verhärtet und haben keine Zeit mehr für die Familie oder Muße für irgend was anderes."

Allen Gesundschrumpfungsexperten sollte man diesen Hof vorführen, wo außer 15 Milchkühen eine Hausmusik gedeiht, wie man sie heute nur noch selten antrifft. Die Hausmusik muß erwähnt werden, weil sie ein Zeichen für die Gesundheit des Hofes ist. Der Hof ist schuldenfrei, weil er sich auf die Wachstumsexperimente der Intensivbewirtschaftung nicht eingelassen hat. Der Bauer ist der Überzeugung, daß einer auch mit 12 Kühen eine Familie gut ernähren kann. Er sagt: „Ich halte die Vorstellung von 25 Milchkühen im Voralpenbereich für völlig unbegründet, weil, wenn ich von unserem Hof ausgehe, der nun 15 Stück Milchkühe hält und 10 Stück Jungvieh und der gibt mir die Basis zu einem guten Leben. Es ist völlig ungerechtfertigt, zu sagen, Höfe unter 25 Stück Milchvieh sind nicht lebensfähig. Das ist eine Ungerechtigkeit und erzeugt im Grunde nichts anderes als Minderwertigkeitskomplexe bei den Landwirten."

Im Grunde wollte Mansholt, auf dessen Plan die Gesundschrumpfung der Landwirtschaft zurück geht, aus den Bauern, die bei dem Überlebenskampf übrig bleiben würden, so etwas wie Unternehmer machen, selbstbewußte Geschäftsleute, die, unterstützt von Computern, ihre Herde ernähren. Aber die Kleinbauern zeigten sich widerstandsfähiger als das Rentabilitätsdenken es für möglich gehalten hätte. Selbst zu der Zeit, als die Industrie gute Arbeitsplätze anbot, blieben viel mehr Bauern auf ihren kleinen Höfen als die Planer sich das ausgerechnet hatten. Nicht die geringen Einnahmen sind das Problem, sondern die Tatsache, daß viele Hoferben keinen Partner mehr finden. Die Bauernkinder, die in den vergangenen 25 Jahren geboren wurden, haben alle Berufe erlernt, in den allermeisten Fällen keine landwirtschaftliche Ausbildung. Die Bauerntöchter, die nun als Lehrerin, Arzthelferin, Krankenschwester oder Verkäuferin tätig sind, wollen kaum noch die Rolle einer Bäuerin übernehmen, weil ihnen das freie Wochenende und der Urlaub zu einem wichtigen Teil des Lebens wurden. Ein Teil dieser Bauerntöchter beteuert, daß sie nicht so sehr die Arbeit und das Angebundensein fürchten als vielmehr die ständige Bevormundung durch die Schwiegermutter, die ja meist unter dem gleichen Dach lebt. Eine Bauernzeitung, die zum Thema „Heiratschancen für Landwirte“ über Wochen hin ein Leserforum veranstaltete, mußte die Aktion abbrechen, weil sie der Fülle von Zuschriften nicht gerecht werden konnte. Es war von 55 000 Bauern die Rede, die nach einer Frau suchen. Die vereinfachende These, ein netter Bauer finde auch heute noch eine Frau, stimmt nicht mehr. Unter den zahlreichen Leserbriefen befand sich auch dieser: „In der bisherigen Diskussion wurde ein Kreis von Betroffenen nur am Rande erwähnt: Die vielen unglücklich verliebten Paare, die wohl schon lange verheiratet wären, wenn nicht beide einen Hof zu Hause hätten und als Hofnachfolger vorgesehen wären. Nun wird seit vielen Jahren die Entscheidung, wer seinen Hof verlassen soll, hin und hergeschoben, und es kommt zu keinem Ergebnis. Es wurde vorgeschlagen, der Bauernverband solle Treffen für Unverheiratete veranstalten. Wer würde sich dort treffen? Doch genau wie schon in den Fachschulen die auserwählten Hoferben und Hoferbinnen, die nicht zusammenfinden können, weil ihre Höfe 30 und mehr Kilometer auseinander liegen.“

Das Problem ist sehr groß. Denn was nützt den durchhaltewilligen Hoferben ihr Einsatz, wenn sie sich ausrechnen können, daß der Hof in der nächsten Generation keinen Erben haben wird? Das makabre Experiment: „Blonde Jugoslawinnen für deutsche Bauern“, das sich ein geschäftstüchtiger Heiratsvermittler ausgedacht hatte, verlief völlig erfolglos, was jeder Kenner der bäuerlichen Strukturen vorher schon wußte. Es ist schon ein ungeheuer progressives Bekenntnis, wenn ein junger Bauer heute sagt: Ich tät auch eine heiraten, die hochdeutsch spricht. Hochdeutsch, das bedeutet andere Denkansätze, andere Gewohnheiten, die erst einmal mit viel Geduld in das Hofleben integriert werden müssen. Bei dem Wort „hochdeutsch“ hebt die Altbäuerin Josefine S. zweifelnd die Schultern. Sie ist der Meinung, wenn der 36jährige Sohn und Hoferbe nicht heiratet, dann gibts ja trotzdem schon vier Enkelkinder in der Familie, die Kinder vom jüngeren Sohn und der jüngsten

Tochter. Sie wachsen zwar in der Stadt auf, aber eines von denen muß die Landwirtschaft lernen. Großmutter Josefine sieht da keine Probleme, denn so ein schöner Hof, der darf nicht in fremde Hände kommen. Daß die städtischen Enkelkinder jetzt in einer ganz anderen Welt aufwachsen, die Eltern sind Richter und Lehrer, das will die Altbäuerin nicht sehen.
Die Allgäuer Bauern haben ziemlich lange gebraucht, bis sie die überlieferte Bewirtschaftung der Höfe aufgaben und auf moderne Intensivlandwirtschaft umschalteten. Jetzt haben sie den von der Industrie so unermüdlich angepriesenen Wachstumskurs erreicht, da ertönen von den verschiedensten Seiten Mahnrufe. Zu den Mahnern gehört auch die Landvolkshochschule Wies. In Kursen und Seminaren wird der Ruf nach einer bäuerlichen Landwirtschaft laut. Was darunter zu verstehen ist, zeigt der Bericht des Jungbauern Ferdinand Schleich: „Beruflich war für mich in der Wies anfangs nur die Prüfung interessant. Mein Kopf war von der Landwirtschaftsschule her noch vollgestopft mit Begriffen wie Rationalisierung, Spezialisierung und Mechanisierung. Die Zukunft der Landwirtschaft, wurde uns gesagt, läge nur darin, immer mehr zu produzieren, immer größere Betriebe zu schaffen, eine industrielle Produktion von Lebensmitteln durchzuführen, und es könne nur der Betrieb überleben, der da mitmacht. Die Devise heißt: Wachsen oder weichen. – In der Wies wurden ganz andere Meinungen vertreten. Die industrielle Landwirtschaft sei nicht durchzusetzen, hieß es da, da der Boden nicht vermehrbar ist und die Erträge nicht ins Uferlose steigen können. Auch die Abhängigkeit von den Banken und den Einkaufs- und Verkaufsorganisationen werde immer größer, sodaß die Preise für Agrarprodukte noch mehr manipuliert werden können. Die Einsicht, daß es in der Landwirtschaft nicht so weitergehen könne, wurde auch von den meisten Kursteilnehmern vertreten. Alle waren sich einig, daß jeder Hof die Möglichkeit haben muß, weiter existieren zu können. Durch das großartige Gruppenerlebnis erfuhr meine bisherige Lebenseinstellung eine Änderung. Ich habe

erkannt, daß ich mich mehr im Dorf engagieren muß, wenn ich etwas verändern will."

Was alles geändert werden soll, ist im Wiesruf, dem Mitteilungsblatt der Landvolkshochschule auf vielen Seiten nachzulesen. Es wird kein Zweifel daran gelassen, daß der Wieskurs ein Gegenkurs zur offiziellen Lehrmeinung ist. Da ist vom Naturkreislauf des bäuerlichen Betriebes die Rede, keine Importfuttermittel, heißt es kategorisch, in keinem Fall darf die Anzahl der Tiere höher sein als Boden zum Ausbringen der Gülle vorhanden ist. Ja, es wird darüber hinaus „eine totale Bewußtseinsänderung" von den Bauern verlangt, naturbewußtes und nicht überzüchtetes Wirtschaften. Wohlgemerkt, Wies ist keine Ausbildungsstätte für biologische Bauern, sondern eine Volkshochschule für alle Bauern. Zweifellos gehen wichtige Impulse von der Wies aus, aber solange die Lehrfilme an den Landwirtschaftsschulen von der Düngemittel- und Futtermittel-Industrie hergestellt werden, solange die Intensivwirtschaft wie ein Evangelium angepriesen wird, ist es schwer, dagegen anzukommen. Vor allem weil sich die Meinung verfestigt hat, daß ein kleinerer Hof nur mit Handelsdünger und Kraftfutter überleben kann.

Der Bauer vom Steigmühlenhof sagt, das Gegenteil sei wahr, *er* könne mit seinem Hof nur existieren, weil er unabhängig von Handelsdünger und unabhängig von Kraftfutter wirtschafte. Der Hof kann nur 6 Milchkühe ernähren, ist aber ein Vollerwerbsbetrieb mit einem kultivierten Bauernhaus, in dem vier Kinder groß wurden. Der Hof wird häufig besichtigt von Bauern, die wissen wollen, wie man das macht, wie man mit 6 Kühen so ein stattliches Hofwesen führen kann. Die Rechnung klingt ganz einfach: Die Milch bringt dem Hof monatlich 1 200 Mark. Durch den Verkauf von Jungvieh, Holz, Honig und Gemüse steigen diese Einnahmen auf gut 1 800 Mark. Die Ausgaben sind sehr gering, nur im Winter wird den Kühen etwas Hafer und Gerste zugefüttert. Der Hof braucht weder einen Tierarzt noch einen Besamungstechniker. Jedes Frühjahr wird ein Jungstier gekauft, der mit der Herde auf die Weide gelassen wird. Im Herbst, wenn alle Kühe trächtig sind, wird der Stier wieder verkauft. Auch im Haushalt wird so wenig wie möglich dazu gekauft. Vom Brot bis zum Quark bereitet die Bäuerin alles selbst. Und sie beteuert, daß sie das auch mit einem großen Haushaltsbudget so machen würde, weil ihnen die gekauften Lebensmittel nicht schmecken. Dieser kleine Hof widerlegt alle Theorien der Intensivbewirtschaftung, denn er kann so gesund nur existieren, weil er nach dem biologisch-dynamischen Prinzip arbeitet und dem Kreislauf des Hofes möglichst wenig von außen zuführt. Der Steigmühlenbauer sagt dazu: „Das Problem ist halt das, daß der Kreislauf nicht mehr stimmt. Je mehr von außen in diesen Kreislauf reinkommt, je mehr weitet der sich aus, dieser Kreis. Man könnte fast bildlich das darstellen, daß dieser Kreis platzt. Es wird heute eben soviel durch diese intensive Bewirtschaftung und das Problem des Gelderwerbs in der Landwirtschaft, des nötigen Gelderwerbs, hineingenommen an künstlichen Düngemitteln und vor allen Dingen auch an Kraftfuttermitteln, daß sich alles dann niederschlägt in einem viel zu hohen Anfall an Flüssigdünger. Wir haben heute viel zu viel Gülle hier im Allgäu. Die Gülle hat in dieser hohen Menge eine krankmachende Wirkung auf den Boden. Wir haben eine Veränderung auf den Wiesen. Viele besonders wertvolle Pflanzen verschwinden immer mehr, das heißt, die Qualität nimmt ab, die Quantität nimmt zu. Man kann sagen, diese Agrarpolitik führt in erster Linie dazu, daß die Natur selber, die Grundlage der Landwirtschaft, der Boden, aber auch die Betriebsorganismen, die Bauernhöfe mehr und mehr erkranken. Die viel zu starke Anwendung von Flüssigmist und künstlichen Stickstoffdüngern führt dazu, daß die Gesundheit unserer Rinderherden und die Fruchtbarkeit dazu stark im Abnehmen begriffen sind. Man kann hier wirklich von einer Zwangsernährung sprechen, wenn in einem Jahr 3, 4, 5 oder gar 6mal auf dieselbe Fläche Gülle ausgebracht wird. Es ist kein harmonisch gesundes Pflanzenwachstum mehr, sondern eben wirk-

lich im wahrsten Sinn des Wortes eine Zwangsernährung der Wiese, und da ist das leicht zu begreifen, daß die Gesundheit der Tiere, die nun dieses Futter jahraus, jahrein fressen, stetig abnimmt."
Der Bauer vom Steigmühlenhof ist Landwirtschaftsmeister. Er gehört zum Gemeinderat seines Dorfes. Es gibt Bauern, die behaupten, er verstehe mehr von der Landwirtschaft als die praktischen und studierten Landwirte zusammen. Aber es gibt auch Bauern, die ihm übelnehmen, daß er behauptet, ein Hof mit sechs Milchkühen könne eine Familie ernähren, wenn dieser Hof biologisch, das heißt möglichst unabhängig von außen, wirtschaftet. Ärgerlich ist manchem auch, daß der Steigmühlenbauer nicht klagt über zu geringe Einnahmen. Er klagt zwar auch, aber seine Klage gilt dem Kurs, den die moderne Landwirtschaft eingeschlagen hat, weil die Schäden bald so groß sein werden, daß sie nicht mehr rückgängig zu machen sind. Seine große Sorge gilt den Streuwiesen, die, weil sie unrentabel waren, fast völlig aus der Landschaft verschwinden mußten, obwohl sie Lebensraum waren für viele Pflanzen- und Tierarten, die ohne Feuchtwiesen zugrunde gehen: „Es ist ja doch so, daß grade diese intensive Güllewirtschaft und die damit verbundenen Umbauten in den Stallungen dazu geführt haben, daß auf vielen Höfen überhaupt kein Festdünger, also kein Misthaufen mehr da ist, somit auch keine Streu mehr gebraucht wird. Das war dann ein willkommener Anlaß, die Streuwiesen so weit wie möglich durch Entwässerung zu Nutzwiesen, möcht ich einmal sagen, Kulturwiesen kann man das nicht nennen, daß man diese zu Nutzwiesen umgestaltet hat. Man hat hier im Voralpenland in den letzten Jahrzehnten 80 % der Streuwiesen umgestaltet. Das bringt sehr viele Probleme mit sich, weil die Bedeutung der Streuwiese überhaupt nicht mehr im allgemeinen Verständnis verwurzelt ist. Es handelt sich ja nicht nur darum, daß die Streuwiesen als Wasserspeicher, als Trinkwasserspeicher von allerhöchster Bedeutung sind, sondern auch die ökologische Bedeutung, die damit zusammenhängt, weil ja diese Streuwie-

sen immer Heimat und Lebensraum sind für so viele Tierarten, Insektenarten, Amphibienarten. Denken wir doch nur an die Schneckenplage, die in den letzten Jahren so unglaublich zugenommen hat auch in den Bauerngärten, auf den Höfen, wo man dann mehr und mehr mit chemischen Giften versucht, Herr zu werden und damit noch verschlimmert das ganze Problem dadurch, daß man ja dann die Erdkröten und die Blindschleichen und diese verschiedenen Eidechsenarten, die die Schnekken kurz halten, weil ja die Schnecken als Nahrung für diese Tiere dienen, daß man die auch mitvergiftet. Und eben daß man diese Lebensräume dieser Tierarten dadurch, daß man diese Streuwiesen alle vernichtet hat, diese Lebensräume für diese Tiere eben auch vernichtet hat. Bei uns ist immer zu bemerken, daß auch die Streue von den Tieren gern gefressen wird. Man kann beobachten, daß direkt ein Bedürfnis der Kühe, besonders der hochträchtigen Tiere und auch der Jungtiere danach besteht, sich immer wieder aus der Streue eben Futterpflanzen, die ganz bestimmt von größter Bedeutung für die Gesundheit und Fruchtbarkeit der Tiere sind, daß die Tiere sich diese Pflanzen rausklauben aus der Streue."

Der Steigmühlenbauer kann auf die oft gestellte Frage, wie er es anstelle, mit dem kleinen Hof eine große Familie zu ernähren, nicht schnell antworten. Es komme auf viele Einzelheiten an, sagt er, die Natur müsse beobachtet werden, damit man mit der Natur zusammenarbeiten könne. Fünf Höfe in der näheren Umgebung sind dem Beispiel des Steigmühlenbauers gefolgt und wirtschaften biologisch. Biologische Höfe findet man verstreut im ganzen Allgäu. Ein ganzes Nest solcher Höfe gibt es in Altusried. Da sind es gleich zwölf alteingesessene Bauern, über deren Stalltür das Schild „Bioland" hängt. Ist Altusried ein besonderes Dorf? Den Allgäuern ist es ein Begriff durch seine sommerlichen Freilichtaufführungen. Gespielt wird „Wilhelm Tell". Ernst Mader brachte das rebellische Theaterereignis auf die Zeilen:

„Z'Altusried
hau i gsea, wia oir
mit dr Armbruscht
an Beamta
von henda
verschosse haut.
Ond alle
hauts gfalle."

Wie immer die Zusammenhänge zwischen Wilhelm Tell und den Bio-Bauern geartet sein mögen, fest steht, daß man eine ganze Portion Mut braucht, um gegen den allgemeinen Strom zu schwimmen. Durfte man wirklich die Ratschläge der studierten Landwirtschaftsräte in den Wind schlagen? Hatte man nicht im eigenen Stall erlebt, wie die Milchproduktion mit Kunstdünger und Kraftfutter Jahr um Jahr anstieg? Konnte man es verantworten, auf Großväterweise zu wirtschaften, so, als habe es den großen Fortschritt nie gegeben? Sehr lange hat der Bauer Heinle diese Fragen hin und her gewälzt, bis er als erster in Altusried mit dem biologischen Anbau begann. Das Ereignis bewegte das ganze Dorf. Wie kam der Bauernobmann mit seinem vorbildlichen, modernen Hof dazu, umzustellen? Was war passiert?

Den Anstoß gab ein Feriengast, ein Zahnarzt aus München, der mit seiner Familie Bergurlaub auf dem Heinle-Hof machte. Die Heinles hörten freundlich zu, wenn der Doktor abends am Kachelofen vom aktiven Bodenleben der natürlich gedüngten Wiese sprach. Aber es ging sie zunächst nichts an. Sie waren auf Leistungssteigerung eingestellt und dachten nicht daran, ihren Kurs zu ändern. Hellhörig wurde Ludwig Heinle erst, als er an einem Sonntagmorgen das Radio einstellte und zufällig eine biologische Sendung über die Gesundheit im Stall zu hören bekam. Gesundheit im Stall, das war ein Thema, das Bauern, die auf ihre Hochleistungskühe stolz waren, gern verdrängten. Dabei war es beängstigend, wie die Anfälligkeit der Herde zunahm. Je mehr Milch eine Kuh gab, desto häufiger wurde sie krank. Das war eine Erfahrung, die keinem Bauern erspart blieb. Aus der Radiosendung erfuhr Heinle, daß die Kühe durch die hohen Kraftfuttermengen zu einer Milchleistung gezwungen werden, der sie gar nicht gewachsen sind. Er erfuhr, daß eine richtig biologisch gedüngte Wiese 40 Pflanzensorten hervorbringt, während auf einer Kunstdüngerwiese nur 18 Sorten wachsen. Den ganzen Winter hindurch hörten sich die Heinles jeden Sonntagmorgen zwischen 6 und 7 die Sendung über biologischen Landbau an. Sie kauften sich Bücher und Zeitschriften zu dem Thema. An einem Sonntag im Mai war es dann soweit. Sie fuhren hinüber in die Schweiz, um biologische Höfe zu besichtigen. Dieser Anschauungsunterricht war so überzeugend, daß fortan im Heinle-Hof kein Kunstdünger mehr gestreut wurde. Zu diesen Anfängen, die in das Jahr 74 zurückreichen, sagt Ludwig Heinle: „Im Frühjahr, da waren wir uns, meine Frau und ich, einig: Jetzt probieren wirs ganz einfach, wir kaufen heuer keinen Kunstdünger. Und eigentlich bliebs dann dabei bis heute. Wir haben seither keinen mehr gekauft. Zuerst gabs da und dort etwas Mindererträge. Es gab aber auf den schlechteren Böden, wo wir sehr viel Unkraut und tiefwurzelnde Kräuter hatten, die eben nicht so gut waren als Futterpflanzen, auf den Flächen hat sich der Futterbestand sehr schnell verbessert. Es kam Klee, es kam Futtergras. Wir waren eigentlich überrascht, wir waren erstaunt, daß das sein kann. Ja, die Sache, die lief dann recht gut, und man muß sagen, wir sind froh, daß wir's gemacht haben. Es hat sich so vieles geändert. Es hat sich der Pflanzenbestand geändert. Die Futtermenge ist zwar etwas weniger geworden, dafür aber die Qualität sehr viel besser. Die Kühe fressen das Futter sehr gern, und die Gesundheit der Tiere wird einfach besser. Man hat wieder mehr Freude an seinem Hof. Das hat sich dann auch so entwickelt, daß andere Kollegen uns verfolgt haben und aufgepaßt haben. Die haben ja gemerkt, der streut keinen Kunstdünger mehr. Ich hab auch kein Geheimnis gemacht aus der Sache. Ich hab gesagt, ich

probier das mal so. Nach einigen Jahren sind dann die anderen gekommen, einige, und haben gesagt: Ja, wie geht denn das! Ich hab gesehen, bei dir ist ja das Futter besser als bei mir und auch gleich viel, mich würde das sehr interessieren."
Der Bauer Heinle erzählt hier im Zeitraffer. In Wirklichkeit war das Mißtrauen seiner Kollegen zunächst sehr groß. Zwar sahen sie bald, daß die Heinle-Wiesen eine Flora zeigten, die man schon beinahe vergessen hatte. Und, was den Skeptikern besonders auffiel, Heinles Heu trocknete schneller. Da es nicht mit mineralischem Stickstoff gedüngt war, blieb der Nitrat- und Feuchtigkeitsgehalt geringer. Das bedeutete nicht nur weniger Hektik in der Erntezeit, es bedeutete auch besseres Heu. Denn je schneller das Heu trocknet, desto gehaltvoller ist es. Zu den Pluspunkten gehörte auch, daß man den Tierarzt beim Heinle-Hof viel seltener vorfahren sah als bei den übrigen Höfen. Aber wie stand es mit der Hauptsache, mit den Einnahmen? Danach wagte zunächst niemand zu fragen. Die Antwort wollte man dem Ortsobmann ersparen. Denn, daß einer, der statt fünf Kilogramm einer hochkarätigen Kraftfuttermischung nur noch eine Handvoll Getreide zufütterte, zurückstecken mußte, das war allen klar. Ja, wenn es für biologische Milch und biologisches Fleisch einen Markt geben würde, auf dem man Mehreinnahmen erzielen könnte! Jeder glaubte, sich an fünf Fingern Heinles Verluste ausrechnen zu können. Heinle sagt dazu: „Zuerst hat man ja immer Sorgen, man würde weniger verdienen, es würde bergab gehen mit dem Hof. Diese Sorge, die hatte ich auch. Die kann ich aber heute ruhig vergessen. Ich hab schon viele gefragt, hast du Schwierigkeiten? Dann hör ich immer dasselbe: Nein, mir gehts eigentlich wirtschaftlich eher besser, sagen die andern, und ich selber habs genau so festgestellt. Ganz einfach: Durch das bessere Grundfutter erzeugt man mehr Milch. Man braucht die hohen Ausgaben, die man früher hatte für Kunstdünger und für Kraftfutter in extremen Massen nicht mehr und hat trotzdem eine gute Durchschnittsleistung, daß man ein gutes Einkommen erwirtschaftet. Ich

mein also, mindestens gleichviel als mit dem extrem hohen Umsatz. Man vergißt überhaupt bei der Diskussion über den biologischen Landbau, wo man immer sagt, da hat man dann niedrigeres Einkommen, daß auch die Ausgaben extrem niedriger sind. Wir organisch-biologisch Wirtschaftenden, wir kaufen als Kraftfutter nur noch etwas Getreide. Natürlich hat da jeder seine eigene Möglichkeit. Er kann etwas mehr nehmen, er kann etwas weniger nehmen. Ich geh davon aus, daß wir möglichst wenig nehmen sollen, weil einfach die Kuh kein Schwein ist, weil die Kuh einfach ein Rauhfutterfresser ist. Wenn man die Kühe schon so aufzieht, dann sind die wirklich in der Lage, gute Leistungen zu erbringen, nur aus Heu, Grummet, beziehungsweise im Sommer Gras. Wenn man heute glaubt, man könne nur mit viel Zufüttern von Kraftfuter was verdienen, dann müßte man sich einmal auch überlegen, wieviel kostet denn überhaupt das Kraftfutter? Wenn man davon ausgeht, daß es Betriebe gibt, die 30 Zentner pro Kuh und Jahr verfüttern und der Zentner kostet etwa 30 Mark, dann sind das 900 Mark. Für 900 Mark muß er bereits 1500 Kilo seiner Milchleistung von der Kuh ausgeben nur fürs Kraftfutter. Das heißt, wenn er mit diesen 30 Zentnern Kraftfutter wirklich 6000 Kilo Milchleistung erreicht, dann hat er auch nur noch 4500. Und auf gut 4500 komm ich auch. Dann kann ich aber selbst die Düngerkosten, das Gesteinsmehl und die Tierarztkosten noch abziehen, dann hab ich trotzdem noch 4500 Kilo Milch, die eigentlich dann mir gehören für Investitionen, zum Wirtschaften und auch zum Leben der Familie."

Heinle galt in seinem Dorf als glaubwürdig. Grade wegen seiner Zuverlässigkeit wurde er immer wieder in den Gemeinderat gewählt. Aber diese Rechnung nahmen ihm seine Bauern zunächst nicht ab. Denn wenn alles stimmte, was Heinle sagte, dann konnte, was die Fachleute und die Fachpresse seit Jahren predigten, nicht stimmen, dann war nicht wahr, daß man nur mit noch mehr Kunstdünger und noch mehr Kraftfutter seinen Hof erhalten konnte. Am liebsten wär's den Altusriedern gewesen, wenn ihr Bauernobmann gesagt hätte: „Das war ein wichtiges Experiment, aber ich gebe zu, daß es so nicht geht". Wie gern hätten sie ihm die Extra-Tour vergeben, die Welt wäre wieder im Lot gewesen. Statt dessen wurde der Mann seiner Sache immer sicherer. Der Hof gedieh, die Kinder gediehen, im Garten wurde ein Sonnenkollektor gebaut. Als dann nach ein paar Jahren gründlicher Beobachtung des Heinle-Hofes nach und nach die ersten Altusrieder Bauern auf biologischen Landbau umstellten, war das Risiko nicht mehr so groß. Ein Nachbar Heinles sagt heute, er habe sich die Umstellung schwerer vorgestellt. Heinle habe immer gesagt, „wer umstellt, braucht an starre Grind". Aber so hart müsse der Schädel gar nicht sein, sagte der Nachbar. Er habe einfach alles vom Heinle abgeguckt und den Mistschleier dann genau so dünn ausgebreitet, die Gülle belüftet, den Umgang mit Gesteinsmehl gelernt. Der Nachbar ist 30, inzwischen ein streitbarer Bio-Bauer, bewandert in der Fachliteratur. Die meisten seiner Sätze sind Bekenntnisse. Er sagt: „Der biologische Anbau beschäftigt einen Tag und Nacht. Man wird ein ganz anderer Mensch. Man sieht Zusammenhänge." Er sagt: „Wir biologischen Bauern sind der Zeit so voraus wie die moderne Kunst, die in der Hitlerzeit so verdammt wurde. Es dauert noch ein paar Jahre bis jeder weiß, daß wir recht haben." Er sagt: „Uns hat man jahrelang zu Abhängigen gemacht. Zu Abhängigen der Düngemittel- und Kraftfutter-Industrie. Jetzt sind wir dabei, wieder Bauern zu werden."

Der Nachbar ist davon überzeugt, daß die nachwachsenden, jungen Bauern ausbrechen werden aus der Abhängigkeit, weil die kleinen Höfe nur überleben können, wenn sie so selbständig wie möglich wirtschaften. Ein Lehrer an der Landwirtschaftsschule sieht das ganz anders. Die Jungen, sagt er, seien auf Höchstleistung aus, sie wollten die Produktion des Elternhofes vergrößern, was natürlich nur mit moderner Intensivwirtschaft möglich sei. Einen dieser Jungen habe ich auf seinem Hof aufgesucht, den 24jährigen Bartholomäus, genannt Barthel. Er war drei Semester auf der Landwirtschaftsschule und hat, wie er lachend beteuert, sehr viel gelernt, nur habe er leider nicht das Richtige gelernt. Erst nach dem Besuch der Landwirtschaftsschule hat der junge Bauer biologisch arbeitende Höfe kennengelernt und sich entschlossen, biologisch zu wirtschaften. Barthels Vater war sofort damit einverstanden, weil er sich erinnerte, daß in seiner Jugend, als auf dem Hof noch kein Kunstdünger verwendet wurde, die Kühe viel gesünder waren. Barthel sagte: „Ich mußte mir massig Vorwürfe anhören von den Bauern, die nicht biologisch arbeiten. Die wollen das nicht hören, daß ich keine Verluste mache. Obwohl ich meine Karten offen auf den Tisch lege und vorrechne, daß ich 9 Prozent weniger Milch abliefere. Der Umsatz ist zurückgegangen, ja, aber das war doch nur ein Scheinumsatz, unterm Strich steh ich heute besser da". Barthels Vater demonstriert an den Kuhfladen die Gesundheit seiner Herde. Kompakt müssen die Kuhfladen sein, wo Kunstdünger und Kraftfutter dominieren, leiden die Kühe ständig unter Durchfall. Aber nicht nur das, die Unfruchtbarkeit steigt an, Euterentzündungen nehmen zu. Barthels Vater versichert, daß schon sieben Monate nach der Umstellung seine 27 Kühe gesund gewesen seien. Der junge Bauer hat keine Sorgen, eine Frau zu finden. „Die Mädle", sagt er „hören gern zu, wenn ich vom biologischen Anbau erzähl. Die Kerle weniger, die interessieren sich nur für Höchstleistungen. Sie hören ja auch nichts anderes. In der Landwirtschaftsschule wird der biologische Anbau höchstens nebenbei erwähnt".

Es gibt Dörfer und Weiler im Allgäu, wo kaum noch ein bewirtschafteter Hof anzutreffen ist. Bei einer Versammlung in Altusried erklärte ein Kreuzthaler das Sterben seines Dorfes so: „I bin vom Kreuzthal. Im Kreuzthal gibts inzwischen fascht überhaupt keine Landwirtschaft mehr. Es gibt noch zwei Bergbauern, die sind momentan am Aufhöre, und's gibt im Tal noch a paar Bauern, die kämpfen sich mit Ach und Krach durch. Der allerwichtigste Grund, wo die ganze Bauernsterberei im Kreuzthal angfange hat, war der Zeitpunkt als die Sennerei Kreuzthal, das heißt die Molkerei direkt im Ort, aufghört hat. Von da weg hat sich das gewaltig beschleunigt. Das heißt, so ein Sterben von Molkereien kann in ganz benachteiligte Gebiete sogar noch unwahrscheinliche Folge habe. Kreuzthal ischt heut landwirtschaftlich dot."

In der Tat kann die Bedeutung von Dorfsennereien nicht hoch genug eingeschätzt werden. Zunächst sind sie gemeinschaftlicher Besitz der Bauern, von den Vorfahren um die Jahrhundertwende eigenhändig erbaut und genossenschaftlich genutzt. Darüber hinaus ist die Dorfsennerei der wichtigste Kommunikationspunkt des Dorfes, denn da trifft man sich täglich beim Abliefern der Milch und tauscht Meinungen und Neuigkeiten aus. Seit es fast nur noch große Milchwerke gibt und die Milch am Hof mit dem Milchauto abgeholt wird, gibt es diesen Zusammenhalt, den die Dorfsennerei schuf, nicht mehr. Ein Ober-Allgäuer sagte dazu auf der Altusrieder Versammlung: „Der ganze Grund, warum sie die Sennereien zur Sau gemacht haben, auf deitsch gsagt, isch der: Die Sennereie, des war a Treffpunkt im Dorf. Do sin die Baure hi kumme. Sie hont mitnander schwätze könne und wenn irgend einer komme isch, vom Straßenbauamt von mir aus, un dem oine Bauer verzählt hot, Du, Dein Nachbar hot schon an Grund verkauft, obwohls gar net gstimmt hot, no hot der nämlich froge könne, weil er ihn obends in der Sennerei troffe hot, oder in der Früh. Und heit kann er des nämlich nimmer, weil bloß noch der Milchwage kummt und des isch alles."

Heute gibt es schon wissenschaftliche Untersuchungen, die nachweisen, daß das Sterben der Dorfsennereien keineswegs ökonomisch notwendig war, wie damals behauptet wurde. An den Sennereien, die überlebten, läßt sich zeigen, daß sie sehr wohl in der Lage sind, ertragreich zu wirtschaften, weil sie einen Käse produzieren, der von den Verbrauchern bevorzugt wird. Bürgermeister Kimpfler von dem Tausend-Seelen-Dorf Gestratz an der Argen sagt dazu: „Wir hier in Gestratz sind sehr froh, daß wir noch eine kleine Sennerei im Ort haben, einmal aus wirtschaftlichen Gründen, zum anderen gibt es hier noch den echten Allgäuer Emmentaler, frische Butter direkt vom Hersteller. Man kann die Milch abends abholen, frisch aus der Sennerei, frisch von der Kuh. Auch unsere Feriengäste schätzen diese Sennerei. Hier erleben sie noch direkt, wie der Käse hergestellt wird. Leider hat die Sennerei heute nicht mehr die Mittelpunktsfunktion wie sie sie früher hatte. Es sind nur noch wenige Bauern, die hier ihre Milch selber anliefern. Früher war's natürlich ganz anders. Jeder brachte seine Milch in seine Sennerei und dann war Gelegenheit die neuesten Begebenheiten auszutauschen. In diesem Zusammenhang erinnere ich mich noch an meine eigene Jugendzeit, wo auch ich die Milch zu einer kleinen Sennerei gebracht habe. Mein Vater hat oft gesagt: ‚Wo hoscht denn heit die Mill wieder na dong?' Sie sehen daraus, daß man oft lange gebraucht hat, bis man wieder nach Hause kam, weils eben so lustig war, weils eben so schön war, weil man sich getroffen hat und weil man die neuesten Begebenheiten erfahren konnte. Wenn wir die ganze Entwicklung in den letzten Jahren, ja Jahrzehnten zurückbetrachten, so müssen wir heute mehr denn je sagen, daß gerade die kleinen Betriebe, sei es nun die Sennerei oder sonst ein kleiner Gewerbebetrieb, daß auch die Bauernhöfe unbedingt erhalten bleiben müssen. Der Bauer hier in unserer Gegend ist der beste Landschaftspfleger. Es sollte daher bedacht werden, daß gerade die kleinen bäuerlichen Betriebe die Unterstützung erhalten, die sie dringend zum Weiterleben brauchen. Das Dorf sollte auch in Zukunft mit allem erhalten bleiben, was noch vorhanden ischt."

Das weitverstreute Dorf hat noch 85 Höfe, 42 davon sind Nebenerwerbsbetriebe. Der Bürgermeister rechnet seinen Zehn-Hektar-Hof zu den Nebenerwerbsbetrieben. Andere Kleinbauern fanden in der Zeit des wirtschaftlichen Aufschwungs eine zusätzliche Arbeit als Waldarbeiter, als Baggerfahrer, als Skiliftwart, als Käsereiarbeiter oder in den Fabriken der nahen Stadt. Von den 43 Höfen, die als Vollerwerbsbetriebe arbeiten, erreichen nur zwei die von der EG vorgeschriebene Größe. Der Bürgermeister beteuert, daß keiner der Höfe, ob groß oder klein, daran denke, die Landwirtschaft aufzugeben. Das war in den vergangenen 20 Jahren anders. Da gab es immer wieder Bauern, die umsattelten, ein Kiesgeschäft gründeten, ein Fuhrunternehmen, ein Möbelgeschäft, eine Fremdenpension. Heute dagegen gibt es nur noch die Entschlossenheit, auch den kleinsten Hof am Leben zu erhalten.

Der Entschlossenheit stehen freilich harte Zahlen gegenüber. Allein in Bayern liegt die Milchproduktion dieses Jahr acht Prozent über der des Vorjahres. In Irland, wo das Kraftfutter zu Schleuderpreisen zu haben ist, stieg die Produktion sogar um 24 Prozent. In Küstennähe wachsen überall Betriebe, die unabhängig von Weideflächen Großherden ernähren. Sie können billiger produzieren, so kommt es, daß in Allgäuer Supermärkten Billigquark aus Hamburg angeboten wird. Zur Zeit beträgt die Wachstumsrate des Butterberges 100000 Tonnen in drei Monaten, trotzdem nimmt der Milchkuhbestand ständig zu. Die Allgäuer Bauern sehen das mit wachsender Sorge. Der Bauernobmann von Gestratz sagt dazu: „Um die Milchmenge zu drosseln, wäre mein Vorschlag, daß man die Milch auf die Hektarfläche begrenzen müßte. Ein Beispiel: pro Hektar zirka 6000 Liter. Das wär für einen Bauern mit 10 Hektar 60000 Liter Milch und dann würde die flächenunabhängige Milchherstellung etwas gedrosselt. Mir wär nicht Angst vor der Kontingentierung der Milch. Ich habe 20 Hektar Land und bei 6000 Liter pro Hektar könnte ich immer noch 120000 Liter Milch abliefern."

Der Bauernobmann wäre bereit, ein paar Milchkühe weniger zu halten, denn die Vorstellung von dem immer mehr überlaufenden EG-Milchfaß bereitet ihm und seinen Kollegen Unbehagen. Der Bauernobmann ist von der modernen Intensivlandwirtschaft überzeugt. In den vergangenen zehn Jahren konnte er die Milchleistung pro Kuh und Jahr von 4300 auf 5900 Liter steigern. Ein Teil der Steigerung geht auf Konto der Rinder-Besamungsgenossenschaft, die den tiefgekühlten Samen anerkannter Stiere zur Verfügung stellt. Der größte Anteil der Milchsteigerung wird mit dem gezielten Einsatz von Kraftfutter erreicht. Gezielt, das heißt, jede Kuh bekommt entsprechend ihrer Milchleistung eine Kraftfutterzuteilung. Wenn die Kuh Gemse 28,8 Kilogramm Milch gibt, müssen täglich 8,4 Kilogramm Kraftfutter gefüttert werden. Die Kuh Alma dagegen, die nur 16 Kilogramm Milch gibt, bekommt nur zwei Kilogramm Kraftfutter. Alma würde mit mehr Kraftfutter nur fett wie ein Ochse, mehr Milch käme nicht dabei heraus. Der Bauernobmann teilt seinen Kühen das Kraftfutter mit dem Meßbecher zu. In den modernen Großställen besorgt der Computer die Zuteilung. Die Kühe tragen ein Halsband auf dem genau gespeichert ist, wieviel Kraftfutter ihnen zusteht. Wenn sie die Futterbox betreten, werden sie individuell bedient. Der moderne Stall ist ein Laufstall, die Kühe sind nicht angebunden. Sie können zur Kraftfutterbox gehen, zum Heufutter-Platz und zum Melkstand. Damit sie nicht mit den Hörnern aufeinander los gehen, werden ihnen schon im Kälbchenalter die Hörner abgenommen.

Kritiker behaupten: „Mit den Hörnern verlieren die Kühe ihre Antennen". Aber da in unserem Kulturkreis die Kuh nicht als heilig gilt, sondern nur als Milchlieferant, wird auf Antennen keinen Wert gelegt. Zweifellos geht von diesem hochperfektionierten Stall eine gewisse Faszination aus. Trotzdem gibt es auch unter den modern wirtschaftenden Bauern noch viele, die den Computer-Stall ablehnen. Vor allem, weil die vertraute Übersicht, die man im alten Stall hat, verloren geht. Im alten Stall stehen die Kühe ein Leben lang auf ihrem Platz. Der Bauer erkennt auf den ersten Blick: Dahinten, der Hera, scheint etwas zu fehlen. Jeder in der Bauernfamilie, selbst die dreijährigen Kinder, kennen alle Kühe mit Namen. Im Laufstall gibt es diese Übersicht nicht mehr, auch die Namen fallen weg. Es gibt nur noch die Computernummer, neunstellig, als Rufname wenig geeignet. Auch mit der Hornlosigkeit ihrer Herde wollen sich manche Bauern nicht abfinden. Diese Verstümmelung kann nicht gut sein, sagen sie. Die Erfahrung in den Laufställen zeigt, daß es immer wieder vorkommt, daß eine Kuh der anderen die Milch absaugt. Ohne Hörner kann sich die angegriffene Kuh nicht mehr wehren. „Das haben wir noch nicht im Griff", sagt der Laufstall-Experte. Aber er ist davon erzeugt, daß die Technik auch diese Lücke schließen wird.

Wir wollen zurückkehren zum Ausgangspunkt unserer Geschichte, zu Bauer Wildemann, der so verzweifelt durch die Hohlgassen der Schneewälle rannte, um das Menetekel der braunen Güllespuren im weißen Schnee zu entziffern. Was hat er getan, um den Überlauf seiner Güllegrube zu stoppen? Er hat gebangt, das gab er offen zu. Gebangt, ob eine Anzeige ihn zu der angekündigten Geldstrafe verdonnern würde. Aber soweit kam es nicht. Die Güllegrube liegt versteckt hinter dem Haisterberg, kein offizielles Auge hat die Spuren entdeckt. Bis zur Schneeschmelze im April rannen tagaus, tagein die braunen Rinnsale den Berg hinunter in den kleinen Bach, der früher einmal ein Tummelplatz für Forellen war. Das ist lange her.

Wildemann hat sofort nach der Schneeschmelze mit dem Bau einer neuen Güllegrube begonnen. Sie liegt unterhalb der alten, fängt den Überlauf ab, ist doppelt so groß wie die alte, kostet 17000 Mark. Wildemann kann jetzt gut die dreifache Güllemenge lagern, ein Überlaufen muß er nicht mehr befürchten. Befürchten muß er allenfalls, daß er mehr Gülle hat als seine Wiesen verkraften können. Zwar erkennt er jetzt schon Überdüngungsschäden, denn der große Ampfer, der sich nicht als Futter eignet, breitet sich da aus, wo zuviel gedüngt wurde. Aber Wildemann müßte, um weniger Gülle zu produzieren, den ganzen Kurs seiner Landwirtschaft ändern. Dazu sieht er sich nicht in der Lage. Von Anfang an, seit dem Besuch der Landwirtschaftsschule, hat er immer die Richtlinien der modernen Landwirtschaft befolgt. Meist hat er dabei profitiert. Es gab auch Reinfälle. Am meisten ärgert er sich darüber, daß er sich dazu überreden ließ, in das alte Bauernhaus eine Ölzentralheizung einzubauen. In den sechziger Jahren gab es Grüne-Plan-Gelder dafür. Damals hat er, wie viele andere Bauern, die alten Kachelöfen herausgerissen, um moderne Heizkörper einzubauen. Es sei unrentabel, wurde ihnen vorgerechnet, die Arbeitskraft fürs Holzmachen einzusetzen. Heute tut es Wildemann leid, daß er die Kachelöfen nicht mehr hat. Das Öl ist teuer und das Bruchholz im Wald nimmt immer mehr zu. Wie Streichhölzer lagen nach dem vergangenen Winter die gebrochenen Bäume in seinem Wald herum. Seine Frau wollte sich damals nicht von den Kachelöfen trennen, aber er war immer darauf aus, die jeweiligen Förderungsgelder auszunutzen. Zum Thema Förderung sagt der Bauer Gregor Kirchmann: „I glaub, daß mir Bauern schon durch die Schulung, die mir durchmachet in unserer beruflichen Ausbildung eine einseitige Belehrung erfahret und daß mir in a gewisse Richtung gedrängt wäret. Nicht bloß durch die Schulung, sondern auch nachher, wenn mir im Beruf drin standet, durch die finanzielle Förderunge, die uns wieder in a Richtung führet, wo mir selber nimmer die Entscheidung hont und nimmer die Freiheit hont zu überlege, was isch richtig für die Natur, für de Bode, für die Pflanze, sondern uns eigentlich nur noch danach richten, was uns die Berater und die staatliche Förderung empfehlen."

Unter einen Hut zu bringen sind die Allgäuer Bauern nicht. Je mehr von ihnen man kennenlernt, um so größer wird das Spektrum der Meinungen. Fest steht nur, daß die kleine Gruppe derer, die vom offiziellen Kurs abweichen, im Wachsen begriffen ist. „Folgten wir Bauern einer Irrlehre?", war ein Leserbrief in der Allgäuer Zeitung überschrieben. Die Irrlehre setzt sich nach Meinung des Bauern zusammen aus Überdüngung der Wiesen, Überfütterung der Tiere mit Kraftfutter, Übertechnisierung des Betriebs und führt schließlich zur Überproduktion des Butterberges. Wie eine Antwort auf diesen Leserbrief liest sich die Broschüre, die der Informationsdienst für Ernährung, Landwirtschaft und Forsten unter dem Titel „Landbau – alter-

nativ und konventionell" herausgegeben hat. Aber der Bauer, der den Leserbrief schrieb, hat von dieser Schrift noch nie etwas gehört. Nur Leser überregionaler Zeitungen konnten durch eine Drei-Zeilen-Notiz erfahren, daß das Landwirtschaftsministerium diese Untersuchung gefördert hat und zum Abruf bereit hält. Zum ersten Mal wird hier von offizieller Seite der biologische Anbau sachlich gewürdigt und in Statistiken vorgestellt. Aber bis zu den fragenden Bauern kann die Schrift nicht vordringen, weil es an der Basis noch keine Instanz gibt, die den biologischen Anbau als gleichberechtigt gelten läßt.
Trotzdem: Es ändert sich etwas. Selbst Wildemann, der immer linientreu gewirtschaftet hat, weigert sich, den großen Ampfer mit der Giftspritze auszurotten. Seit kurzem hat sich die große Tanne, die sein Haus überragt, in ein Wahrzeichen verwandelt. Der weitausladende zweihundertjährige Baum hat im oberen Teil die Nadeln verloren. Kahl und tot ragt der zwei Meter hohe Gipfel in den Himmel. „Was da auf uns zukommt", sagt Wildemann, „davon haben wir alle noch keine Ahnung".

# Der Fortschritt (1)

Das Allgäu ist für die Planer noch immer eine unterentwickelte Region. Solange nicht Dorf mit Dorf durch eine Rennstrecke verbunden ist, wird der Kampf weiter gehen. Der Kampf zwischen Bauern, die ihre Höfe erhalten wollen, und den Planern, die ein autogerechtes Allgäu schaffen wollen. Aber die Allgäuer sind hellhörig geworden. Bei den Anhörungen, wo Bürger ihre Einwände vorbringen dürfen, treten Bauerntöchter auf, die unmißverständlich sagen: „Mir lont üs üsere Huimat it kaputt macha!“

# Der Fortschritt (2)

Die Sakristeitüre der Genhofer Kapelle ist völlig mit Hufeisen bedeckt. Die Kapelle liegt an der Straße, auf der früher das Salz von Immenstadt her nach Bregenz und Lindau transportiert wurde. Die Fuhrleute hatten allen Grund, mit ihrer Hufeisen-Gabe den Segen des heiligen Stephanus zu erbitten. Vor allem in den Jahren 1770 bis 73 waren sie, wie der Chronist Mathias Berkhman berichtet, „in größten Ängsten gestanden". Sie sollten nicht mehr ihren gewohnten Weg über Scheidegg, Ruggsteig oder über Riedhirsch, Heimenkirch benutzen, sondern die neu erbaute Landstraße über Weiler, Scheffau, Langen, Fluh. Der neue Weg führte „durch das Rickenbacher Tobel – allwo vormals weder Zahmes oder Wildes durchkommen konnte. Es wird klar vorgesehen, daß dieser so kostbare neu aufgerichtete Weg in die Länge brauchbar zu erhalten unmöglich sei, in Betrachtung der vielen Gräben, Bächen, tiefen Tobeln". Die Fuhrleute blieben bei ihren gewohnten Wegen. „Da ist auf Befehl des Oberamtes die Ruggsteig unbrauchbar gemacht worden, indem alle Brücken sind zusammengesackt worden." Daraufhin ging der Salzhandel sehr stark zurück. „Da ist das Oberamt genötigt worden", schreibt der Chronist, „die in der Ruggsteig ruinierten Brücken selbsten wiederum machen zu lassen. Aber an der alten Straße hat man so wenig machen lassen, als immer möglich gewesen, damit sie desto ehender unbrauchbar werden möchte." Aber das Oberamt hatte die Zähigkeit der Fuhrleute unterschätzt. Nicht die alte, sondern die neue Straße ist unbrauchbar geworden. Fünf Jahre später fügt der Chronist seinem Bericht hinzu: „Der neu aufgerichtete Weg ist allbereits wie unbrauchbar und wird von niemanden mehr gebraucht als von denen Hintertoblerischen Gemeinden, auch von denen Wallfahrern oder Pilgersleuten".

# Der Fortschritt (3)

Anna ist 22, Typ Jungfrau von Orleans, schön und ernst. Sommers ist sie Hirtin auf der Salmaser Höhe. Sie hütet 97 Schumpen. Sonntags kommt sie runter ins Dorf, um in der Kirche die Orgel zu spielen. In der Alphütte steht ein Klavier. Mittwochs steigen Annas Schüler auf die Alpe zur Klavierstunde. Anna ist froh, daß sie im Sommer auf der Alpe sein kann. Ihr Tal wurde von den Bulldozern einer Straßenbaufirma aufgerissen. Seitdem flieht sie, so oft es geht, aus der Weitnau. Anna gehört zu der Bürgerinitiative, die 30000 Unterschriften gegen diese Autobahn sammelte. Das Projekt bekam daraufhin den Namen Bundesstraße.

Die Kapelle am Hof von Annas Großeltern wurde als erstes abgerissen. Die Bauern von Engelhirsch können künftig statt auf ihre Wiesen auf einen hohen Straßendamm schauen. „Die Dämme werden mit wertvollen Gewächsen bebüschelt", bekam Anna zur Antwort, als sie fragte, wie die Höfe hinter diesen Dämmen weiterexistieren sollen. „Am normalsten", sagte Anna, „hat der Bauer T. reagiert, der kam ins Irrenhaus."

# Allgäuer Kraftproben

„Das Allgäu wird eyngeschlossen von Orient mit dem Lech, gegen Mitnacht mit der Thonau, gegen Occident reicht es an Bodensee und gegen Mittag streckt es sich gegen dem Schneegebirg. Es ist ein rauhs winterigs Landt, hat aber schöne und starcke Leut, Weyb und Mann, die können alle trefflich wol spinnen, und es ist den Mannen nicht spöttlich, besunder in den Dörffern. Es hat auch viel Viechs, Küh und Rossz, es zeucht sonderlich gar schöne junge Fülle. Es hat Winterkorn, Gersten und viel Thannwald, Vögel und Fisch umb und umb mit großen und vielen Seen und fischreichen Weyern erfüllt. Es heißt Allgäu von den vielen Alpen, die darinn sindt. Es ist eine Begangenschafft darinn mit Garn, Viech, Milch und Holtz. Der gemein Mann ißt gar rauh schwartz Gersten oder Habern Brot." (Sebastian Münster: „Von dem Allgäu" in seiner Cosmographie 1550)

Aus dem „rauh winterig Land" mit seinem armen „Gersten oder Habern Brot" ist inzwischen ein Urlaubsland geworden. Feriendörfer, Zweitwohnungen, Hotels, Sanatorien, Bergbahnen und Lifte schossen wie Pilze aus der Erde. Zwischen Alpsee und Oberstdorf droht ein von mechanisierten Bergen umrahmtes Megalopolis zu entstehen. Große Firmen kauften das Bauland auf und trieben die Preise so hoch, daß Einheimische sie nicht mehr bezahlen können.

Als trotz aller Proteste auch noch das Weitnauer Tal aufgerissen wurde, um Hitlers Plan einer Queralpenautobahn zu verwirklichen, war das Maß voll. Im langen Sonderzug fuhren die Allgäuer nach Bonn und trugen ihre Transparente durch die Stadt: „Unsere Höfe müssen sterben, weil Straßen unser Land verderben."

Eine Allgäuer Laienspielgruppe zog von Dorf zu Dorf und spielte den „Alptraum" vom Allgäuer Fortschritt. Bis von den abgelegensten Berghöfen strömten die Leute herbei, denn das ging sie alle an.

Wie sollten sie weiter existieren, wenn ihnen immer mehr Land weggenommen wurde, wenn ihre Eigenständigkeit immer mehr den städtischen Zivilisationszwängen unterworfen wurde? Wie sollen Allgäuer Höfe, die seit Jahrhunderten stolz sind auf ihre starken Hausquellen, es hinnehmen, an eine gechlorte Fernwasserleitung angeschlossen zu werden, nur weil die ständig wachsenden Zweitwohnungssiedlungen diese Fernwasserleitung brauchen? Wie sollen Einödhöfe, die noch immer nicht gelernt haben Müll zu produzieren, es hinnehmen, an die Müllabfuhr angeschlossen zu werden?
Am Quatembermittwoch im September kam beim Hagspiel, beim Rädler und beim Frommknecht die Kriminalpolizei ins Haus. Es war ein schöner Tag. Die Nagelfluhkette stand im Föhnlicht. Man sah die Wasser zu Tal stürzen. Die drei Bauern wurden verdächtigt, Wasserrohre mit Altöl unbrauchbar gemacht zu haben. Warum die Polizei sich den Hagspiel, den Rädler und den Frommknecht ausgesucht hatte, war nicht zu verstehen. Genauso gut hätten sie an die hundert andere Bauern verdächtigen können, denn alle waren entschlossen zu verhindern, was ihnen da zugemutet wurde: Bis zum letzten Berghof sollte eine Fernwasserleitung gelegt werden, so hatten es die Planer beschlossen. Nun gehört das Allgäu zu den regen- und schneereichsten Regionen des Alpenraumes. Jeder Hof hat seine Quelle, die Haus und Stall versorgt und so stark fließt, daß das Überwasser als ständiger Strahl in den Brunnentrog fällt. Die Haussuchungen fielen hart aus, denn es war schon das dritte Mal, daß in nächtlichen Aktionen die teuren Rohre mit stinkendem Öl beschmiert worden waren. Die Allgäuer sind eigentlich keine Rebellen. Obrigkeit hat für sie noch immer etwas vom Glanz des Gottesgnadentums. Sie müssen schon an einem sehr empfindlichen Punkt getroffen werden, wenn sie sich so rabiat zur Wehr setzen.
Rädler, der außer sich geriet, als sogar der Kleiderkasten in seiner Schlafstube durchsucht wurde, schrie, daß er eher verrecken wolle, ehe er das gechlorte Wasser aus der städtischen Wasserlei-

tung saufen würde. Seine Frau preßte sich beide Hände vor den Mund, als ob sie damit ihren Mann am Weiterreden hindern könnte. Rädler hielt einen frischgeschälten Zaunspfahl zwischen den Händen. Ab und zu stieß er mit dem Pfahl so heftig auf den Stubenboden, daß alle Bretter bebten. Der jüngste der Kriminalbeamten trug an einem Goldkettchen eine Friedenstaube um den Hals. Unbeirrt räumte er den Sonntagsstaat samt Brautkleid aus dem Kleiderkasten. Rädler ging mit seinem Zaunspfahl um, als wolle er ihn draußen in die Erde rammen. „Dreizehntausend Mark", sagte er „soll mich der Anschluß kosten, wo bei mir Tag und Nacht der Trog überläuft." Wonach immer die Hausdurchsucher gefahndet haben mochten, sie wurden nicht fündig. In keinem der Höfe.
Hagspiel war nicht weniger wütend als Rädler, aber er war von sanfterer Natur. Er stand mit seinen fünf Kindern am Brunnen vor der Haustür, weil sich die Nachricht von der Durchsuchung wie ein Lauffeuer verbreitet hatte. „Unsere Quelle", sagte Hagspiel zu den Beamten, „schüttet in der Sekunde sieben Liter Wasser. Selbst wenn ich alle Wasserhähne im Haus und im Stall gleichzeitig aufdrehe, läuft das Überwasser weiter. Alle haben wir bei der Wasserversammlung gesagt, daß wir die Fernwasserleitung nicht wollen. Die einzige Antwort hieß: Zwangsanschluß. Daß da einer, der Tag und Nacht seine Quelle rauschen hört, durchdreht und Altöl verschüttet, ist von unserem Standpunkt aus verständlich. Aber daß Sie glauben, die Leut wären so dumm, daß sie die leeren Kanister hinterher aufheben, das versteh ich nicht. Die Kanister könnt Ihr vielleicht im Bucheneggar Graben finden, im Kronholzer Loch, im Tobel oder in der Schmalzgrube, oder gar drüben im Vorarlbergischen."
Hagspiel hatte gehofft, daß er die Durchsuchung abwenden könne. Ställe, Tenne, Scheune und Schuppen, das hätten sie alles absuchen können, aber das Wohnhaus, das würde Franziska weh tun. Sie fing schon an zu weinen, als Rädlers Georg angeradelt kam, um die Nachricht weiter zu geben. Als die Nebengebäude durchsucht waren, nahm Hagspiel allen Mut zusammen.

Obwohl es ihm widerlich war, Persönlichstes einzubringen, sagte er: „Meine Frau ist im siebten Monat, können Sie bitte das Wohnhaus verschonen." „Wir machen es kurz", sagte der älteste der Beamten „der Durchsuchungsbefehl liegt vor." Der Durchsuchungsbefehl, wie der zustande gekommen sein könnte, das beschäftigt Hagspiel heute noch. Wahrscheinlich wurden, da alle Anhaltspunkte fehlten, einfach nach dem Ortsplan drei Höfe ausgewählt. Hagspiel, das wußte jeder, war einfach nicht der Typ, der es fertig gebracht hätte, Röhren im Wert von 90000 Mark unbrauchbar zu machen.
Am ruhigsten argumentierte Frommknecht. „Schon vor 20 Jahren", sagte er, „als ich noch ein Bub war, hat man unsere Väter schon mit „Grüne-Plan-Geldern" bestochen, Ölheizungen in unsere Bauernhäuser einzubauen. Schritt für Schritt hat man uns seitdem zu Abhängigen gemacht. Die letzte Freiheit, die wir noch haben, ist unser Wasser. Ein Wasser, um das uns alle beneiden." „Heute", sagte einer der Kriminalbeamten, „dreht es sich nur um die Hausdurchsuchung." In Frommknechts Holzschuppen war überhaupt nicht durchzukommen. Da türmten sich auf einem uralten Holzachser Rennschlitten, Heuschlitten, Milchschlitten, Hörnerschlitten. Frommknecht war davon überzeugt, das alles eines Tages wieder brauchen zu können. Obwohl der Hof nur 17 Kühe ernähren konnte, gab es im Wohnhaus einiges zu bewundern. Im breiten Flur stand eine kleine Orgel. Frommknechts Frau war die Organistin der Dorfkirche. In der Wohnstube saß sie am Klavier und spielte mit einer ihrer Schülerinnen vierhändig. Sie ließ sich von den Hausdurchsuchern nicht unterbrechen. Nicht daß sie besonders stolz gewesen wäre, aber wenn sie musizierte, war sie durch nichts abzulenken.
Frommknecht fiel die Treppe zum ersten Stock schwer wie ein Kreuzweg. Im ersten Stock, da lagen die Schlafstuben und da lag das Kleinod des Hauses, so etwas wie ein Musikzimmer mit Spinett, Harfe, Zither und in der Mitte ein riesiges Schlagzeug. Mit seinen dunkelblauen Bildern auf weißen Wänden wirkte

der Raum feierlich und da die Verlegenheit der Durchsucher offensichtlich war, sagte Frommknecht beiläufig: „Die Bilder hat meine Frau gemalt." Bei dieser Rolle blieb er, er benahm sich einfach so, als ob es sich um eine Führung durch sein Haus handeln würde. Auf dem Dachboden sagte er: „Was hier trocknet, ist Schafgarbe, Huflattich und Bärlapp." Die dunklen Ecken des riesigen Dachbodens wurden ausgeleuchtet. Da kam ein alter Webstuhl zum Vorschein wie er bis vor hundert Jahren in fast jedem Allgäuer Bauernhaus zu finden war. Bevor das Allgäu ein Weideland wurde, war es ein Flachsland. Bis zur fertigen Leinwand wurde der Flachs auf den Höfen verarbeitet. Der Mann mit der goldenen Friedenstaube versuchte eine niedrige Einschlupftür aufzustemmen. „Dahinter sind nur Landern", sagte Frommknecht, „große Holzschindeln, wie man sie früher zum Dachdecken verwendet hat." Die Tür klemmte so heftig, daß sich der Zugring aus der Verschraubung löste. Als sie endlich aufging, erschien auf der Innenseite ein Plakat mit der Aufschrift: „Mander, dengelt die Sensen! 's isch Zit!" „Das Plakat", sagte der fündige Kriminalbeamte, „ist beschlagnahmt." Frommknecht schlug den unteren Rand des Plakates auf und las vor: „Allgäuer Laienspielgruppe lädt zu einem humorvollen Volksstück ein." Das erhoffte Lachen blieb aus. Unerträglich lang wurde zwischen den alten Dachschindeln herumgestochert.

Am nächsten Tag stand in der Zeitung, daß Hausdurchsuchungen nichts zur Lösung des Problems beitragen können. Schon am übernächsten Tag wurde den aufsässigen Bauern eine perfekte Lösung vorgeführt: Sämtliche Wasserröhren, Erdbagger, Lastwagen wurden auf einem Platz deponiert und von einem überdimensionalen Zaun umgeben. Der Zaun war so hoch und abweisend konstruiert, daß sogar ein Akrobat daran gescheitert wäre. Trotzdem wurde das Depot nachts von harten Scheinwerfern ausgeleuchtet. Noch leuchten die Scheinwerfer, denn es hat sich als sehr schwierig herausgestellt, die Rohre über Berg und Tal zu verlegen. Das Nagelfluhgestein widersetzt sich den noch so scharfen Baggerzähnen und wo eine der zahlreichen Wasseradern getroffen wird, entstehen Bachläufe, die mühsam umgeleitet werden müssen, weil sie die neue Fernwasserleitung gefährden. Allein von Mai bis November schafften vier Männer an der Verbauung eines Wildbaches. Es wurde eine starke Staumauer errichtet, die in keinem Verhältnis steht zu dem namenlosen Wildwasser. Als dann die großen Regenfälle kamen, zeigte sich, daß der Wildbach inzwischen einen anderen Weg gesucht hatte. Wie eine Fontäne brach er zwanzig Meter unterhalb des ihm zugedachten Bauwerks aus der Wiese hervor. Eilends wurde das ungestüme Wasser in einer Röhre dem nächsten Abflußloch zugeleitet. Das Staumonument überragt nun wie ein Denkmal das kleine Bachbett. Nur selten wird es von einem Rinnsal befeuchtet.

„Was soll das alles?", fragte Frommknecht bei einer Versammlung, zu der eigens einer aus Augsburg gekommen war. „Wir müssen die Gelder", sagte der Augsburger wörtlich „möglichst gleichmäßig auf Stadt und Land verteilen, damit die Lebensbedingungen überall gleich gut sind." Der Satz löste empörtes Gemurmel aus. „Der Irrtum liegt darin", sagte Frommknecht, „daß Ihr nicht unsere Lebensbedingungen verbessern wollt, Ihr wollt uns Euere Lebensbedingungen aufzwingen. Wir brauchen keine städtische Wasserleitung, wir brauchen keine Schnellstraßen, die unsere Höfe ruinieren, wir brauchen keine Zweitwohnungen, die den Baulandpreis so hoch treiben, daß Einheimische abwandern müssen. Wir brauchen keine Schulbusse, mit denen schon unsere 6jährigen durch Eis und Schnee gefahren werden, obwohl wir hier ein neues Schulhaus haben. Wir brauchen auch Euere Statistiken nicht, die uns einreden wollen, daß wir erst ab 40 Kühen existenzfähig sind. Wir leben hier gut mit unseren 17, 20, 24 Kühen. Aber wir wollen nicht wie die Indianer behandelt werden: Immer weniger Rechte auf dem eigenen Land, bis für uns nur noch die Rolle bleibt, die Landschaft zu pflegen, in der ein paar Bosse ihre Geschäfte mit den Urlaubern machen." Das Hauptreferat: „Wird die bäuerliche Landwirtschaft unmenschlich?“ kam nicht zum tragen. Die Bauern wollten an diesem Abend selbst reden. Die Tatsache, daß durch die Wasserleitung auf dem Dorf fast eine Million Schulden lasteten, machte die Köpfe rot und die Stimmen laut. Am nächsten Tag war die teure Staumauer, die von dem Wildbach so tückisch umgangen wurde, mit einem Hakenkreuz beschmiert. Es war auffallend, wie gut das Zeichen zum Stil des Bauwerks paßte. Nur wer weiß, wie die Allgäuer Bauern mit ihren Quellen umgehen, kann ermessen, wie schwer dieser Wasserkrieg ihnen zusetzt. Bei Quellenarbeiten richtet sich jeder, nach uralten, überlieferten Regeln. Nur bei ganz bestimmten Mondstellungen darf an der Quelle gearbeitet werden, sonst kann es vorkommen, daß die Quelle „verschlupft“. Wer das als Aberglauben abtut, wird belehrt, daß der Mond sogar auf das riesige Meer seinen Einfluß ausübe. Seit 1692 erscheint im Allgäu ein Kalender, der sich vor allem mit den Einflüssen des Mondes beschäftigt. Dieser „Kempter Kalender“ ist in jedem Bauernhaus zu finden, weil er alle Mondstellungen, alle Mondsbrüche, alle aufsteigenden und absteigenden Knoten genau verzeichnet. Nach diesem Kalender richtet sich jeder, der an seiner Quelle zu arbeiten hat. Darüber wird überhaupt nicht gesprochen, weil es zu den Selbstverständlichkeiten des Alltags gehört. Auch darüber, daß eine gute Quelle dem Hof mehr bedeutet als finanzielle Unabhängigkeit, wird kein Wort verloren. Aber das ist der Punkt, der den Kampf so zäh macht.

Die Allgäuer Bauern sind sparsam. Sie haben im 19. Jahrhundert eine Hungerzeit erlebt. Es dauerte lang, bis die Umstellung vom Flachsanbau zum Weideland etwas einbrachte. Sparsamkeit wurde in jener Zeit zu einem Teil der Religion. In den abgelegenen Berghöfen ist von dieser Sparsamkeit etwas erhalten geblieben. Ein zerrissener Pullover wird dort noch immer gestopft, ehe man ihn als Tomatenkompost verwendet. Das soll nun anders werden.

Eines Tages stand vor dem Riedhof, 903 Meter über dem Meeresspiegel, ein mausgrauer Mülleimer. Die Bäuerin wehrte sich.

„Was sollen wir da rein tun?" fragte sie den Mann, der die Tonne brachte. „Bei uns kommen die Küchenabfälle in den Sautrog oder zum Gartenkompost, Flaschen holt die Landjugend ab, Alteisen sammelt die Feuerwehr ein." Die Riedbäuerin bestand darauf, daß der Mann mit ins Haus kam. Er mußte sich den Kachelofen anschauen. Das war kein städtischer Ofen, sondern ein Buschelofen, in den man riesige Reisigbuscheln schieben konnte. Die Bäuerin öffnete die fast fenstergroße Ofentür. Es war offensichtlich, daß man in diesem Ofen „gar alles" verbrennen konnte. Der Überbringer der Mülltonne zeigte sich verständnisvoll. In den abgelegenen Höfen bekam er überall die gleiche Lektion zu hören. Er mußte den Leuten klar machen, daß ein lückenloses Netz der Müllabfuhr geschaffen werden müsse. Besänftigend fügte er seiner Rede hinzu: „Zuerst kommt's Euch überflüssig vor, aber man gewöhnt sich schnell dran." Das war für die Riedhofer nicht die richtige Besänftigung. 178,20 DM sollten sie jedes Jahr bezahlen für eine Müllabfuhr, die sie einfach nicht brauchten. Die Bäuerin radelte ins Dorf hinunter. Eine Kanzlei gab es seit der Gemeindezusammenlegung nicht mehr, aber vom Telefonhäuschen aus konnte sie bei der Verwaltung im übernächsten Dorf anrufen. Weder die Schweine, noch der Komposthaufen, noch der Buschelofen konnten etwas bewirken. Übrig blieb nur das Wort: Zwangsanschluß. Der Beamte empfahl die Gebrauchsanweisung zu lesen, die gleichzeitig mit dem Mülleimer verteilt wurde.

Die Gebrauchsanweisung, eine Broschüre von 33 Seiten, widmete sich der Frage: Was sind Abfälle? Die Belehrung begann mit dem Satz: „Abfälle im Sinne des Gesetzes sind bewegliche Sachen, deren sich der Besitzer entledigen will und deren geordnete Beseitigung zur Wahrung des Wohls der Allgemeinheit geboten ist." Auf sieben Seiten wurden all die Dinge aufgezählt, die man nicht in den Mülleimer werfen durfte, von „Äthylenchlorid" bis „Körperteile" reichte der Katalog. Am meisten Ärger erregte das Kapitel „Sperrmüll". Da erfuhren die Riedhofer, daß sie alle Vierteljahr wegzuwerfende Möbel bereit stellen sollten.

Der Mülleimer wurde außerhalb des Hofes hinter die Holunderbüsche am Eschanhag gestellt. Er war nicht mehr zu sehen. Da kein Müllauto kam, hielt man die Sache für erledigt, aber nach 6 Wochen kam die Rechnung. Diesmal erfuhr die Bäuerin bei ihrem Anruf, daß die Anfahrt zu ihrem Hof für das Müllauto zu steil sei, der Mülleimer müsse jeden Dienstag um 7 Uhr früh unter der Buche neben der Kirche in der Ortsmitte stehen. Erst als der Rechnung eine Mahnung folgte, entschloß sich der Riedbauer zur Verbandsgemeinde zu fahren, obwohl ihm Behördengänge Schlaflosigkeit bereiteten. Den weiten Weg hätte er sich sparen können. In dem Rathaus saßen zwar verwirrend viele Angestellte, aber keiner war in der Lage sein Problem zu lösen. Schließlich wurde ihm nahegelegt, es direkt beim Landratsamt zu versuchen. Er solle ein Gesuch schreiben mit einer genauen Aufstellung über die Verwertung der Abfälle. Den ganzen Sonntagnachmittag saßen die Riedhofer über diesem Schreiben. Er wollte eine sachliche Aufzählung schreiben, sie wollte ihren Zorn los werden. Er weigerte sich das Wort „Zwangswirtschaft“ oder „Zumutung“ zu verwenden. Aber vor sein „Hochachtungsvoll“ setzte er dann doch den Satz: Ein Berghof ist keine Stadtwohnung. Noch drei Monate stand der Mülleimer hinter den Holunderbüschen, bis er dann am Allerseelentag abgeholt wurde.
Die Allgäuer sind nicht fortschrittsfeindlich. Im Gegenteil, jede Möglichkeit weiter zu kommen, wird genutzt. Zur Wehr setzen sie sich erst, wenn's zu arg wird. Da der Fremdenverkehr noch immer eine Wachstumsbranche ist, scheint es vorerst mit der Erschließung von Berg und Tal weiter zu gehen. Am besten begreift man den Allgäuer Alltag der Achtzigerjahre, wenn man die junge Bäuerin Marianne F. reden hört. Sie sagt: „Wenn ich morgens aufsteh, sag ich zu meinem Gebhard: Geh Du mal als erster vor die Tür. Ich erschreck immer so, wenn ich einen neuen Baukran seh, oder Männer, die eine neue Straße vermessen. Mir wird's da immer schlecht.“

# Die Berge lassen sich Zeit

Die Berge lassen sich Zeit,
bei Föhn rücken sie näher.
Die sieben Siegel fallen ab,
die Furchen werden lesbar.
Auf breiten Schultern
tragen sie
die irdische Last.

# „... weil es einfach das alltägliche Leben ist."

Ein Werkstattgespräch zwischen Katharina Adler und Eckart Frahm am 26. Mai 1985 in Grünenbach.

*Frau Adler, Sie sind 1957 mit Mann und Tochter in ein Allgäuer Dorf gezogen. Im Unterschied zum Stadtleben – was haben Sie lernen müssen, als Sie hier auf dem Land anfingen?*

„Lernen müssen" – das würde ich gar nicht so formulieren. Weil ich selbst ja auch aus einem Dorf stamme, fühlte ich mich ganz gut aufgehoben in einem Dorf. Bloß, ich hab mich natürlich nie der Illusion hingegeben, daß ich zu diesem Dorf je so gehören würde wie zu meinem Heimatdorf, wo ich heute noch alle Menschen aus meiner Generation kenne. Und daß man hier immer zugezogen bleibt, auch jetzt nach fast dreißig Jahren noch, das war mir damals schon klar. Aber ich muß sagen, daß es auch Freundschaften gibt, die über das übliche Zusammenleben hinausgehen. Ich kenne manche Bauernfamilien sehr gut und fühle mich da ziemlich zu Hause.

*Wie entstehen Ihre Geschichten, wenn ich z.B. „Die letzte Woche" nehme? Das ist doch eine sehr persönliche Geschichte, also ich würde das nicht jedem auf Anhieb erzählen. Ich könnte mir vorstellen, daß Sie lange Zeit eine Bekanntschaft mit dieser Frau gehabt haben.*

Ja, das war eine freundschaftliche Verbindung, die ich mit dieser Frau hatte. Das war eine alte Nachbarsfrau, die öfter zu mir kam und mir aus ihrem Leben erzählte. Es gab auch Dinge darunter, die sie mir immer wieder erzählte. Und da mir die Geschichten sehr nahe gingen und sie selbst keine Möglichkeit hatte, das aufzuschreiben, habe ich es eines Tages aufgeschrieben.

*Und die Geschichten von den Einödhöfen? Warum fanden Sie es wichtig, gerade das aufzuschreiben?*

Weil immer deutlicher sichtbar wurde, daß diese ganze bäuerliche Kultur dem Untergang geweiht ist. Übrig bleiben sollten ein paar computergelenkte Großbetriebe, für die gewachsenen Höfe blieb kein Platz mehr. Aber gerade diese alten Allgäu-Höfe sind das Wesentliche an dieser Landschaft. Es ist nicht damit getan, die geschindelten Häuser zu erhalten. Wenn die Familienbetriebe wegrationalisiert werden, bleibt von der Allgäuer Kultur wirklich nur eine leblose Fassade übrig.

*Warum sind Ihre Geschichten so karg und so knapp und so reduziert? Diese schöne Allgäu-Landschaft dagegen ist ja irgendwie sehr geschwätzig. Also, für mich ist das ein sehr starker Kontrast zwischen Ihren Geschichten und der schönen Landschaft – woher kommt das?*

Für mich ist es kein Kontrast, weil es einfach das alltägliche Leben ist, was da aufgezeichnet wird. Und das ist klar, daß die Menschen, die hier leben, nicht dauernd das Hochgefühl haben, wie wunderbar ist das hier, sondern wenn die rausgehen, dann wissen sie, jetzt muß mein Stall gemacht werden, jetzt ist das dran und jetzt das. Das ist eine ganz andere Perspektive. Und ich glaube, daß das jeder begreift, daß Bauern, die hier als Bauern leben, eine andere Einstellung zu diesen Wiesen haben als einer, der kommt, um mal durch Wiesen zu laufen.

*Spielt das auch eine Rolle, daß es ja doch über Landleben sehr verlogene und sehr falsche und sehr romantisierende Geschichten gibt? Hat das auch für Sie eine Rolle gespielt, die Arbeit der Bauern so zu beschreiben, wie sie wirklich ist?*

Nicht eigentlich. Ich wollte nur etwas von dem Leben aufzeigen, das man nicht sieht, wenn man als Fremder hierher kommt. Ich wollte deutlich machen, daß das Allgäu nicht nur aus Bergen, Weiden und Tobeln besteht, sondern daß die Allgäuer Bauern wesentlich dazugehören. Wenn es sie nicht mehr gibt, wird sich das geistige Klima dieser Landschaft völlig verändern. Übrig bleiben wird eine Urlaubsregion, in der ein paar Großunternehmer ihre Freizeitgeschäfte abwickeln.

*Ich verstehe viele Ihrer Mitteilungen aus dem Allgäu als Überlebensgeschichten, grundiert mit Blochscher Hoffnung auf Heimat. Wie ist es dazu gekommen, daß Sie bei der ersten ländlichen Bürgerinitiative, die die Kiesgrube am Eistobel verhindert hat, mitgemacht haben? Wie haben Sie davon erfahren? Was haben Sie gemacht?*

Zu der Zeit gab es noch das kleine Lädchen von Lena in der Ortsmitte und da war ich einkaufen. Lena war eine vielleicht 72jährige Frau, sie sagte zu mir: „Können Sie uns nicht helfen, das wird ja jetzt ganz schlimm, wenn die Kiesgrube, die da geplant ist, wirklich entsteht, dann sind wir hier ja nur noch dem Kieslasterverkehr ausgeliefert. Das darf doch einfach nicht sein!" Und dann habe ich mich informiert und erfahren, daß diese Kiesgrube schon genehmigt war. Das Landratsamt gab die Auskunft, daß die Unterschriften aller Bürger notwendig seien, um die Genehmigung rückgängig zu machen. Das Wort Bürgerinitiative war 1973 noch beinahe unbekannt, zumindest auf dem Dorf. Dazu kam, daß der Unternehmer ein sehr angesehener Mann war. Die Unterschriftenlisten füllten sich nur langsam. Umweltbewußtsein gab es damals noch kaum. Aber es haben dann doch alle eingesehen, daß eine Großkiesgrube am Eistobel für das Dorf ein großer Schaden wäre. Als genügend Unterschriften beisammen waren, wurde der Gemeinderatsbeschluß aufgehoben.

*Und wie war das mit der Autobahn A 98, der sogenannten Queralpen-Autobahn von Lindau nach Kempten?*

Da kam eines Tages eine junge Kemptnerin an, die sagte: „Wir haben Ihre Geschichten in der Süddeutschen Zeitung gelesen. Sie sind doch jemand, der sich einsetzt für die Erhaltung des Allgäus. Wir sind gerade dabei, eine Bürgerinitiative gegen die Queralpen-Autobahn zu gründen. Wir möchten gern, daß Sie bei der Gründungsversammlung sprechen." Das war 1978. Diese Bürgerinitiative wurde weithin im Allgäu zu einer

Aktion, der sich immer mehr Menschen angeschlossen haben. Das Weitnauer Tal wurde zwar aufgerissen, aber die Autobahn wurde zur Bundesstraße abgestuft und heute reden selbst die einstigen Befürworter davon, daß eine Neutrassierung dieser Bundesstraße nicht mehr durchsetzbar sei.

*Sie arbeiten viel für den Rundfunk und ich habe den Eindruck, daß viele Ihrer Geschichten in nördlicheren Regionen sehr viel häufiger ausgestrahlt werden als hierzulande. Haben die Leute im Norden mehr Gespür für das, was Sie machen oder seh ich das vielleicht falsch?*

Es gibt schon ein Interesse in Norddeutschland für südliche Räume. Aber es stimmt nicht, daß das Interesse dort größer ist. Es war einfach so, daß hier einmal Heinz-Günter Deiters vom Norddeutschen Rundfunk auftauchte und dem hab ich erzählt aus der Region, einfach Geschichten erzählt. Und dann hat er gesagt, ich müsse das unbedingt aufschreiben. Auf diese Weise wurde es eben zuerst mal im NDR gesendet. Aber schon nach der ersten Allgäu-Sendung hat sofort der Bayerische Rundfunk angerufen und gesagt: „Hören Sie, so eine Sendung müssen Sie doch zuerst mal uns geben. Wir sind doch dafür zuständig." So daß dann die nächste Allgäu-Sendung schon in München produziert wurde.

*Frau Adler, was mich am Anfang etwas irritiert hat: Sie haben über dieses schwere Leben der Einödbauern in der Ich-Form geschrieben – warum?*

Als ich über die Bauerntocher schrieb, brauchte ich einfach diese Distanzlosigkeit. Ich konnte das nicht als Außenstehender beschreiben. Für mich war eine andere Spannung in der Mitteilung, wenn ich das aus der Situation des Bauernhofes heraus mitteilen konnte. Natürlich kann einer das auch von außen beschreiben, aber ich selbst konnte es eben besser so. Das hängt vielleicht damit zusammen, daß ich – wie gesagt – selbst vom Dorf stamme und daß ich mir, da ich zur Oberschule gehen durfte, eigentlich immer gewünscht habe, schon als Kind, daß auch die anderen vom Dorf mitgehen dürfen, weil ich das so eine wunderbare Sache fand, daß ich nun aufs Gymnasium gehen konnte. Mir schien das eine große Ungerechtigkeit, daß fast all die andern nicht mitgehen durften. Vielleicht kommt daher das Bedürfnis, die Geschichten der Leute aufzuschreiben, die selbst nicht gelernt haben, etwas aufzuschreiben. Am besten hat es die Bäuerin von der Sorgenmühle formuliert. Sie sagte: „So, Sie schreiben Geschichtle auf. Dazu hätten wir gar keine Zeit."

*Ist das ein Geschäft, das immer auf Dankbarkeit stößt?*

Sie meinen, ob die Leute sich wiedererkennen in den Texten? Das war zuerst eine große Sorge von mir. Ich dachte: „Ich kann doch nicht diese Dinge, die mir da freundschaftlich anvertraut wurden, nun plötzlich der Öffentlichkeit mitteilen." Aber es hat sich gezeigt, daß keine Feindschaften daraus entstehen. Schwieriger wird es, wenn man sich bei Bürgerinitiativen engagiert. Es gibt immer noch Menschen, die nicht begreifen können, daß wir so nicht weiter wirtschaften dürfen. Die nehmen einem dann übel, daß man verhindern hilft, was ihnen als „Fortschritt" erscheint.

*Wir sollten noch über die Mundart in Ihren Geschichten reden. Sie sind nicht im Allgäu aufgewachsen. Bereitet Ihnen der Dialekt Schwierigkeiten?*

Ich verstehe den Dialekt sehr gut. Leider kann ich ihn nicht sprechen. Aber ich bin kein Dialekt-Autor. Wenn in den Texten Dialekt auftaucht, ist er vom Tonband abgeschrieben. Bei der Wiedergabe habe ich exakt auf jeden Vokal und jeden Konsonanten geachtet. Es ist oft kein reiner Dialekt, aber es wurde genau so gesprochen, auch wenn Dialektforscher das nicht für korrekt halten sollten.

*Und was etwa Sätze angeht wie jener des einen Bauern, der*

*gesagt hat: „Es wurde auf uns so ein wahnsinnig psychologischer Druck ausgeübt" – manche sagen, das kann ein Bauer gar nicht gesagt haben …*

Das kann ich dokumentieren, das Tonband ist noch da, das ist wortwörtlich, was dieser Mann gesagt hat. Und ohnehin soll man doch ja nicht die Intelligenz der Bauern unterschätzen; die ist außerordentlich stark und ist auch eine ganz wesentliche Intelligenz, weil sie einfach Dinge durch ihre dauernden harten Arbeiten handfest einschätzen und auch gerade solche psychologischen Bezüge inzwischen sehr gut erkennen.

*Wo liegt denn Ihre Stärke – beim Herausfinden der Geschichten oder beim Sammeln, beim Kontaktmachen oder hinterher beim Schreiben am Schreibtisch?*

Das klingt alles so sehr nach Programm. Ich gehe nicht herum, um Geschichten zu sammeln. Ich lebe hier und manche Ereignisse machen mich so betroffen, daß ich sie einfach aufschreiben muß.

# Inhaltsverzeichnis

# Erstveröffentlichungen

**Klar gibt es Zäune im Dorf**
in: Johann Keller, Bilder vom Allgäu mit Texten von Katharina Adler.
Dussa Verlag, Buch am Ammersee 1983 (= Bilder vom Allgäu)

**Reden über den Alltag**
unter dem Titel *Ländlicher Report. Reden über den Alltag*
in: Süddeutsche Zeitung Nr. 96 vom 16./17. 4. 1975

**Hohenesch**
unter dem Titel *Genaueres über Hohenesch. Ein Bericht aus dem Allgäu*
im Nord- und Westdeutschen Rundfunk, 1. Programm, 26. 12. 1967

**Das Bauernhaus**
in: Das Allgäu (bei Isny). Texte: Katharina Adler, Zeichnungen: Otl Aicher.
igel-laden (Isny) 1981 (= Das Allgäu)

**Der Schlitten**
in: Das Allgäu

**Aus dem Lebenslauf der Kreszenz G.**
unter dem Titel *Alter auf dem Dorf. Skizzen*
in: Süddeutsche Zeitung Nr. 81 vom 8./9. 4. 1978

**Die Kühe (1)**
in: Das Allgäu

**Die Kühe (2)**
unter dem Titel *Von kuhäugigen Schönheiten*
in: Merian Heft 5/1972 (Allgäu)

**Der Hag**
in: Das Allgäu

**Alter auf dem Dorf**
in: Süddeutsche Zeitung Nr. 81 vom 8./9. 4. 1978

**Die letzte Woche**
unter dem Titel *Die letzte Woche. Was Antonie Weitner vom Tod ihres Mannes erzählte.* In: Süddeutsche Zeitung Nr. 123 vom 29./30. 5. 1976

**Die Wallfahrt**
in: Bilder vom Allgäu

**Der Frauendreißiger**
in: Das Allgäu

**Genaueres über unseren Hof**
in: Merian 5/1972 (Allgäu)

**Viehauftrieb und Viehscheid**
in: Das Allgäu

**In München in Stellung**
in: Bernd Wiedmann (Hg.), Literatur am See 3.
Verlag Robert Gessler, Friedrichshafen 1983

**Die Sparsamkeit**
in: Das Allgäu

**Die Rente**
bisher noch unveröffentlicht

**Vom Essen**
in: Das Allgäu

**Der Käse**
in: Das Allgäu
**Ein Dorf am Alpenrand**
unter dem Titel *Quellenberg. Bericht aus einem Allgäuer Dorf*
im Bayerischen Rundfunk, 1. Programm, 8. 9. 1974
**Das Marktrecht**
in: Bilder vom Allgäu
**Die Rösser**
in: Das Allgäu
**Meine armen Eltern**
in: Bernd Wiedmann (Hg.), Literatur am See 3.
Verlag Robert Gessler, Friedrichshafen 1983
**Der Funkensonntag**
in: Das Allgäu
**Die Kräuterbuschl**
in: Das Allgäu
**Erfahrung mit Heilkräutern**
unter dem Titel *Haben Heilkräuter eine Chance? Erfahrungen und Überlegungen.*
Im Nord- und Westdeutschen Rundfunk, 1. Programm, 4. 12. 1974
**Der Garten**
in: Kalender des igel-ladens (Isny) 1983
**Der Most**
in: Kalender des igel-ladens (Isny) 1983
**Ein Tag in Bad Waldsee**
in: Katharina Adler / Rupert Leser, Bad Waldsee.
Buchhandlung F. Schagemann, Bad Waldsee 1984.
**Bäuerliche Wetterregeln**
in: Das Allgäu
**Hoffnung in Isny**
im Norddeutschen Rundfunk, 1. Programm, 23. 12. 1971
**Die Nagelfluhkette**
in: Bilder vom Allgäu
**Allgäuer Laienspiele**
im Südwestfunk, 2. Programm, 11. 2. 1980
**Der Dialekt**
in: Das Allgäu
**Große Höfe, kleine Höfe**
unter dem Titel *Allgäuer Höfe aus der Nähe betrachtet*
im Nord- und Westdeutschen Rundfunk, 1. Programm, 9. 12. 1983
**Der Fortschritt (1)**
in: Bilder vom Allgäu
**Der Fortschritt (2)**
in: Bilder vom Allgäu
**Der Fortschritt (3)**
in: Kalender des igel-ladens (Isny) 1982
**Allgäuer Kraftproben**
in: Hans Joachim Bonhage / Hans-Helmut Röhring (Hg.), *Bayern.*
Hoffmann und Campe, Hamburg 1982
**Die Berge lassen sich Zeit**
in: Bilder vom Allgäu